# *GPS-Trends und Realtime-Anwendungen*

Beiträge zum 52. DVW-Seminar am 5. und 6. Juni 2000
an der Fachhochschule Stuttgart

**Schriftenreihe des DVW**

**Band 41**

# *GPS-Trends und Realtime-Anwendungen*

**Beiträge zum 52. DVW-Seminar am 5. und 6. Juni 2000**
**an der Fachhochschule Stuttgart**

**Redaktion**

**Wolfgang Huep**

**2001**

**Schriftenreihe des DVW**
**im**
**Verlag Konrad Wittwer**

**ISBN 3-87919-276-6**

**ISSN 0940-4260**

Schriftenreihe des DVW Band 41
im Verlag Konrad Wittwer


Herstellung: Gulde-Druck GmbH, Tübingen
Printed in Germany

# Vorwort

Das Global Positioning System (GPS) hat sich in den letzten 10 Jahren als unverzichtbares Messwerkzeug des Geodäten und Vermessungsingenieurs voll bewährt und etabliert. Hierzu haben auch die zahlreichen Fortbildungsseminare des DVW (Hannover 1991, Dresden 1993, Karlsruhe 1994, Potsdam 1996, Frankfurt 1997) beigetragen, die alle vom Arbeitskreis 5 initiiert bzw. organisiert wurden. Damit wurde ein wesentliches Ziel erreicht, nämlich dort Themen aufzugreifen, wo im Vermessungsalltag Informationslücken bestehen, um damit Brücken zwischen den Universitäten und Forschungsinstitutionen einerseits sowie den Einrichtungen der Praxis andererseits zu schlagen.

Somit wurden auch im 52. DVW-Fortbildungsseminar „*GPS-Trends und Realtime-Anwendungen*" wieder aktuelle Fragestellungen behandelt wie die Berichterstattung über den Status der Satellitenvermessung – GPS, GLONASS und GALILEO, die Behandlung praxisrelevanter Probleme der Bezugssysteme, die aktuellen Entwicklungen von Referenzstations-Netzen insbesondere im Zusammenhang mit Echtzeitanwendungen bei der Koordinatenbestimmung. Die Veranstaltung wurde durch eine Firmenausstellung ergänzt, auf der führende GPS-Geräte- und Software-Hersteller ihre neuesten Produkte präsentieren konnten.

Gewiss hat es einige Mühe gekostet und ein erhebliches Maß an Geduld bedurft, bis nach Abschluss des Seminars alle Beiträge in druckreifer Form vorlagen. Dennoch kann nun allen Interessenten ein kompletter Tagungsband vorgelegt werden, der insbesondere den Seminarteilnehmern die Möglichkeit eröffnet, nochmals die behandelten und aktuellen Themen sorgfältig nachzulesen.

Abschließend sei allen Teilnehmern für ihr großes Interesse an dieser Fortbildungsveranstaltung gedankt. Aber auch allen Referenten und Autoren, die sowohl durch ihre engagierte Mitwirkung als auch die Bereitstellung der Beiträge in druckreifer Form die erfolgreiche Durchführung dieses Seminars erst ermöglichten, sei im Namen des DVW besonderer Dank ausgesprochen. Schließlich ist an dieser Stelle auch dem Verlag Konrad Wittwer für die Übernahme dieser Veröffentlichung zu danken, insbesondere für die schnelle Fertigstellung dieses Bandes nach der Abgabe der Manuskripte.

Letztendlich gebührt den Verantwortlichen vor Ort, Herrn Prof. Dr.-Ing. W. Huep von der FH Stuttgart - Hochschule für Technik und allen Helferinnen und Helfern, für Organisation und Durchführung ein herzliches Dankeschön.

Neubiberg, im März 2001

Hansbert Heister
Leiter des AK 5 des DVW

# Inhaltsverzeichnis

## Status Satellitenvermessung



## Bezugssysteme



## Referenzstations-Netze

## Echtzeitanwendungen



## Autorenanschriften 

# Global Navigation Satellite System - Fakten und Visionen

Achim Müller, Euskirchen

## 1 Einleitung

Ziel des Beitrags ist es, die Hintergründe der Entwicklung auf dem Gebiet der satellitengestützten Positionierung darzustellen und einen Ausblick auf die weitere Entwicklung zu wagen.

Kernpunkte dabei sind

- die Betrachtung der Situation aus amerikanischer Sicht (Fakten),
- die sukzessive Änderung der Rahmenbedingungen (Fakten) sowie
- die Erörterung der Möglichkeiten für ein völlig neues "Global Navigation Satellite System" (GNSS bzw Galileo; Visionen).

## 2 NAVSTAR GPS

Die sicherheitspolitische und rüstungswirtschaftliche Lage des Kalten Krieges ermöglichte die Entwicklung und den Aufbau des NAVSTAR Global Positioning Systems. Ein Auftraggeber (US-Verteidigungsministerium) sowie die eindeutige Priorisierung der militärischen Nutzung bildeten den Rahmen für die Freigabe von bis heute ca. 14 Mrd US $ für Entwicklung, Aufbau und den Betrieb des in folgender Abbildung dargestellten Raumsegments und die zugehörige Infrastruktur.

## Raumsegment

**Block II/IIA-Satelliten**
- Operationelle Satellitengeneration
- Produzent: Rockwell (heute Boeing)
- 26 im Orbit
- MMD 6.0/8.6/10.6 Jahre

**Block IIR-Satelliten**
- Operationelle/ z.Zt. noch produzierte Satellitengeneration
- Hersteller: Lockheed/Martin
- Vertragsanzahl: 21
- 3 im Orbit (zuletzt gestartet: PRN20 am 10.05.2000)
- 1 Fehlstart
- MMD 7.8 Jahre

**Block IIF-Satelliten**
- In Produktion
- Hersteller: Boeing(Rockwell)
- Vertragsanzahl: 6
- Option für 24 weitere Systeme im Februar 2000 aufgehoben
- MMD 12.7 Jahre





Die prinzipiell gegebene Möglichkeit, dass GPS-Signale auch von potentiellen Gegnern empfangen und genutzt werden können, erforderte die Systemsicherungstechniken Selective Availability (SA) und Anti-Spoofing (A-S). Deren Realisierung war Mitursache für den hinlänglich bekannten Signalaufbau und die Formulierung der "Precise Positioning" und "Standard Positioning" Navigationsdienste (PPS und SPS). Die zivile Mitnutzung des GPS-Systems war bis zum Beginn der neunziger Jahre nur von sekundärer Bedeutung.

# 3 Änderung der GPS-Rahmenbedingungen

Die Änderung der Rahmenbedingungen basierte zum Einen in der 1984 erkennbaren Intention maßgeblicher Fluggesellschaften, die Verkehrsdichte im Flugbetrieb zu erhöhen. Mittel zum Zweck hierfür ist u.a. die Steigerung der an Bord realisierbaren Navigationsgenauigkeit, welche eine Reduzierung des räumlichen bzw. zeitlichen Sicherheitsabstands der Flugzeuge untereinander ermöglicht.

Als weiterer Punkt haben in den USA die Erkenntnis, dass sich PPS-Genauigkeiten auch mit SPS-Geräten erreichen lassen (durch DGPS-Verfahren) und die damit einhergehende Einrichtung von Referenzstationsnetzen dazu beigetragen, das ursprüngliche GPS-Konzept zu überarbeiten.

Entscheidend aber war die nicht vorhersehbare Entwicklung eines zivilen/kommerziellen Positionierungsmarktes, der dadurch gekennzeichnet ist, dass im Jahre 2000 von 100 weltweit verkauften GPS-Geräten ca. 98 zivil genutzt und von diesen ca. 80% direkt oder indirekt (Lizenzen) aus amerikanischer Produktion kommen. Begleitet wurde dieser Trend mit den für Massenmärkte typischen Kennzeichen der fallenden Stückpreise und Innovationen in der Miniaturisierung von Basisgeräten.

Vor diesem Hintergrund ist selbst die mehrfach wiederholte Zusage der weiterhin kostenlosen GPS-Verfügbarkeit wirtschaftspolitisch begründbar und nachzuvollziehen.

In diesem Massenmarkt ging es aus amerikanischer Sicht Anfang der neunziger Jahre ausschließlich darum, die eigene Position zu sichern.

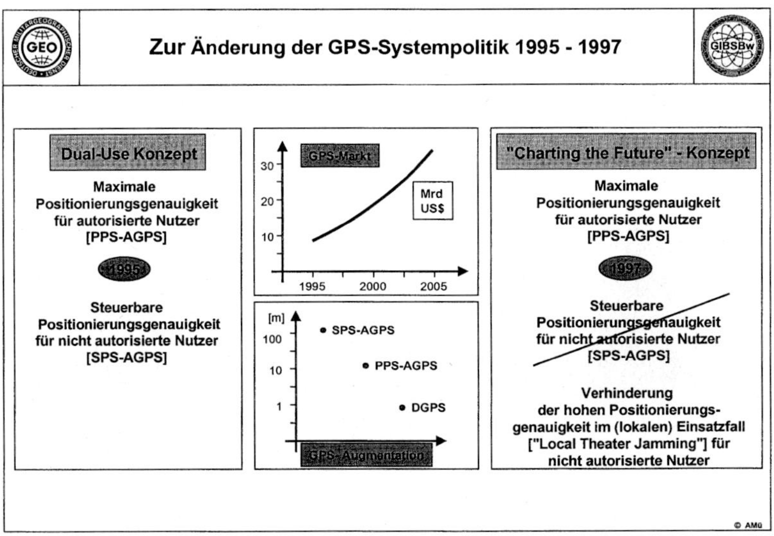

Demzufolge wurde auf die Änderungen der Rahmenbedingungen konsequent mit einer Neuausrichtung der GPS-Systempolitik reagiert, welche in der am 29.03.1996 veröffentlichten Erklärung des amerikanischen Präsidenten zu erkennen war. Obwohl nur eher am Rande erwähnt, bildet die Fähigkeit der U.S.-Streitkräfte, die feindselige Nutzung von GPS-/DGPS lokal unterbinden zu können (NAVWAR), nunmehr die Grundlage der militärischen Einsatzkonzeption. In der Folge konnte das Zurücksetzen des SA-Niveaus auf "null" am 02.05.2000 vollzogen werden (d.h. der grundsätzliche Verzicht auf die Steuerung der mit SPS-Gerät erzielbaren Genauigkeiten).

Die zivile/kommerzielle Nutzung des GPS-Systems wird damit nachhaltig unterstützt. Der Einsatz des weiterhin kostenlosen GPS-Signals für satellitengestützte Positionierung wird in weiter zunehmendem Masse zum Weltstandard. Die Dominanz von US-Herstellern im GPS-Gerätemarkt sichert dabei ein Maximum an volkswirtschaftlichem Ertrag und einen Haushaltsmittelrückfluss, der nach neuen Schätzungen die Investionen durch das US-Verteidigungsministerium übersteigt.

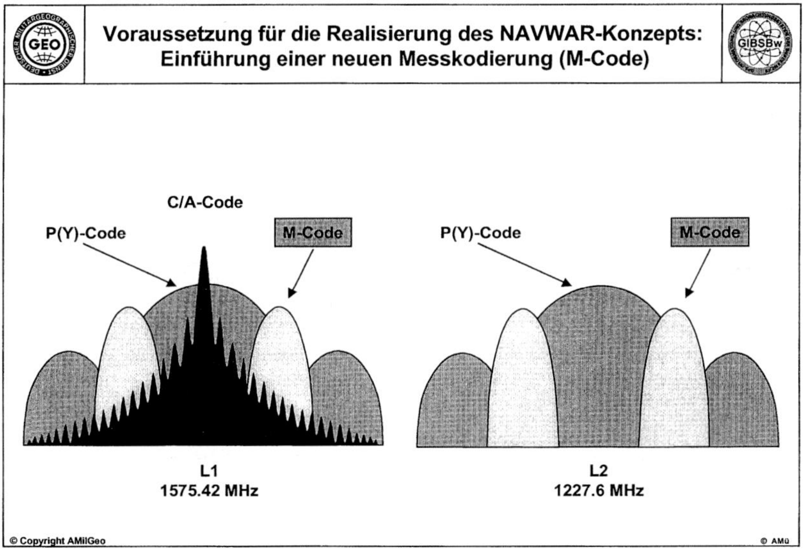

In der Umsetzung sind dem NAVWAR-Konzept mit dem aktuellen Signalaufbau jedoch Grenzen gesetzt. Störsender sind das Mittel zur Verhinderung einer gegnerischen Nutzung. Bei der jetzigen Anordnung von C/A-Code und P/Y-Code bedeutet die Ausrichtung eines Störsenders auf die Unterbindung der C/A-Code-Nutzung zugleich eine substantielle Beeinträchtigung des P/Y-Code-Signals (vgl. Abbildung). In der Folge ist es notwendig, die militärische und die zivil genutzten Signalkomponenten zu trennen: Das zukünftig vorgesehene und in der folgenden Abbildung dargestellte M-Code-Signal bildet hierfür die Grundlage.

Zusätzlich wird dafür gesorgt werden, dass sich der in Einsatzräumen besonders schützenswerte militärische Signalanteil mit höheren Sendeleistungen (Spot-Beam-Ausstrahlung) noch störresistenter gestalten lässt.

Parallel dazu wird die Steigerung der Attraktivität für den kommerziellen Massenmarkt dadurch erreicht werden, dass die zur Verfügung gestellte Grundgenauigkeit (2D) auf einen Meter gesteigert wird (Accuracy Improvement Initiative).

Dieses Vorgehen ist einzuordnen in eine Anzahl von Maßnahmen zur Verwirklichung des von der derzeitigen US-Regierung verfolgten Ziels der sukzessiven Herstellung/Beschaffung eines homogenen digitalen Datenbestands der Erdoberfläche bzw. der Erde. Diese Zielsetzung wurde mit der Bezeichnung "digital earth" in einer Erklärung des US-Vizepräsidenten Al Gore am 31.01.1998 erstmalig öffentlich angesprochen.

Der Erreichung der Metergenauigkeit steht bis dato entgegen, dass im Fall der absoluten Positionierung lediglich eine Frequenz unmittelbar genutzt werden kann und die nach Abschaltung des SA-Fehlers allein dominierenden ionosphärischen Laufzeitfehler damit nicht korrigiert werden können.

Im zukünftig nutzbaren GPS-System werden demzufolge durch Hinzunahme des C/A-Codes auf der L2-Frequenz und das Aussenden einer dritten zivil nutzbaren Frequenz (L5) Möglichkeiten geschaffen, die ionosphärischen Laufzeitfehler in Echtzeit zu korrigieren.

**The Digital Earth: Understanding our planet in the 21st Century**

**- Erklärung des US-Vizepräsidenten Al Gore vom 31.01.1998 -**

**Vision:**

**"A new wave of technological innovation is allowing us to capture, store, process and display an unprecedented amount of information about our planet and a variety of environmental and cultural phenomena. Much of this Information will be "georeferenced" - that is, it will refer to some specific place on the Earth´s surface.....**

**We should endeavor to develop a digital map of the world at 1 meter resolution..........**

**In the long run, we should seek to put the full range of data about our planet ... at our fingertips."**

**Ziel:**

**" ... accelerate the growth of a mulit-billion dollar industry. "**

**Massnahme:**

**" .. develop a strategy for realizing this vision. "**



Die Bandbreite der neuen Signalkomponeten bedeuten hard- und softwaremässige Änderungen der Satelliten. Die Umsetzung der Signaländerungen sind mit den folgenden Satellitentypen geplant:

Zunächst werden 12 bereits produzierte Block IIR-Satelliten modifiziert und ab dem Jahr 2003 gestartet.

Die ersten sechs der folgenden Satellitengeneration (Block IIF) werden zusätzlich über die L5-Frequenz verfügen. Der siebte IIF-Satellit wird dann den langfristigen Standardtyp der GPS-Konstellation darstellen und als zuletzt hinzukommende Fähigkeit die Spot-Beam-Möglichkeit beinhalten.

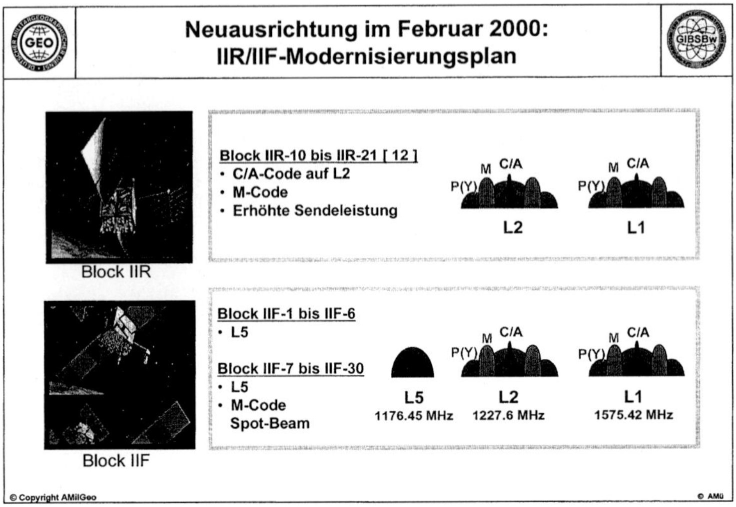


Abschliessend ist darauf hinzuweisen, dass diese GPS-Änderungen in der langfristigen Haushaltsplanung des U.S. Verteidigungsministeriums abgebildet sind. Die Realisierung des in sich logischen und nachvollziehbaren GPS-Konzeptes ist damit soweit als möglich als "gesichert" anzusehen.

# 4 Global Navigation Satellite System und Galileo

Bei der Erörterung des Themas GNSS kommt es zunächst darauf an, sich den Ursprung des Begriffes zu verdeutlichen. GNSS wurde im Rahmen der International Civil Aviation Organization (ICAO) von einer bereits 1983 etablierten Arbeitsgruppe geprägt. Vor dem Hintergrund der bereits angesprochenen Interessenslage einer beabsichtigten Steigerung der Flugdichte wurde die satellitengestützte Navigation (SatNav) als für diesen Zweck entscheidendes Mittel identifiziert.

ICAO-Regeln schließen aus Sicherheitsgründen aus, dass Navigationssysteme genutzt werden, die nicht öffentlich kontrolliert oder bordautonom sind.

Mit dem GNSS wurde demzufolge die Vision eines Satellitensystems formuliert, welches, unter ziviler Kontrolle öffentlich betrieben, die Basis eines zukünftigen weltumspannenden hoch leistungsfähigen Global Air Traffic Management System (GATM) bilden sollte. Zur Realisierung wurden zwei Schritte angegeben: zunächst sollte in einer Übergangszeit die Nutzung der militärisch kontrollierten GPS- und GLONASS-Systeme erfolgen (GNSS-1), um im Anschluss auf ein beide ersetzendes GNSS-2-System überzugehen. Zur Frage der Realisierung (Betreiber, Finanzierung) wurden keine Aussagen gemacht.

Vor diesem Hintergrund ist die im Juli 1999 getroffene Entscheidung des EU-Verkehrsministerrates zu betrachten, welche die Freigabe von EU-Haushaltsmitteln (80 Mio Euro) für die Definition eines zivilen europäischen Satellitensystems (Galileo) zur Folge hatte. Grundlage der Entscheidung war ein im Vorfeld mit mehreren Machbarkeitsstudien

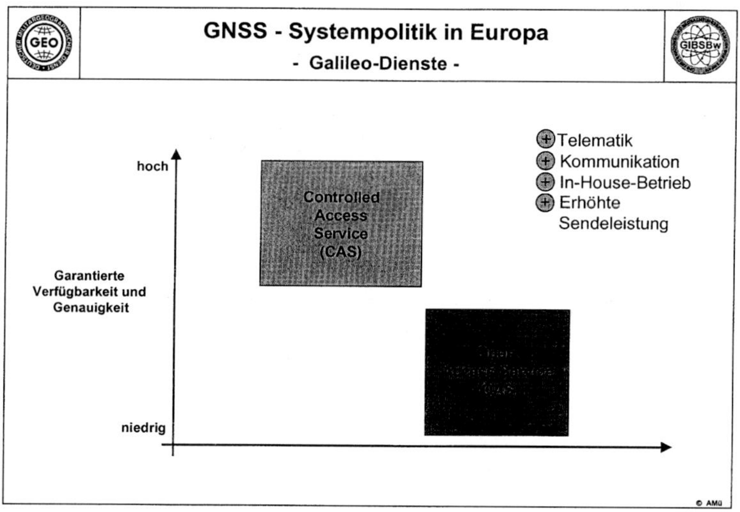


zusammengestellter Bericht der EU-Kommission vom 09.02.1999. Dieser verdeutlicht die Zielsetzung, dass Europa mit Galileo bei der Entwicklung des o.a. GNSS massgeblich mitwirken möchte (Vision).

Galileo soll dabei privatwirtschaftlich aufgebaut und betrieben (Public-Privat-Partnership-Modell: PPP) über mit GPS vergleichbare bzw. bessere Leistungsparameter (Genauigkeit, Sicherheit) verfügen.

Ohne auf Details einzugehen, kann man derzeit feststellen, dass sich die USA die o.a. GNSS-Vision der ICAO nur insoweit zu eigen machen, als es um die weitere Sicherung des Marktes für das existierende (und nach Plan weiter zu entwickelnde) GPS-System geht.

Weiter ist festzustellen, dass sich Galileo mit den selbstgesteckten Randbedingungen (PPP) als kaum realisierbar herausstellt. Insbesondere ist es schwer vorstellbar, einen zahlungswilligen Markt für Galileo zu finden, wenn es zugleich einen weiterhin kostenlosen GPS-Dienst geben wird. Auch dürften die teilweise diskutierten, einen Galileo-Markt stützenden Abgaben auf GPS-Geräte im Zeitalter der Globalisierung handelspolitisch nicht darstellbar sein.

Was bleibt, ist die Prüfung der Realisierbarkeit eines aus wirtschaftspolitisch-strategischen Gründen öffentlich zu finanzierenden SatNav-Systems; diese Fragestellung steht derzeit noch nicht an.

# 5 Zusammenfassung und Ausblick

Fakt ist ein GPS-System, welches eine Monopolstellung auf dem Weltmarkt der satellitengestützten Positionierung innehat.

Weiter ist sicher, dass sich die GPS-Betreibernation mit dem NAVWAR-Konzept auf die geänderten Rahmenbedingungen eingestellt hat (sachgerecht priorisiertes Miteinander von ziviler und militärischer Nutzung) und die Umsetzung der Planung als "gesichert" angesehen werden darf.

Die ICAO-Vision des GPS und GLONASS ablösenden zivil kontrollierten GNSS-Systems hat vor diesem Hintergrund wenig Aussichten auf Realisierung. Gleiches kann für ein derzeit konzipiertes Galileo-System gelten, dass sich von dieser GNSS-Vision ableitet und zudem weitgehend privatwirtschaftlich finanziert werden soll.

GPS-Geräte werden sich in den folgenden Jahren in einer Vielzahl von naheliegenden (Telematiksysteme) aber auch unkonventionellen Anwendungen wiederfinden. Die Verfügbarkeit der präzisen Positionsinformation wird Bestandteil unseres Denkens.

**Zur Entwicklung des GPS-Gerätemarktes**

Bezeichnung: **Locatio**

Hersteller: Seiko Epson Corporation, Japan

Gerät: Mobiltelefon mit integrierter Digitalkamera und GPS-Navigationssystem

Preis: ca. 1200 U.S. $

Markteinführung:
- USA in IV/2000
- Europa in II/2001

Quelle: Express Köln

Dort, wo die Kontrolle des GPS-Systems durch das U.S.-Verteidigungsministerium tatsächlich Probleme bereitet, werden derzeit und weiterhin bordautonome Komponenten (Inertialsysteme, Odometer, Karten- oder gar Satellitenbild-Vergleichssysteme u.a.) für bedarfsorientierte Unabhängigkeit sorgen. In allen anderen Fällen wird die heutige Verfügbarkeit und der weiter fallende Preis der GPS-Geräte eine stetig zunehmende Nutzung fördern und den Aufbau nahezu baugleicher SatNav-Systeme verhindern.

# Aktuelle und künftige Nutzung von GLONASS

Udo Roßbach, Neubiberg

## 1 Zusammenfassung

GLONASS ist ein von der Russischen Föderation betriebenes, auf Einweg-Entfernungsmessungen zu Satelliten beruhendes Navigationssystem, ähnlich dem amerikanischen GPS. Diese Ähnlichkeit prädestiniert es dazu, in kombinierten Anwendungen zusammen mit GPS eingesetzt zu werden.

Wird in diesen kombinierten Anwendungen höchste Genauigkeit der gewonnenen Positionslösung gefordert, muß allerdings den trotz aller Ähnlichkeiten doch bestehenden Unterschieden Rechnung getragen werden. Diese Unterschiede sind einerseits in den verwendeten Referenzsystemen für Zeit und Koordinaten zu sehen. Der Unterschied in den Zeitsystemen wird vor allem bei Echtzeitanwendungen dadurch aufgelöst, daß man ihn einfach als Unbekannte bei der Positionsbestimmung mitschätzt. Die unterschiedlichen Koordinatensysteme werden geschickterweise durch eine Transformation ineinander überführt. Die Bestimmung der Parameter dieser Transformation ist eines der Hauptanliegen der GLONASS-Gemeinschaft. Hier wurden in der Vergangenheit mehrere Lösungen veröffentlicht, die immer wieder verfeinert werden.

Ein weiterer wesentlicher Unterschied ist der, daß GLONASS-Satelliten anhand leicht voneinander abweichender Sendefrequenzen unterschieden werden. Dies führt bei der in hochpräzisen Anwendungen üblichen Bildung von doppelt differenzierten Phasenbeobachtungen dazu, daß für GLONASS keine reinen Doppeldifferenz-Beobachtungsgleichungen gebildet werden können. Dies hat seinerseits dann wieder Auswirkungen auf die Bestimmung der Phasenmehrdeutigkeiten. Auch dazu wurden in der Vergangenheit verschiedene Lösungsansätze vorgestellt und diskutiert.

Bei Beachtung all dieser Unterschiede besitzt die Kombination von GPS und GLONASS jedoch eine Reihe von Vorteilen gegenüber GPS oder GLONASS alleine. Diese Vorteile machen sich vor allem dann bemerkbar, wenn höchste Genauigkeiten in Echtzeit gefordert sind, z.B. bei RTK-Lösungen.

# 2 Einleitung

Parallel zum amerikanischen NAVSTAR-GPS wurde in der damaligen Sowjetunion ein eigenes Satellitennavigationssystem mit Namen GLONASS (GLObal NAvigation Satellite System) entwickelt und aufgebaut. Dieses System wird heute von der Russischen Föderation als Nachfolger der Sowjetunion betrieben.

Genau wie sein amerikanisches Gegenstück war GLONASS ursprünglich als rein militärisches System konzipiert, gedacht für die Navigation von Schiffen und strategischen Bombern. Im Laufe der Zeit erschienen jedoch auch für GLONASS immer mehr zivile Anwendungen. Bereits 1988 wurde das System auf einer Konferenz der ICAO der zivilen Luftfahrt zur Nutzung angeboten [1].

Ein 1994 herausgebenenes Bulletin des für GLONASS zuständigen Coordinational Scientific Information Center (CSIC) der russischen Streitkräfte sah neben der hochpräzisen Navigation von Land-, See- und Luftfahrzeugen auch Anwendungen in der Zeitverbreitung und der Aufstellung globaler geodätischer Koordinatensysteme voraus [3]. Ferner wurden die Bereitstellung von präzisen Koordinaten für Katasterarbeiten sowie die Unterstützung von Forschungsarbeiten aus Geologie, Geophysik, Ozeanographie, etc. durch die Bereitstellung von Positions- und Zeitinformation genannt.

In den folgenden Jahren wurde versucht, trotz des fortschreitenden Verfalls der russischen Wirtschaft auch gerade die zivilen Nutzungen von GLONASS voranzutreiben. Dazu dienten u.a. mehrere Dekrete der russischen Regierung. Heute hat sich GLONASS, trotz seines Handicaps bei der Satellitenverfügbarkeit, als wichtiges System neben und in Kombination mit GPS fest in der geodätischen Wissenschaft etabliert. Davon zeugt nicht zuletzt die kürzlich erfolgte Gründung des IGLOS (International GLONASS Service). Zunächst noch als Pilotprojekt, sollen analog zum und in Zusammenarbeit mit dem IGS (International GPS Service for Geodynamics) Beobachtungen zu GLONASS-Satelliten durchgeführt und ausgewertet werden.

# 3 GLONASS Systembeschreibung

Das GLONASS-Raumsegment besteht nominell aus 24 Satelliten. Im Unterschied zu den 24 (nominellen) GPS-Satelliten sind diese jedoch nicht auf sechs Orbitalebenen, sondern nur auf drei Ebenenen zu je acht Satelliten verteilt. Die Ebenen sind in der Rektaszension um 120° gegeneinander versetzt. Die Satelliten einer Ebene sind im Äquatorabstand um 45° gegeneinander versetzt. Zusätzlich haben sich entsprechende Satelliten in verschiedenen Ebenen einen um 15° unterschiedlichen Äquatorabstand.

Die Inklination von 64.8° ist um einiges höher als die von GPS (55°), so daß mit GLONASS eine bessere Abdeckung polarer Breiten erreicht wird. Die Umlaufzeit der GLONASS-Satelliten beträgt 11h 15min.

Genau wie bei GPS beruht die Positionsbestimmung mittels GLONASS auf Einweg-Entfernungsmessungen eines Nutzers zu mindestens vier Satelliten. Sind die Satellitenpositionen zum Zeitpunkt der Signalabstrahlung bekannt (aus den Ephemeriden), so kann der Nutzer daraus seine eigene räumliche Position (drei Unbekannte) sowie die Abweichung seiner Empfängeruhr bezüglich der Systemzeit als vierte Unbekannte bestimmen.

Genau wie bei GPS wird das Satellitensignal mit der Navigationsinformation und einem PRN-Code moduliert. Das Signal wird auf zwei Frequenzen im L-Band abgestrahlt. Auf der sogenannten $L_1$-Frequenz kommen dabei sowohl ein C/A-Code als auch ein P-Code zum Einsatz, während auf der $L_2$-Frequenz lediglich der P-Code aufmoduliert ist.

Im Gegensatz zum CDMA-Verfahren (Code Division Multiple Access) von GPS, bei dem alle Satelliten auf der gleichen Frequenz senden, aber unterschiedliche PRN-Codes zur Modulierung verwenden, benutzt GLONASS jedoch das FDMA-Verfahren (Frequency Division Multiple Access). Hierbei verwenden alle Satelliten einen identischen Code, aber leicht unterschiedliche Trägerfrequenzen.

Diese Frequenzen lagen ursprünglich im Bereich 1602 – 1615,5 MHz ($L_1$) sowie 1246 – 1256,5 MHz ($L_2$).

Die Trägerfrequenz eines Satelliten $i$ kann man aus der Beziehung

$$f_l^i = f_{0l} + k^i \cdot \Delta f_l \qquad (1)$$

bestimmen, wobei

| | |
|---|---|
| $f_{0l}$ | = 1602 MHz für $L_1$ ($l = 1$) und 1246 MHz für $L_2$ ($l = 2$) |
| $\Delta f_l$ | = 0,5625 MHz für $L_1$ ($l = 1$) und 0,4375 MHz für $L_2$ ($l = 2$) |
| $k^i$ | Frequenznummer des Satelliten $i$ |

bedeuten. Die Frequenznummer eines Satelliten stimmt dabei nicht notwendigerweise mit der Nummer des Satelliten innerhalb der Konstellation (Slot-Nummer) überein.

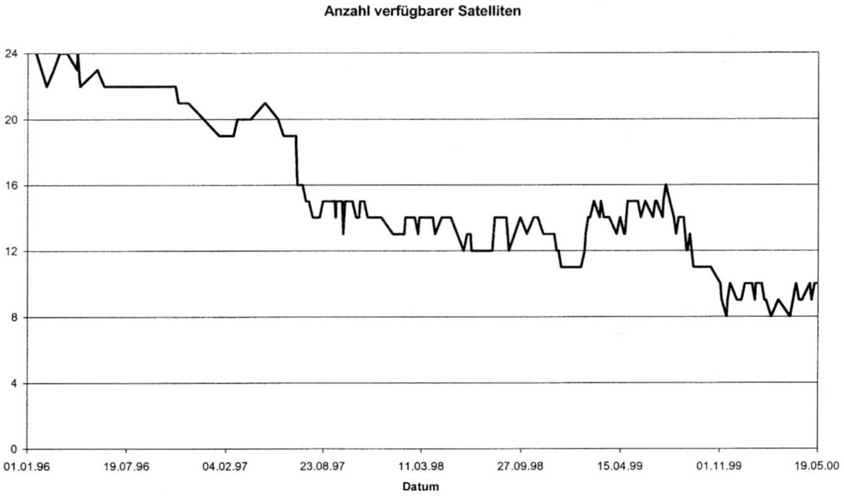


Abbildung 1: Anzahl verfügbarer GLONASS-Satelliten, Januar 1996 bis Mai 2000.

Der genannte Frequenzbereich entspricht den Frequenznummern $k = 0 \dots 24$. Da ein Teil des oberen Frequenzbereiches im GLONASS $L_1$-Band mittlerweile Bedeutung für die Radioastronomie erlangt hat und außerdem finanzkräftige Anbieter von Satelliten-Kommunikationsdiensten einen anderen Teil dieses Bandes nutzen wollen, werden die GLONASS-Frequenzen so umorganisiert, daß ab 2005 der Bereich $k$ = -7 ... +6 genutzt wird. Diese Reorganisation, die zum Teil bereits abgeschlossen ist, beinhaltet dann auch, daß sich gegenüberliegende Satelliten identische Trägerfrequenzen nutzen.

# 4 Entwicklung und aktueller Status

Die Entwicklung des GLONASS Systems begann Mitte der siebziger Jahre in der damaligen Sowjetunion. Der erste Satellit wurde im Oktober 1982 in die Erdumlaufbahn befördert. Nach Abschluß einer vor-operationellen Testphase begann 1986 der vollständige Aufbau des Systems. Diese Arbeiten gerieten jedoch durch den fortschreitenden politischen und wirtschaftlichen Verfall der Sowjetunion und ihrer Nachfolgerstaaten in Verzug. So konnte erst Anfang 1996 der geplante Ausbau mit 24 Satelliten im Orbit erreicht werden.

GLONASS-Satelliten sind für eine Lebensdauer von drei Jahren im Orbit ausgelegt. So machten sich schon kurz nach diesem Zeitpunkt Ausfallerscheinungen bei älteren Satelliten bemerkbar. Aufgrund der wirtschaftlichen Lage konnten diese Satelliten nicht wie geplant ersetzt werden, und so sank die Zahl der verfügbaren (d.h. operationellen und „gesunden") Satelliten wieder kontinuierlich.

Der Start von weiteren drei Satelliten im Dezember 1998 sowie die Aktivierung eines 1995 gestarteten Ersatz-Satelliten verbesserten die Situation noch einmal kurzfristig, aber in der zweiten Hälfte des Jahres 1999 sank die Zahl der verfügbaren Satelliten weiter von sechzehn auf zehn. Seitdem sind ständig etwa acht bis zehn Satelliten verfügbar. Abb. 1 zeigt diese Entwicklung.

Abb. 2 zeigt den augenblicklichen Systemstatus. Wie man sieht, ist in Orbitalebene 3 inzwischen kein Satellit mehr verfügbar. Hier ist der Bedarf für ein Auffüllen der Konstellation mittlerweile am größten. Ein Start von drei Satelliten in diese Orbitalebene war für April 2000 angekündigt, wird jetzt jedoch wohl nicht vor August des Jahres stattfinden. Ein weiterer Start von drei Satelliten soll 2001 folgen.

Die meisten Satelliten finden sich noch in Orbitalebene 2. Dies liegt daran, daß beim Aufbau der Konstellation zunächst die Ebenen 1 und 3 belegt wurden. Ebene 2 enthält also die jüngsten Satelliten, bei denen ein Ausfall am unwahrscheinlichsten ist. Bis auf drei Satelliten in dieser Ebene haben

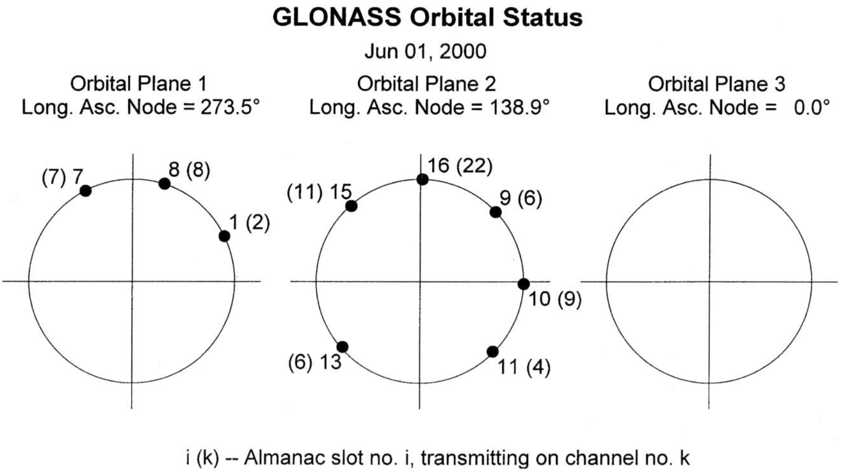


Abbildung 2: Aktueller GLONASS-Systemstatus.

mittlerweile alle Satelliten ihre nominelle Lebensdauer bereits überschritten, zum Teil sogar erheblich. Mit weiteren Satellitenausfällen ist also zu rechnen.

Abbildung 3 zeigt die Anzahl der an einem typischen Ort im Süden Deutschlands unter einem Elevationswinkel von mindestens 10° sichtbaren Satelliten, unter Verwendung des aktuellen Almanachs. Der Zeitbereich erstreckt sich über acht Tage. Dies ist der Zeitraum, nach dem sich die Satellitengeometrie relativ zu einem Beobachter auf der Erde nominell wiederholt. Die dunkel getönten Abschnitte zeigen diejenigen Zeitbereiche, in denen die für eine Positionsbestimmung mit GLONASS mindestens erforderliche Anzahl an Satelliten, d.h. vier oder mehr Satelliten, sichtbar ist. Die hell getönten Bereiche weisen die Zeiten mit maximal drei sichtbaren Satelliten aus. Obwohl diese Zeiten mittlerweile in der Mehrheit sind, gibt es doch noch Abschnitte, in denen bis zu sechs Satelliten sichtbar sind. Zu diesen Zeiten können auch PDOP-Werte zwischen 2 und 3 erreicht werden.

Nicht zuletzt aufgrund dieser (im Moment gültigen) zeitlichen Beschränkungen dürften die Anwendungen von GLONASS wohl eher in Kombination mit GPS und nicht so sehr als ein eigenständiges System (also reine GLONASS-Vermessung) gesehen werden. Der große Vorteil von GLONASS, das System

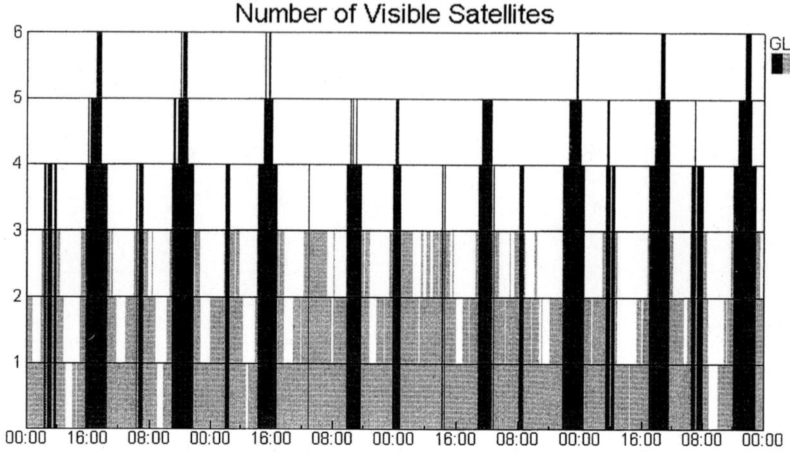


Abbildung 3: Anzahl sichtbarer GLONASS-Satelliten in Süddeutschland über einen Zeitraum von acht Tagen.

nicht mittels sogenannter Sicherungsmaßnahmen künstlich zu verschlechtern, ist mit der Aufhebung der GPS Selective Availability am 1. Mai 2000 weggefallen. Bei differentieller Positionierung spielte dieser Vorteil andererseits auch nie eine entscheidende Rolle.

# 5 Referenzsysteme

Trotz aller Gemeinsamkeiten von GPS und GLONASS gibt es auch eine Reihe von Unterschieden zwischen den Systemen. Neben der bereits erwähnten Unterscheidung zwischen verschiedenen Satelliten innerhalb der Konstellation gehören dazu auch die eigenständigen Referenzsysteme für Zeit und Koordinaten, die von GLONASS verwendet werden. Eine Beachtung dieser Unterschiede ist insbesondere bei der kombinierten Verwendung von GPS und GLONASS wichtig, wenn optimale Ergebnisse erzielt werden sollen.

## 5.1 Zeitsysteme

Genau wie GPS besitzt GLONASS eine eigene Systemzeit, auf die sich alle Zeitangaben beziehen. Diese Systemzeit wird vom GLONASS-Kontrollsegment aufrecht erhalten. Während jedoch die GPS-Systemzeit eine fortlaufende Zeitskala darstellt, ist die GLONASS-Systemzeit eng mit Moskauer Ortszeit gekoppelt, die sich ihrerseits wieder an UTC anlehnt, ihr allerdings um drei Stunden voraus ist. Insbesondere berücksichtigt die GLONASS-Zeit auch alle Schaltsekunden, die in der UTC eingefügt werden.

Dies ist besonders wichtig bei der kombinierten Anwendung von GPS und GLONASS, wenn Entfernungsmessungen mit einheitlicher Zeitmarke gegeben sind. Bei der Berechnung der Satellitenpositionen zum Abstrahlzeitpunkt ist diese Zeitmarke jeweils in die entsprechende Systemzeit umzurechnen, da die Referenzzeitpunkte der Ephemeriden in Systemzeit gegeben sind. Bei zur Zeit 13 Schaltsekunden Unterschied und einer Fortbewegungsgeschwindigkeit der Satelliten von annähernd 4000 m/s erhielte man ansonsten alleine dadurch eine um ca. 50 km verfälschte Satellitenposition. Der Fehler durch die drei Stunden Differenz zwischen Moskauer Ortszeit und UTC wäre entsprechend noch größer.

Die Unterschiede sind jedoch noch feiner. Sowohl GPS als auch GLONASS versorgen ihre Nutzer mit Informationen darüber, wie die jeweilige Systemzeit nach UTC umgerechnet werden kann. GPS bezieht sich auf UTC, so wie sie am US Naval Observatory realisiert wird ($UTC_{USNO}$), während GLONASS die UTC-Skala verwendet, wie sie vom Staatlichen Zeit- und Frequenzdienst in Moskau realisiert ist ($UTC_{SU}$). Diese beiden Realisierungen von UTC sind nicht identisch. Die Differenz liegt im Bereich einer µs. Bei der Berechnung der Satellitenposition führt dies zwar nur zu einem Fehler von wenigen mm. Aber bei der Positionierung eines Nutzers kann dieser Unterschied die Pseudo-Entfernungen immer noch um mehrere hundert Meter verfälschen.

Um dies zu verhindern und optimale Ergebnisse zu erzielen, muß der Fehler durch die unterschiedlichen Zeitskalen eliminiert werden. Dazu sind verschiedene Methoden denkbar.

Ein Fehler läßt sich besonders einfach eliminieren, wenn er von vorneherein bekannt ist. Im Fall des Unterschieds zwischen $UTC_{SU}$ und anderen UTC-Skalen werden die Differenzen regelmäßig vom BIPM veröffentlicht. Diese Daten sind aber nicht in Echtzeit verfügbar, so daß diese Methode nur im Post-Processing anwendbar ist, nicht aber z.B. bei RTK-Vermessungen.

Bei der nächsten Generation von GLONASS-Satelliten (GLONASS-M) soll die Information über den Unterschied zwischen GLONASS- und GPS-Systemzeit in die Navigations-Message aufgenommen werden. Diese Satelliten waren für 1996 angekündigt, sind aber zum gegenwärtigen Zeitpunkt immer noch nicht verfügbar. Und ob sie jemals zum Einsatz kommen werden, ist angesichts der desolaten Lage in Rußland eher fraglich.

Eine weitere Möglichkeit, diesen Fehler zu eliminieren, besteht darin, ihn als zusätzliche Unbekannte bei der Positionsbestimung mitzuschätzen. Dies kann entweder in Form zweier separater Empfänger-Uhrfehler bezogen auf GPS- und GLONASS-Zeit erfolgen, oder als Unterschied zwischen GPS- und GLONASS-Systemzeit. In beiden Fällen wird eine (GLONASS-)Beobachtung zur Schätzung der zusätzlichen Unbekannten benötigt. Eine effektive Auswirkung auf die Positionierung ergibt sich folglich erst, wenn mindestens zwei zusätzliche Beobachtungen zur Verfügung stehen.

## 5.2 Koordinatensysteme

Neben einem eigenen Zeitsystem verwendet GLONASS auch ein eigenes Referenzsystem für Koordinaten, das System PZ-90. Die Ephemeriden der GLONASS-Satelliten beziehen sich auf dieses System. Obwohl von der Definition her ähnlich zum von GPS verwendeten WGS84, ergeben sich auch hier jedoch wieder Unterschiede in der Realisierung.

Die Bestimmung von Transformationsparametern zwischen diesen beiden Koordinatensystemen war daher das Ziel von Arbeiten mehrerer Gruppen von Wissenschaftlern in den letzten Jahren [7], [10], [8]. Auch im Rahmen des 1998 gestarteten Internationalen GLONASS-Experiments IGEX-98 wurde versucht, Transformationsparameter zwischen PZ-90 und WGS84 zu bestimmen.

Übereinstimmung zwischen den verschiedenen Schätzungen besteht darin, daß der am meisten signifikante Parameter eine Rotation um die z-Achse ist, in der Größenordnung $-1{,}6 \cdot 10^{-6}$ rad. Aufgrund der Untersuchungen von [8] scheint bei der Berechnung von GLONASS Satelliten-Ephemeriden im PZ-90 System allerdings die Polbewegung der Erde nicht berücksichtigt zu werden, so daß die Transformation zwischen PZ-90 und WGS84 zeitabhängig ist.

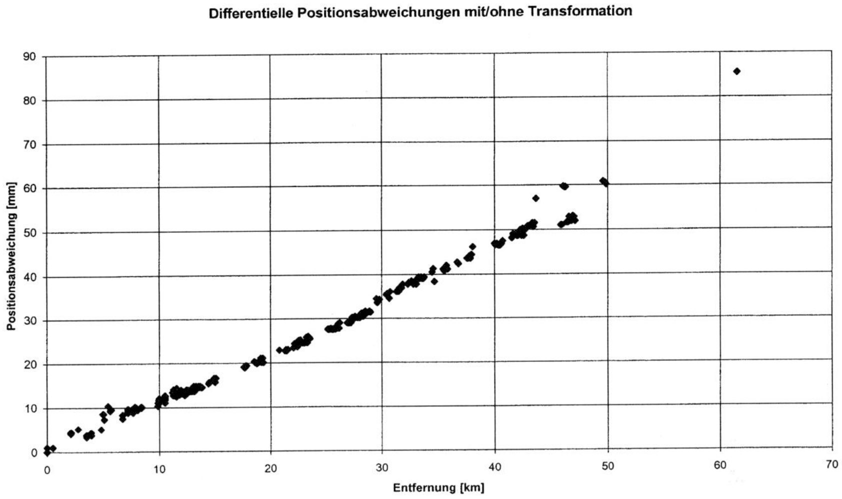


Abbildung 4: Differentielle Positionsabweichungen mit und ohne Koordinatentransformation.

Bei der differentiellen Positionierung, wie sie für Anwendungen im Bereich des Vermessungswesens üblich ist, kann man den Unterschied zwischen PZ-90 und WGS84 als Orbitfehler des Satelliten interpretieren, der zumindest bei kurzen Basislinien durch das differentielle Verfahren eliminiert wird.

Werden Genauigkeiten im cm-Bereich angestrebt, sollte man jedoch auch bei differentieller Positionierung eine Transformation der Satellitenposition durchführen. Bei einer großen Halbachse von etwa 25000 km führt eine Rotation von $1{,}6 \cdot 10^{-6}$ rad unter ungünstigen Bedingungen (Satellit nahe des Äquators) zu einer Positionsabweichung von ca. 40 m. Ein Orbitfehler in dieser Größenordnung (along-track oder cross-track) kann eine Rotation der Basislinie von etwa 0,3“ sowie einen Entfernungsfehler in der Größenordnung 1,4 ppm bewirken [2].

Abb. 4 verdeutlicht dies an einem aufgezeichneten Datensatz. Gezeigt wird die Abweichung differentiell berechneter Positionen in einem gemischten GPS/GLONASS Szenario. Die Daten wurden während einer Meßfahrt aufgezeichnet und auf unterschiedliche Weise ausgewertet. In einem Fall wurde keine Koordinatentransformation auf die GLONASS-Satellitenpositionen angewendet, im anderen Fall wurde eine Transformation nach [10] angewendet.

Die Positionen mit angewendeter Transformation wurden als wahre Referenz angesehen. Die Unterschiede zwischen den auf diese Weise berechneten Positionen sind über der Entfernung zur Referenzstation aufgetragen. Es zeigt sich deutlich ein mit der Entfernung linear anwachsender Positionsfehler. Dieser Fehler liegt in der Größenordnung 1,2 ppm.

# 6 Präzise Positionsbestimmung mit GLONASS

## 6.1 GLONASS-Doppeldifferenzen

Bei der präzisen Positionsbestimmung im cm-Bereich mit GPS kommen ausschließlich differentielle Verfahren auf der Basis von Phasenmessungen zum Einsatz. Bei diesen Verfahren heben sich Fehlereinflüsse (weitgehend) auf, die an Referenzstation und Rover gleiche Auswirkungen haben.

Bei der Bildung von Einfach-Differenzen zwischen Referenzstation und Rover sind dies der Rest-Uhrfehler des Satelliten, Satelliten-Orbitfehler, der Einfluß der Ionosphäre sowie bis zu einem gewissen Grad auch der Einfluß der Troposphäre. Differenziert man zusätzlich noch zwischen Satelliten (Doppel-Differenzen), so heben sich auch noch die Empfänger-Uhrfehler an Referenzstation und Rover auf.

Diese Differenzenbildung zur Eliminierung von Fehlereinflüssen ist grundsätzlich auch bei GLONASS möglich. Einfach-Differenzen von GLONASS-Beobachtungen werden genauso formuliert wie bei GPS-Beobachtungen und haben auch den gleichen Effekt.

Die Bildung von doppelt differenzierten GLONASS-Beobachtungen ist hingegen nicht mehr trivial, da im Gegensatz zu GPS unterschiedliche GLONASS-Satelliten ihre Signale auf unterschiedlichen Trägerfrequenzen abstrahlen.

Ausgehend von der (vereinfachten) Beobachtungsgleichung für Phasenmessungen von Empfänger $R$ zu Satellit $i$:

$$\varphi_R^i = \frac{1}{\lambda^i} \rho_R^i + N_R^i + f^i \cdot \delta t_R - f^i \cdot \delta t^i + f^i \cdot \delta t_R^{i,Trop} - f^i \cdot \delta t_R^{i,Iono} + \varepsilon_R^i \qquad (2)$$

mit

| | |
|---|---|
| $\varphi_R^i$ | Phasenmessung des Empfängers $R$ zum Satelliten $i$ (in cycles) |
| $\rho_R^i$ | Geometrische Entfernung des Empfängers $R$ zum Satelliten $i$ (in m) |
| $N_R^i$ | Phasenmehrdeutigkeit der Messung des Empfängers $R$ zum Satelliten $i$ (cycles) |
| $\delta t_R$ | Uhrfehler des Empfängers $R$ (in s) |
| $\delta t^i$ | Uhrfehler des Satelliten $i$ (in s) |
| $\delta t_R^{i,Trop}$ | Troposphärische Verzögerung zwischen Satellit $i$ und Empfänger $R$ (in s) |
| $\delta t_R^{i,Iono}$ | Ionosphärische Voreilung zwischen Satellit $i$ und Empfänger $R$ (in s) |
| $\varepsilon_R^i$ | Meßrauschen der Messung des Empfängers $R$ zum Satelliten $i$ (in cycles) |
| $\lambda^i$ | Wellenlänge des Trägersignals von Satellit $i$ (in m) |
| $f^i$ | Frequenz des Trägersignals von Satellit $i$ (in Hz) |

erhält man für die Einfach-Differenz unter Annahme kurzer Basislinien und gleicher Einflüsse von Ionosphäre, Troposphäre und Satellitenuhrfehler an Rover $R$ und Referenz $B$:

$$\Delta\varphi_{RB}^i = \frac{1}{\lambda^i} \Delta\rho_{RB}^i + \Delta N_R^i + f^i \cdot \Delta\delta t_{RB} + \Delta\varepsilon_R^i \qquad (3)$$

Die weitere Differenzierung zwischen Satellit $i$ und Referenzsatellit $j$ ergibt dann:

$$\nabla\Delta\varphi_{RB}^{ij} = \frac{1}{\lambda^i} \Delta\rho_{RB}^i - \frac{1}{\lambda^j} \Delta\rho_{RB}^j + \nabla\Delta N_R^i + \left(f^i - f^j\right) \cdot \Delta\delta t_{RB} + \nabla\Delta\varepsilon_R^i \qquad (4)$$

Im Fall unterschiedlicher Trägerfrequenzen bleibt die Einfachdifferenz des Empfänger-Uhrfehlers also in der Doppeldifferenz-Beobachtungsgleichung enthalten.

Schreibt man Gl. (2) - (4) in Längeneinheiten anstelle von Phasenzyklen, so erhält man:

$$\lambda^i \varphi_R^i = \rho_R^i + \lambda^i \cdot N_R^i + c \cdot \delta t_R - c \cdot \delta t^i + c \cdot \delta t_R^{i,Trop} - c \cdot \delta t_R^{i,Iono} + \lambda^i \cdot \varepsilon_R^i \qquad (5)$$

$$\lambda^i \Delta\varphi_{RB}^i = \Delta\rho_{RB}^i + \lambda^i \cdot \Delta N_R^i + c \cdot \Delta\delta t_{RB} + \lambda^i \cdot \Delta\varepsilon_R^i \qquad (6)$$

$$\lambda^i \Delta\varphi_{RB}^i - \lambda^j \Delta\varphi_{RB}^j = \nabla\Delta\rho_{RB}^i + \lambda^i \cdot \Delta N_R^i - \lambda^j \cdot \Delta N_R^j + \lambda^i \cdot \Delta\varepsilon_R^i - \lambda^j \cdot \Delta\varepsilon_R^j \qquad (7)$$

mit der Lichtgeschwindigkeit $c$ in m/s.

In diesem Fall heben sich die Empfänger-Uhrfehler heraus. Stattdessen bleiben nun die Einfach-Differenzen der Phasenmehrdeutigkeiten erhalten. Sie lassen sich nicht zu Doppeldifferenz-Mehrdeutigkeiten zusammenfassen, die auf Integer-Werte fixiert werden können.

Zur Handhabung dieses Nachteils wurden in den letzten Jahren verschiedene Lösungsansätze vorgeschlagen, die in der einschlägigen Literatur ausgiebig diskutiert wurden [5], [11], [6], [4], [9]. Diese Ansätze reichen von der Beschränkung auf Float-Lösungen oder auf Einfach-Differenzen mit Bestimmung des Uhrfehlers aus Entfernungsmessungen, über die Skalierung der Beobachtungsgleichung auf eine einheitliche Frequenz und die iterative Bestimmung von Mehrdeutigkeiten bis hin zur Einführung einer Hilfsfrequenz derart, daß in Gl. (7) die einfach differenzierten Mehrdeutigkeitsterme zu einem ganzzahligen doppelt differenzierten Term zusammengefaßt werden können.

## 6.2 Vorteile von GPS/GLONASS

Wie auch immer die GLONASS-Mehrdeutigkeiten letztlich behandelt werden, die Kombination von GPS mit GLONASS bringt eine Reihe von Vorteilen gegenüber der reinen GPS-Lösung mit sich.

Der offensichtlichste Vorteil ist die Vergrößerung der Anzahl der verfügbaren Satelliten. Wie man aus Abb. 3 entnehmen kann, ist selbst mit der gegenwärtig reduzierten Konstellation fast immer mindestens ein GLONASS-Satellit sichtbar, meist sogar zwei oder mehr. Unter starken Abschattungsbedingungen (z.B. in Innenstädten, Wald, Gebirge oder im Tagebau) können diese zusätzlichen Satelliten oft ausschlaggebend für den Erfolg einer Messung sein. Wenn die Anzahl der beobachteten GPS-Satelliten alleine nicht ausreicht, um eine sinnvolle Mehrdeutigkeitslösung zu erzielen, kann dies mit zusätzlichen GLONASS-Satelliten möglich werden.

Aber auch bei freiem Blick zum Himmel und genügend sichtbaren GPS-Satelliten können die zusätzlichen GLONASS-Satelliten für eine Verbesserung der Satelliten-Geometrie sorgen. Dies bringt wiederum eine größere Genauigkeit der erzielten Positionslösung mit sich.

Außerdem ist durch die gesteigerte Redundanz der Beobachtungen eine bessere und frühere Entdeckung und Isolation von groben Ausreißern in den Messungen oder gar Satellitenausfällen möglich. Was in der Navigation als Receiver

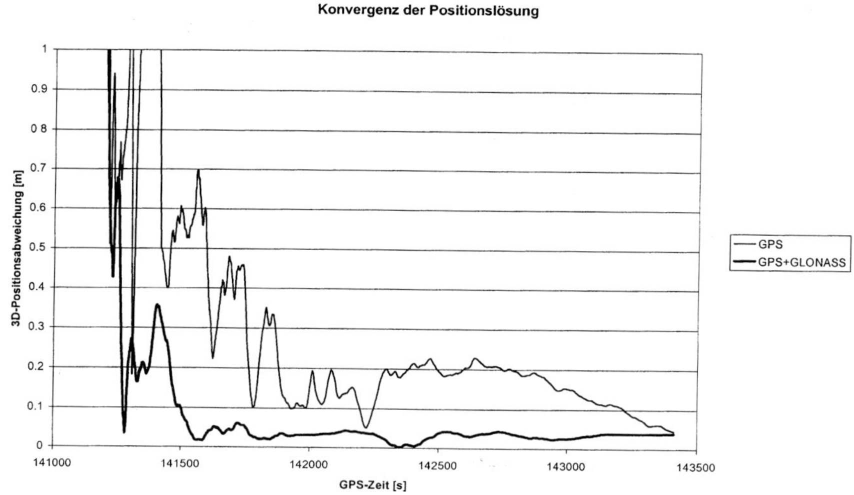


Abbildung 5: Konvergenz der Positionslösungen GPS und GPS+GLONASS.

Autonomous Integrity Monitoring (RAIM) die Sicherheit erhöhen soll, kann im Vermessungswesen für eine schnellere Qualitätskontrolle sorgen. Fehlerhafte Messungen können noch im Feld entdeckt und gleich an Ort und Stelle wiederholt werden. Dies bedeutet wesentlich effektiveres Arbeiten.

In ähnlicher Weise sorgt das Vorhandensein zusätzlicher Satellitenbeobachtungen auch für eine schnellere und bessere Mehrdeutigkeitslösung. Auf diese Weise können durch GPS/GLONASS RTK bessere Ergebnisse erzielt werden als durch GPS RTK alleine.

Dies läßt sich auch aus Abb. 5 folgern. In der Abbildung ist die Abweichung der gemessenen Empfängerposition von der bekannten Position über der Zeit aufgetragen. Sowohl für die GPS- als auch für die kombinierte GPS/GLONASS-Lösung wurden dabei Float-Lösungen für die Doppeldifferenz-Mehrdeutigkeiten verwendet. Man sieht deutlich, daß die kombinierte Lösung nach einer sehr viel kürzeren Einschwingphase viel früher konvergiert als die reine GPS-Lösung. Daraus läßt sich schließen, daß in einem kombinierten GPS/GLONASS Szenario eine Fixierung der Phasenmehrdeutigkeiten sehr viel früher erfolgen kann als bei GPS alleine.

Desweiteren läßt sich aus Abb. 5 ableiten, daß in einem kombinierten GPS/GLONASS Szenario auch ohne fixierte Phasenmehrdeutigkeiten sehr schnell Genauigkeiten unterhalb eines Dezimeters erreicht werden können. Wo also nicht wirkliche cm-Genauigkeiten erforderlich sind, kann auf den Aufwand einer Mehrdeutigkeits-Fixierung verzichtet werden.

Führt man eine Fixierung der Phasenmehrdeutigkeiten durch, so läßt sich durch die GPS/GLONASS-Kombination auch die Verläßlichkeit dieser Fixierung steigern. [5] kommt zu dem Schluß, daß das Verhältnis der Summen der quadrierten Residuen der besten und zweitbesten Lösung als Maß für die Verläßlichkeit der Fixierung durch Hinzufügen von GLONASS-Beobachtungen um den Faktor 3 verbessert werden kann.

# 7 International GLONASS Service (IGLOS)

Von Oktober 1998 bis April 1999 wurde unter dem Namen IGEX-98 ein internationales Experiment durchgeführt, bei dem GLONASS-Satelliten in großem Stil weltweit beobachtet und die Daten aufgezeichnet und ausgewertet wurden. Über 60 Beobachtungsstationen in 25 Ländern beteiligten sich daran. Nach April 1999 wurden Beobachtung und Datenanalyse von einigen der Teilnehmer (25 – 30 Stationen) so gut als möglich weitergeführt. Bei einem Workshop zu den Ergebnissen des Experiments im September 1999 in Nashville wurde beschlossen, ähnlich und in Zusammenarbeit mit dem International GPS Service (IGS) einen International GLONASS Service (IGLOS), zunächst als Pilot-Projekt, ins Leben zu rufen.

Dieser Dienst befindet sich zur Zeit in der Aufbauphase und soll in der zweiten Jahreshälfte die Arbeit aufnehmen. Ziel ist es u.a., mit Hilfe eines globalen Netzes von GLONASS-Beobachtungsstationen präzise (Dezimeter-Genauigkeit) GLONASS-Orbits und Erdrotationsparameter zu bestimmen. Aus präzisen Orbits im ITRF und Broadcast-Orbits in PZ-90 ist die Bestimmung von Transformationsparametern dann nur noch ein kleiner Schritt. Ferner soll die Performance des GLONASS-Systems überwacht und bewertet werden.

Spätestens 2003 soll entschieden werden, ob es sinnvoll ist, dieses Pilot-Projekt in einen regulären Dienst überzuführen, oder ob es eingestellt werden soll. Diese Entscheidung wird sicherlich einerseits von der Entwicklung der GLONASS-

Konstellation abhängen, andererseits aber auch davon, wie die Dienste des IGLOS angenommen werden. Beides wird sich in den kommenden Jahren zeigen.

Bei offensichtlicher zeitlicher Abhängigkeit der Koordinatentransformation zwischen PZ-90 und WGS84 wäre es sicherlich denkbar, prädizierte Werte für die Parameter zu erstellen, die dann zu ihrem Gültigkeitszeitpunkt von Vermessern verwendet werden können. Andererseits können präzise Orbits, die im ITRF gerechnet wurden, auch dazu verwendet werden, Messungen später off-line noch einmal auszuwerten und ohne notwendige Koordinatentransformation gegebenenfalls zu noch besseren Ergebnissen zu gelangen.

# 8 Ausblick

Der Gebrauch von GLONASS zur Positionsbestimmung steckt zwar schon lange nicht mehr in den Kinderschuhen, aber die Verbreitung von GPS hat GLONASS noch längst nicht erreicht. Dies liegt sicherlich an der augenblicklich desolaten Lage der Russischen Föderation als Systembetreiber, die von Zeit zu Zeit doch Pessimismus eher als Optimismus über den Fortbestand des Systems angebracht erscheinen läßt. Zum Teil liegt das aber auch an der geringeren Bekanntheit des Systems, bedingt vielleicht durch eine gewisse Fixierung auf westliche Technologien.

Nichtsdestotrotz sind handliche GPS/GLONASS-Empfänger seit einigen Jahren auf dem Markt. Und so konnten GLONASS- und vor allem kombinierte GPS/GLONASS-Anwendungen damit beginnen, in der Praxis auch des Vermessungswesens Einzug zu halten.

Mit dieser beginnenden Verbreitung wird sich die Überlegenheit kombinierter GPS/GLONASS-Lösungen gegenüber reinen GPS-Lösungen unter Beweis stellen. Gerade in den Bereichen der hochpräzisen Vermessung und des RTK werden kombinierte GPS/GLONASS-Anwendungen ihre Stärke zeigen.

All dies wird natürlich auch von der Entwicklung der GLONASS-Konstellation abhängen. Und auch hier stehen mit zwei angekündigten Satellitenstarts die Zeichen im Moment eher wieder auf Aufrechterhaltung oder gar Wiederaufbau des Raumsegments denn auf weiterem Verfall.

Und sollten tatsächlich eines Tages GLONASS-M Satelliten die Erde umkreisen und in ihrer Navigationsmessage Informationen über den Unterschied zwischen GLONASS- und GPS-Zeit verbreiten, so stärkt dies sicherlich auch die kombinierte Anwendung von GPS und GLONASS.

# 9 Literatur


[1] Anodina, T. G.: GLONASS System Technical Characteristics and Performance. Working Papers WP/70 and WP/75, Special Committee on Future Air Navigation Systems (FANS/4), International Civil Aviation Organization, Montreal, 1988

[2] Beutler, G.; Bauersima, I.; Gurtner, W.; Rothacher, M.; Schildknecht, T.: Atmospheric Refraction and Other Important Biases in GPS Carrier Phase Observations, Interner Report Nr. 22, Satellitenbeobachtungsstation Zimmerwald, Bern, 1987

[3] GLONASS Info Bulletin 1/94 (1). Coordinational Scientific Information Center of the Russian Space Forces, Moskau, 1994

[4] Habrich, Heinz; Beutler, Gerhard; Gurtner, Werner; Rothacher, Markus, Double Difference Ambiguity Resolution for GLONASS/GPS Carrier Phase, Proceedings of ION Satellite Division GPS-99 International Technical Meeting, Nashville, Tennessee, September 14-17, 1999, pp. 1609-1618

[5] Landau, Herbert; Vollath, Ulrich: Carrier Phase Ambiguity Resolution using GPS and GLONASS Signals, Proceedings of ION Satellite Division GPS-96 International Technical Meeting, Kansas City, Missouri, September 17-20, 1996, pp. 917-923

[6] Leick, Alfred; Li, Jinye; Beser, Jacques; Mader, Gerald, Processing GLONASS Carrier Phase Observations - Theory and First Experience, Proceedings of ION Satellite Division GPS-95 International Technical Meeting, Palm Springs, California, September 12-15, 1995, pp. 1041-1047

[7] Misra, P. N.; Abbot, R. I.; Gaposchkin, E. M.: Integrated Use of GPS and GLONASS: PZ-90 - WGS84 Transformation, Proceedings of ION Satellite Division GPS-96 International Technical Meeting, Kansas City, Missouri, September 17-20, 1996, pp. 307-314

[8] Mitrikas, Vladimir V.; Revnivykh, Sergey G.; Bykhanov, Evgeniy V., WGS84/PZ-90 Transformation Parameters Determination Based on Laser and Ephemeris Long-Term GLONASS Orbital Data Processing, Proceedings of ION Satellite Division GPS-98 International Technical Meeting, Nashville, Tennessee, September 15-18, 1998, pp. 1625-1635

[9] Roßbach, Udo; Hein, Günter W., Treatment of Integer Ambiguities in DGPS/DGLONASS Double Difference Carrier Phase Solutions, Proceedings of ION Satellite Division GPS-96 International Technical Meeting, Kansas City, Missouri, September 17-20, 1996, pp. 909-916

[10] Roßbach, Udo; Habrich, Heinz; Zarraoa, Nestór, Transformation Parameters Between PZ-90 and WGS84}, Proceedings of ION Satellite Division GPS-96 International Technical Meeting, Kansas City, Missouri, September 17-20, 1996, pp. 279-285

[11] Walsh, David; Daly, Peter, GPS and GLONASS Carrier Phase Ambiguity Resolution}, Proceedings of ION Satellite Division GPS-96 International Technical Meeting}, Kansas City, Missouri, September 17-20, 1996, pp. 899-907

# Europäische Entwicklungen und ihr Bezug zu Radionavigationsplänen

Wolfgang Augath, Dresden

## 1 Einleitung

Satellitengestützte Positionierungssysteme, die über eher wissenschaftliche Zielstellungen hinausgingen und auch Anforderungen des Massenmarktes im Positionierungsbereich abdeckten, sind in Westeuropa bislang über Studien nicht hinausgekommen. Das lag sicherlich daran, dass mit dem amerikanischen Global Positioning System (GPS) und eingeschränkt auch mit dem russischen Global Navigation Satellite System (GLONASS) zwei zwar militärisch geführte und finanzierte Systeme zur Verfügung standen, die aber zumindest im geodätischen Bereich von ihrem Potential her kaum Wünsche offen ließen. Sprachlich und inhaltlich hat inzwischen ein Übergang von globalen Positionierungssystemen (GPS) zu globalen Navigations-Satelliten-Systemen (GNSS) stattgefunden. Damit soll deutlich gemacht werden, dass es in der Navigation nicht nur auf die Positionierung ankommt, ohne die bekanntlich keine Navigation möglich wäre. Es müssen vielmehr noch weitere Kriterien eingehalten werden, die institutionelle Fragen wie Systemkontrolle, Garantien über Betriebsdauer und –umfang, als auch technische Anforderungen wie Grad der Verfügbarkeit, Integrität, Warnung von Fehlfunktionen usw. umfassen, wie sie z.B. aus der Luftfahrt bekannt sind.
Die Europäische Gemeinschaft will hierbei eine europäische GNSS-Realisierung mit den beiden Schritten GNSS-1 und GNSS-2 vollziehen, die unter ziviler Führung stehen. Nutzerwünsche können aus nationalen Radionavigationsplänen entnommen werden, auch der Entwurf eines europäischen Radionavigationsplanes liegt vor (Neufassung auf Initiative der europäischen Industrie in Vorbereitung). Ziel des Beitrages ist es, die europäischen Projekte GNSS-1 (EGNOS) und GNSS-2 (GALILEO) zu beschreiben und dabei die Wünsche des Vermessungswesens aufzuzeigen.

## 2 Globale Navigations-Satellitensysteme, Stufe 1 (GNSS-1)

Für die Beschreibung der Einsatzfähigkeit eines Positionierungssystems für Zwecke der Navigation werden neben Angaben über die erreichbare Genauigkeit noch Angaben über die Verfügbarkeit (availability), die

Kontinuität in der Verfügbarkeit (continuity of function), die Integrität (integrity) und die Zeitspanne bis zu einem Alarm (time to alarm) bei der Überschreitung von Grenzwerten benötigt. Hierzu liegen statistische Definitionen vor (vergl. Bauer, 1997): So wird die **Genauigkeit** eines Positionierungssystems mit dem Betrag angegeben, der mit einer Wahrscheinlichkeit von 95% eingehalten werden kann. Die **Verfügbarkeit** beschreibt wie oft ein Positionierungssystem an einem bestimmten Ort und in einer bestimmten Zeitspanne zur Verfügung steht. Hierbei spielt die generelle Betriebsbereitschaft eine Rolle, aber auch die Satellitenkonfiguration zur Lösung der Positionierungsaufgaben, Abschattungen und Signalstörungen. Die **Kontinuität** wird durch die Wahrscheinlichkeit beschrieben, mit der ein funktionierendes System für ein bestimmtes Navigationsmanöver (z.B. Landeanflug) auch durchgehend zur Verfügung steht. Die **Integrität** eines Navigationssystems beschreibt die Wahrscheinlichkeit von nicht erkannten Fehlfunktionen und die **Warnungsdauer** die Fähigkeit des Gesamtsystems, den Nutzer von erkannten Fehlfunktionen in einem garantierten Zeitraum zu informieren.
Analogien zur geodätischen Definition der Zuverlässigkeit sind hierbei unverkennbar, die anderen Parameter stellen Erweiterungen dar, die für die notwendige Echtzeitfähigkeit erforderlich sind. Kombinationen von unterschiedlichen Positionierungssystemen weisen immer bessere Parameter als die Einzelsysteme auf, es muss aber immer eine Systemüberwachung (Monitoring) durchgeführt werden.

## 2.1 Was beinhaltet GNSS-1?

Wie in Abb. 1 dargestellt, geht man bei der Definition von GNSS-1 von globalen weltraumgestützten Positionierungssystemen wie GPS und GLONASS oder später auch von GALILEO aus.
Hierzu sind weltraumgestützte Erweiterungen hinzuzufügen (space based augmentation system [SBAS]), die aus weiteren Satelliten mit Positionierungsfunktionen (z.B. Ranging) oder Kommunikationsaufgaben bestehen. Die bodengestützten Erweiterungen (ground based augmentation system [GBAS]) enthalten die Monitorstationen und die dazugehörigen Kommunikations- und Auswertefunktionen. Es könnte aber auch ein bodengestütztes Ortungssystem wie LORAN-C aufgebaut und integriert werden. Nicht vergessen wird in diesem Konzept auch die Verfügbarkeit von Endgeräten.

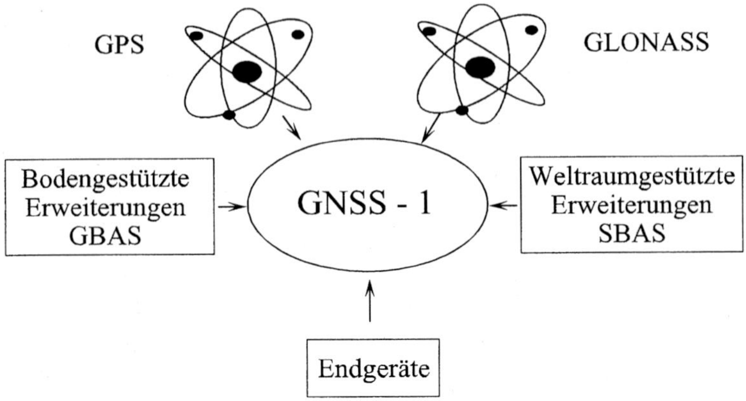


Abb.1:Komponenten eines globalen Navigationssatellitensystems der Stufe 1 (GNSS-1)

## 2.2 EGNOS als GNSS-1-Realisierung in Europa

Der European Geostationary Navigation Overlay Service (EGNOS) stellt eine von der ESA betreute europäische Realisierung eines GNSS-1-Angebotes dar. Für die Fläche der USA ist ein ähnliches System unter dem Namen „Wide Area Augmentation System (WAAS)" im Aufbau, das die bestehenden Stationen der US-Coast Guard, die nach dem IALA-Standard aufgebaut wurden, flächenhaft verdichtet. Die in Abb.1 dargestellten Segmente werden bei EGNOS wie folgt ausgestaltet:

Als **weltraumgestützte Positionierungssysteme** werden GPS und GLONASS genutzt (in den USA: nur GPS). Die weltraumgestützte Erweiterung (SBAS) besteht im Endausbau aus drei geostationären Satelliten in 36.000 km Höhe über dem Äquator (z.Zt. erst zwei verfügbar), zwei der Fa. Inmarsat, ein dritter als „Payload" eines Artemis-Kommunikationssatelliten der ESA. Die zusätzlichen Leistungen sind in Abb. 2. zusammenfassend dargestellt worden.

Die geostationären Satelliten übernehmen einmal Kommunikationsaufgaben für die Übertragung von Differentialkorrekturen und Integritätsinformationen in der Ausgestaltung „Nutzung des Systems möglich Ja/Nein". Als Erweiterung der GPS/GLONASS-Beobachtungen werden von den eigenen geostationären Satelliten GPS-ähnliche Signale (Pseudostrecken) übertragen. In Abb.3 ist die derzeitige Struktur und der Status der bodengestützten Erweiterung (GBAS) zusammengestellt worden.

Mit einem großräumigen Netz von derzeit fünf Trackingstationen werden die Positionen der geostationären Satelliten bestimmt und derzeit 25 regionale GPS/GLONASS-Monitorstationen dienen nicht nur der GPS/GLONASS-Signalüberwachung, hier werden auch regionale Differentialkorrekturen bestimmt und besondere Sachverhalte ermittelt, so z.B. über den Zustand der Ionosphäre. Eine leistungsstarke Datenübertragung sorgt für die Übertragung in Masterkontrollzentren (MCC), die die Auswertung übernehmen und die in Abb.2 dargestellten Informationen erzeugen, die dann an die geostationären Satelliten und von dort an die Nutzer weitergeleitet werden. Hervorzuheben ist dabei die Integritätsaussage „Benutzung Ja/Nein“, die innerhalb von 6s (time to alarm) eventuelle Fehlfunktionen mitteilt. Damit werden z.B. in der Luftfahrt die Anforderungen für Landeanflüge der Kategorie I (CAT I) erfüllt. Die ESA hat für diese Aufgaben ein eigenes Netzwerk aufgebaut, eine Kooperation mit EUREF-Permanent oder gar SAPOS findet nicht statt. In der Diskussion ist derzeit eine Erweiterung der Positionierungskomponenten GPS/GLONASS um das bodengestützte und inzwischen modernisierte LORAN-C-System, das im Bereich der Robustheit der Signale gegenüber Störungen und bei Abschattungen interessante komplementäre Eigenschaften zu GPS/ GLONASS besitzt.

Die für die Nutzung des EGNOS-Angebotes unverzichtbaren Endgeräte für den Nutzer werden von der Industrie sehr zögerlich entwickelt, ein Umstand der nicht weiter verwundert, da die derzeitige EGNOS-Vorstufe (EGNOS System Test Bed [ESTB]) erst seit Anfang 2000 in Betrieb gegangen ist und der Endausbau für 2003 versprochen wurde.

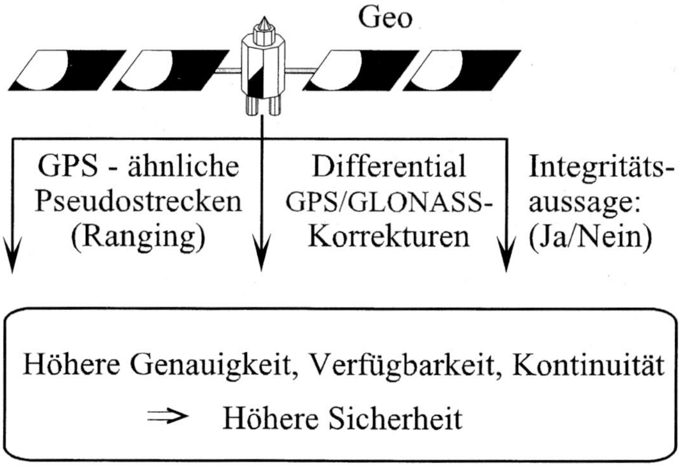


Abb.2: EGNOS - Leistungen

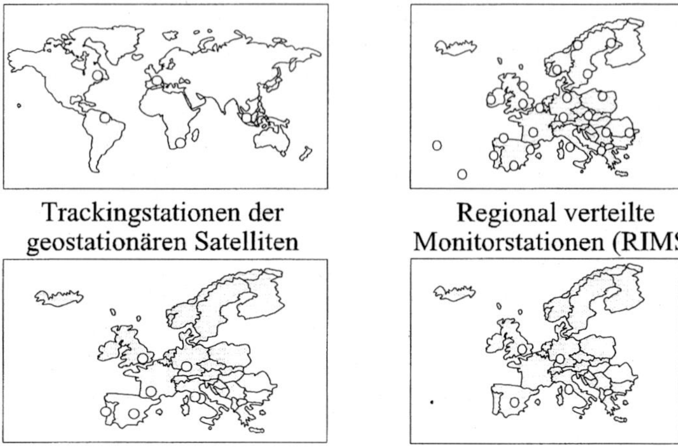


Kommunikationszentralen (NLES)

Masterkontrollzentren (MCC)

Abb.3: Bodengestützte Infrastruktur von EGNOS

## 2.3 EGNOS-Bewertung, insbesondere aus der Sicht des Vermessungswesens

Das gesamte System ist im Bereich der Metergenauigkeit angesiedelt (horizontal: besser als 3 m, Höhe: besser als 5 m jeweils in 95 %) und steht so in direkter Konkurrenz zu den Positionierungsdiensten des Vermessungswesens (z.B. SAPOS, EPS-Dienste). Die zusätzlichen Pseudostrecken zu den geostationären Satelliten stellen sogar eine Erweiterung dar, die allerdings nur in der Luftfahrt und evtl. noch bei Schifffahrtsanwendungen Verbesserungen erwarten lässt, da im Landverkehr und im Vermessungswesen die zusätzlichen Pseudostrecken wegen der geringen Elevation (hervorgerufen durch die Position der geostationären Satelliten) oft der Abschattung durch Gebäude und Topographie zum Opfer fallen. Vorteile sind jedoch in der großen Einsatzfläche zu sehen, da dadurch größere Anwendergruppen mit identischen Geräten bedient werden können als bei nationalen Positionierungssystemen. Bei einer Integration mit LORAN-C-Systemen wären sogar im Bereich der Verfügbarkeit uneinholbare Vorteile zu erreichen.

# 3 Globale Navigationssatellitensysteme Stufe 2: GNSS-2 (GALILEO)

## 3.1 Warum GALILEO?

Der allgemeine Trend der Industrienationen, Schlüsseltechnologien in ihrem Bereich zu fördern, um eine spezielle Kompetenz zu sammeln und sie in Produkte und Dienstleistungen umzusetzen, hat in Europa (endlich) auch den Bereich der Funknavigation erfasst. Bisher haben nur die USA mit GPS und Russland mit GLONASS derartige Systeme global aufgebaut, wobei die USA mit GPS praktisch über ein Monopol verfügen. Die Entscheidungen der letzten Jahre haben gezeigt, dass sie dieses Monopol auch geschickt zu verteidigen wissen. Die Systeme sind in den achtziger Jahren konzipiert und damals militärisch finanziert und auch inhaltlich dominiert worden. Dieser Umstand verbietet beispielsweise in einigen Bereichen die Nutzung als „alleiniges Hilfsmittel der Navigation". Die steigende Akzeptanz der Funknavigation in vielen Wirtschafts- und Lebensbereichen lässt die Abhängigkeit von GPS ständig steigen, so auch im Vermessungswesen, wenn über die SAPOS-Dienste HEPS oder GPPS ein GPS-gestütztes „Festpunktfeld ohne Festpunkte" eingeführt und ohne vertragliche Absicherung das bestehende analoge Festpunktfeld der Landesvermessung aufgegeben wird. Alle diese Umstände führten auf Vorschlag der europäischen Verkehrsminister zu einer Entschließung des Rates der Europäischen Gemeinschaft vom 19.6.1999, in der der Aufbau eines europäischen Funknavigationssystems empfohlen und die Durchführung einer Definitionsphase zur inhaltlichen Ausgestaltung finanziert wurde.

## 3.2 GALILEO als europäische GNSS-2-Realisierung

Der völlige Neuaufbau eines Funknavigationssystems eröffnet völlig auch neue Möglichkeiten. Auch wenn in Teilbereichen die Erfahrungen für die Erstellung einzelner Komponenten noch fehlen mögen, so kann man doch mit dem Anforderungsprofil der Nutzer und dem Stand der Technik des Jahres 2000 planen, auf die fast zwanzigjährige Erfahrung mit den Vorläufersystemen zurückgreifen und auf diese Weise falsche oder ungeschickte Weichenstellungen der Vergangenheit vermeiden. Auch die USA nutzen diesen Umstand bei der Konzipierung und Entwicklung ihres BLOCK III-Weltraumsegmentes. Das hierbei stark auf einem „Markt" geschaut wird und Aspekte der nationalen Sicherheit gelegentlich zurücktreten, zeigt z.B. die SA/AS-Entscheidung des amerikanischen Präsidenten Clinton vom 1.5.2000. Europäische Studien gehen von einem Umsatzvolumen im Jahr 2005 von 6 Milliarden Euro aus, das schwerpunktmäßig in den Bereichen

Mobilkommunikation und Navigation im Straßenverkehr erbracht werden soll, bei dem jedoch auch das Vermessungswesen mit 100 Millionen Euro Umsatz zu den größeren Bereichen der zweiten Reihe gehört.

Insgesamt folgt aus diesen Rahmenbedingungen:

- nur **globale Systeme** haben eine wirtschaftliche Chance,
- neben dem **heutigen Stand der Technik** muss
- auch die heutige **Aufgabenstruktur mit vielfältigen Dienstleistungen** erfüllt werden.

Daraus folgt,

- dass nur Systeme unter **ziviler Führung** eine Chance haben werden, und es liegt auch nahe,
- für die Finanzierung **„public private partnership"** auf geeignete Weise einzubeziehen.

| | Kosten in Mill. Euro |
|---|---|
| • Definitionsphase (bis Dez. 2000) | 80 |
| • Entwicklungs- und Validierungsphase (2001 - 2006) | 1.100 |
| Detaillierte Gesamtbeschreibung der einzelnen Segmente (Raum-, Boden- und Nutzersegment) | |
| - Entwicklung der Satelliten und terrestrischen Komponenten | |
| - „In Orbit„-Validierung des Systems | |
| • Errichtungsphase (2006 – 2007) | 2.150 |
| - Herstellung, Start der Satelliten | |
| - vollständige Inbetriebnahme des Bodensegmentes | |
| • Betriebsphase (ab 2008) | 220 |
| - Erneuerung der Satelliten, Betrieb der Zentren, Wartung | pro Jahr |

Tab.1: Die einzelnen Phasen des Programms GALILEO und ihre Kosten in Mill. EURO (einschl. EGNOS)

| Name | Zielsetzung/Inhalt |
|---|---|
| GALA | Allgemeine Systemanforderungen, Markuntersuchungen und Erarbeitung der einzelnen Systemkomponenten |
| GEMINUS | Definition der Dienste und ihrer Anforderungen |
| INTEG | Integration von EGNOS in GALILEO |
| GALILEOSAT | Erarbeiten der Gestaltung des Weltraumsegmentes und der dazugehörigen Bodeninfrastruktur |
| SAGA | Erarbeiten und Einbringen von internationalen Standards |
| SARGAL | Untersuchungen über „Search and Rescue (SAR)„ – Strukturen |
| MUSSST | Sicherheitsrelevante Anwendungen im Verkehrswesen |

Tab. 2: Studien der Definitionsphase

| | |
|---|---|
| Allgemeiner Dienst | Freier Zugang zu den Signalen, aber keine Integritätsinformationen |
| Kommerzieller Dienst | Begrenzter Zugang, Integritätsinformationen, präzises Zeitsignal (100 ns) |
| Dienste von öffentlichem Interesse (Personensicherheit, SAR, Regulierungsbereich) | Begrenzter Zugang, Informationen über Signalqualität, Time/to/Alarm (Warnungen) innerhalb von 6 s, Verfügbarkeit 99,9 % |

Tab. 3: Die geplanten drei GALILEO-Dienste

Zur Realisierung dieser Vorstellungen ist das Projekt GALILEO in die in Tab. 1 zusammengefassten verschiedenen Phasen unterteilt worden, wobei der Definitionsphase die Aufgabe zukommt, die technischen und wirtschaftlichen Rahmenbedingungen und Alternativen zu erarbeiten. Dabei wird die eigentliche Entscheidung über die Einrichtung des Gesamtsystems auf das Ende der Definitionsphase verschoben, deren Hauptuntersuchungsgegenstände in Tab. 2 zusammengestellt wurden. Insgesamt geht es dabei um die Ausgestaltung der in Tab. 3 aufgeführten Dienste, die dazu benötigten Frequenzen wurden auf der

Weltfunkkonferenz des Jahres 2000 in Istanbul als Option bereitgestellt. Insgesamt wird die folgende Ausgestaltung vorgeschlagen:

- Weltraumsegment:
  - 27 + 3 Satelliten in 3 Bahnen + 3-9 GEO-Satelliten
  - 24.000 km Abstand
  - Inklination 55°
  - Frequenzen E1, E2, E5, Safety of life
  - höhere Sendeleistung
  - Verfügbarkeit: 99,99 %

- Kontrollsegment
  - geodätisches Bezugssystem ITRS/ITRF
  - ca. 14 Trackingstationen
  - Time to Alarm: < 6 s

- Nutzergenauigkeit: 4 m (95 %)

## 3.3 Bewertung

Der Wille der europäischen Gemeinschaft, ein zusätzliches globales und ziviles Funknavigationssystem aufzubauen, besteht weiterhin und wird in seiner Ausgestaltung durch umfassende Studien hinterlegt (Definitionsphase). Das dazu benötigte Finanzvolumen könnte mit der notwendigen politischen Priorität ohne weiteres aufgebracht werden, es steht jedoch derzeit noch nicht gesichert zur Verfügung. Auch die im Finanzrahmen vorgesehenen 1,5 Milliarden Euro aus PPP-Aktivitäten müssen noch eingeworben werden.

Aus geodätischer Sicht ist die angestrebte Kompatibilität mit GPS zu begrüßen und stellt zusammen mit dem Vorschlag, ein Weltraumsegment mit 30 Satelliten aufzubauen, eine Stärkung der Verfügbarkeit im Allgemeinen und der Echtzeitanwendungen im Besonderen dar. Mit der Inklination von 55° würde Nordeuropa besser überdeckt. Auch ist hervorzuheben, dass als geodätisches Bezugssystem ITRS/ITRF benannt wurde. Die stärkere Sendeleistung wird hoffentlich zu einer geringeren Störanfälligkeit der Signale führen. Wenn es gelingt, die Phasen- und Codemessgenauigkeit auf GPS-Niveau zu halten, ist zusammen mit der dritten Frequenz auch mit Verbesserungen bei der Mehrdeutigkeitsbestimmung zu rechnen.

# 4 Radionavigationspläne und Anforderungen des Vermessungswesens

Die gestiegene Bedeutung der Navigation und insbesondere der Funknavigation für Wirtschaft und Gesellschaft hat dazu geführt, dass zumindest die Industrienationen dazu übergehen, Radionavigations- bzw. Funknavigationspläne aufzustellen und fortzuführen. Dies geschah zuerst in den USA, die inzwischen über eine ganze Reihe derartiger Pläne verfügen, auch in Deutschland liegt ein inzwischen aufdatierter Funknavigationsplan vor (DFNP 99). Inhaltlich und rechtlich stellen Funknavigationspläne nur Informationen zusammen. Es werden die vorhandenen Systeme zusammengetragen und ihr Ausbauzustand und -trend dargestellt. Damit ergibt sich ein Überblick über die Grundversorgung in einem Land sowie die Chance der Koordinierung der einzelnen Systembetreiber. Auch die Nutzer gehen mit ihren Anforderungsprofilen und Wünschen ein, die dann im politischen Raum in konkrete Handlungen umgesetzt werden können. Im deutschen Funknavigationsplan ist auch das Vermessungswesen als großer Nutzer vertreten. Während es 1996 jedoch als vierter Bereich neben Land-, Luft- und Seeverkehr auftrat, reiht es sich 1999 stärker in die stark gestiegene Anzahl der sonstigen Nutzer ein. Die Bedeutung von Radio- bzw. Funknavigationsplänen kann kontrovers beurteilt werden. Auf jeden Fall stellen sie ein bislang nicht vorhandenes Forum für die Erarbeitung und Abstimmung von Nutzerwünschen dar und verstärken auch die nationale Interaktion zwischen den bislang eher isoliert arbeitenden Systembetreibern,

Bei der Konzipierung des europäischen GALILEO-Systems konnte nicht auf einen europäischen Radionavigationsplan zurückgegriffen werden, für die Systementscheidung wurden die Nutzerwünsche und -profile getrennt ermittelt. Es stellt sich hier die Frage, ob die Wünsche des Vermessungswesens auch angemessen berücksichtigt werden. In Deutschland haben die Nutzer auf speziellen Nutzerkonferenzen ihre vorab in Arbeitsgruppen zusammengetragenen Wünsche vorgetragen. Dies ist auch für das Vermessungswesen geschehen (z.B. Irsen (2000)). Leider sind die europäischen Organisationsformen und Strukturen recht unterschiedlich, so dass das Vermessungswesen nicht mit einer Stimme auftreten kann. Auch wird es meist nur als Nutzer gesehen und in seiner Dienstleisterrolle nicht ausreichend berücksichtigt.

# 5 Ausblick

In Europa finden derzeit wichtige Überlegungen zum Aufbau europäischer GNSS-Strukturen statt, die teilweise auch schon umgesetzt werden. Die für das Vermessungswesen besonders wichtige GNSS-2-Entscheidung ist auf dem richtigen Weg, ihre Umsetzung kann jedoch derzeit noch nicht abschließend bewertet werden.

## Literatur:


Augath, W., Müller, A. (1999): Internationale Aspekte der Satellitennavigation und deren Auswirkung auf SAPOS 2. SAPOS-Symposium Berlin

Bauer, (1997): Vermessung und Ortung mit Satelliten. Wichmann Verlag, Heidelberg.

DFNP (1999): Deutscher Funknavigationsplan 1998, Bonn/Berlin

Irsen, W. (2000): Anforderungen des Vemessungswesens an GALILEO. DGON-Symposium „Ortung und Navigation 2000“, S.73-79.

# Bezugssysteme in der Satellitenvermessung

Michael Mayer, Karlsruhe

## 1. Motivation

Die satellitengestützte Vermessung hat sich in der heutigen Zeit als wichtiges Hilfsmittel des Geodäten etabliert. Im speziellen hat v.a. das permanent – zu jeder Zeit und an jedem Ort der Erde – verfügbare und wetterunabhängige Ortungsverfahren NAVSTAR-GPS (NAVigation System with Timing And Ranging - Global Positioning System), welches vom Department of Defense der USA entwickelt wurde, die in der heutigen Zeit angewandten Standardmeß- und –auswerteverfahren der Satellitengeodäsie maßgeblich geprägt. Die rasanten Entwicklungen sowohl auf dem Hardwaremarkt als auch auf Softwareseite machen den Vorgang der Positionsbestimmung von ruhenden oder bewegten Objekten unter Verwendung von Satellitenbeobachtungen immer benutzerfreundlicher und wirtschaftlicher.

Der Einsatz von bspw. GPS darf jedoch nicht dazu führen, daß satellitengeodätische Vermessungssysteme als sog. Black-Box-Systeme verwendet werden. Dem Geodäten obliegt es weiterhin, obwohl oder gerade weil satellitengestützte Ortungsverfahren zum Einsatz kommen, die Planung von Vermessungen und die anschließende Realisierung der Planung sowie die Auswertung der Beobachtungsdaten und die abschließende Beurteilung der Ergebnisse mit geodätischem Sachverstand durchzuführen. Dies gilt sowohl für den Betrieb im RTK-Modus (Real Time Kinematik, RTK), bei welchem die Positionen der Objekte direkt vor Ort bestimmt werden, als auch im sog. Post-Processing-Modus, wobei die Objektpositionen mit zeitlichem Verzug ermittelt werden.

Hierbei ist es sehr hilfreich, die wichtigsten Grundkonzepte und Funktionsprinzipien der verwendeten Satellitennavigationssysteme und Auswertesoftwareprogrammen zu kennen und zu verstehen. Hierzu gehören insbesondere Grundlagen im Bereich der Bahndynamik künstlicher Erdsatelliten sowie die Zusammenhänge zwischen den verschiedenen Referenzsystemen und deren Materialisierungen.

# 2. Bewegung künstlicher Erdsatelliten

Um die Positionen von Satelliten auf ihrer Bahn um die Erde auf einfache Art und Weise bestimmen zu können, werden im ersten Teil dieses Abschnitts vereinfachende Annahmen getroffen, die dem Anwender die Berechnung der sog. ungestörten Keplerbewegung ermöglichen. Da diese Vereinfachungen jedoch von der Realität abweichen, werden in der Praxis Modifikationen des rudimentären Modells der Keplerbewegung notwendig. Auf diese Modellerweiterungen wird im mit Bahnstörungen überschriebenen Abschn. 2.2 eingegangen.

## 2.1 Die ungestörte Keplerbahn

Die Positionsbestimmung mittels GPS[I] beruht stark vereinfacht auf der gleichzeitigen, hochpräzisen Ausmessung des Abstandes zwischen einer GPS-Antenne und mehreren künstlichen Erdsatelliten, die sich auf einer bekannten Bahn um die Erde bewegen. Da die Satelliten eine von Null verschiedene Masse (GPS: 840 kg bzw. 930 kg, GLONASS: 1400 kg) besitzen, sind sie physikalischen Kräften ausgesetzt. So stehen sie bspw. in gravitativer Wechselwirkung mit den Himmelskörpern.

Zur Beschreibung der Position der Satelliten wird ein Koordinatensystem benötigt. In der Satellitengeodäsie kommt hierzu üblicherweise ein Quasiinertialsystem zur Anwendung, welches - vereinfacht dargestellt - durch Translation des Ursprungs eines Intertialsystems (Ursprung und Koordinatenachsen sind raumfest und mit der Zeit $t$ unveränderlich) in den Massenmittelpunkt der Erde definiert ist (s. Abschn.4.). Ausgehend vom Ursprung kann jede Position im Raum durch den Ortsvektor $\mathbf{x}$ beschrieben werden. Unter der vereinfachten Annahme, die gesamte Masse $m$ eines Satelliten sei in einem Punkt konzentriert, gilt das zweite Newton'sche Axiom

$$m \cdot \ddot{\mathbf{x}} = m \cdot \frac{\partial^2 \mathbf{x}}{\partial t^2} = \mathbf{k} \qquad \text{...(1)}$$

mit $\ddot{\mathbf{x}} = \dfrac{\partial^2 \mathbf{x}}{\partial t^2}$: Zweite Ableitung des Ortsvektors nach $t$.

Der Vektor $\mathbf{k}$ subsumiert alle Kräfte, die auf $m$ wirken. Dies sind hauptsächlich Gravitationskräfte durch Erde, Mond, Sonne und Planeten. Daneben wirken

---

I GPS wird im Verlauf dieses Artikels stellvertretend für die unterschiedlichen Ortungsverfahren genannt.

bspw. der Strahlungsdruck der Sonne oder der Widerstand der Hochatmosphäre auf $m$. Von den angeführten Kräften übt die Gravitationskraft der Erde ($\mathbf{K_{GE}}$) bei weitem den größten Einfluß auf den Satelliten aus. Alle weiteren wirkenden Kräfte sollen aus Gründen der Einfachheit vorerst unberücksichtigt bleiben. Wird weiterhin die Erde als radial geschichtete Kugel approximiert und berücksichtigt man, daß die Masse der Erde $M$ um ein Vielfaches größer ist als die Masse des Satelliten $m$, so ergibt sich mit

$$\mathbf{K_{GE}} = -m \cdot \frac{G \cdot M}{r^2} \cdot \frac{\mathbf{x}}{r} \qquad ...(2)$$

Gleichung (1) zu

$$\ddot{\mathbf{x}} + \mathbf{x} \cdot \frac{\mu}{r^3} = \mathbf{0}. \qquad ...(3)$$

Das Produkt aus allgemeiner Gravitationskonstanten $G$ und $M$ wurde in Gleichung (3) durch die geozentrische Gravitionskonstante $\mu$ ersetzt. $r$ entspricht dem Betrag des Ortsvektors $\mathbf{x}$. Gleichung (3) ist eine Differentialgleichung (DGL). Mit ihr wird die Bewegung beschrieben, die ein Satellit – unter den o.g. Vereinfachungen – beschreibt, und entspricht formal einer Keplerbahn des Satelliten um den Massenmittelpunkt der Erde. Diese DGL ist eindeutig lösbar, wenn entweder zu einem Zeitpunkt $t_0$ Position $\mathbf{x}$ und Geschwindigkeit $\dot{\mathbf{x}}$ [II] oder zu zwei unterschiedlichen Zeitpunkten $t_1$ und $t_2$ die Positionen $\mathbf{x_1}$ und $\mathbf{x_2}$[III] des Satellien bekannt sind. Somit muß über sechs Freiheitsgrade verfügt werden.

Nach dem auf das System Erde-Satellit übertragenen ersten Kepler'schen Gesetz (1609) bewegen sich Satelliten auf einer Ellipse, in derem einen Brennpunkt sich das Geozentrum der Erde befindet, um die Erde. Eine Ellipse wird bspw. durch große und kleine Halbachse $a$ und $b$ festgelegt, wobei in der Praxis anstatt $b$ die sog. erste numerische Exzentrizität $e$ mit

$$e = \frac{\sqrt{a^2 - b^2}}{a} \qquad ...(4)$$

verwendet wird. $e$ ist aufgrund der nahezu kreisförmigen Bahn von GPS- und GLONASS-Satelliten kleiner als 0.01. Die Länge der großen Halbachse beträgt bei GPS-Satelliten (GLONASS-Satelliten) ungefähr 26560 km (24510 km).

Die Lage der Ellipse im Quasiinertialsystem wird durch den Winkel zwischen Bahn- und Äquatorebene (Inklination/Neigung) $i$ ($i \in [0°; 180°)$) und die

---

[II] Dieser Fall wird als Anfangswertproblem (AWP) bezeichnet.
[III] Dieser Fall wird als Randwertproblem (RWP) bezeichnet.

Rektaszension des aufsteigenden Knotens $\Omega$ ($\Omega \in [0°; 180°)$) festgelegt, welche mit dem Winkel zwischen der Knotenlinie und der $x_1$-Achse des Quasiinertialsystems identisch ist. Die $x_1$-Achse zeigt in Richtung des Frühlingspunktes, welcher durch den Schnitt der Erdäquatorebene und der Bahnebene der Erde um die Sonne entsteht. Die Knotenlinie wird durch Schnitt der Satellitenbahn- und der Äquatorebene erhalten. Bei GPS beträgt *i* 55°, bei GLONASS 64.8° (LECHNER UND MÜLLER, 1999).

Der Scheitel der Ellipse ist gleichzeitig der Punkt der Satellitenbahn, an welchem die Distanz zwischen Erde und Satellit am geringsten ist, und wird Perigäum genannt. Die Orientierung der Ellipse bzgl. der Knotenlinie kann somit durch das Argument des Perigäums $\omega$ ($\omega \in [0°; 360°)$) bestimmt werden.

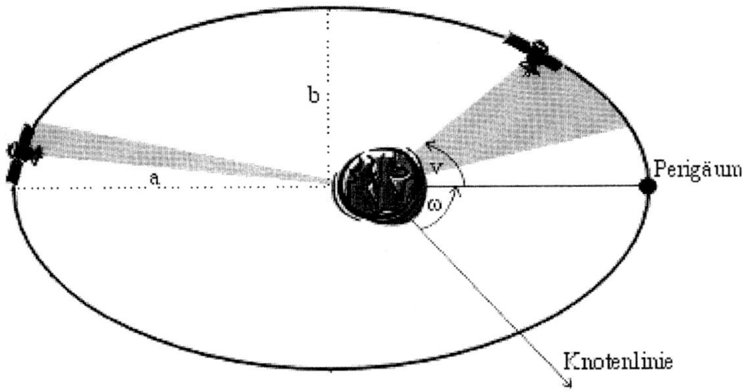


Abbildung 1: Satellitenbahn, Knotenlinie, Perigäum, zweites Kepler'sches Gesetz

Durch die fünf Bahnparameter *a, e, i,* $\Omega$ und $\omega$ liegt die Lage und Orientierung der Bahnellipse im Quasiinertialsystem fest. Durch den sechsten Freiheitsgrad wird die Position des Satelliten auf der Bahnebene beschrieben. Dies geschieht durch das zweite Kepler'sche Gesetz, welches aussagt, daß der Fahrstrahl des Satelliten in gleichen Zeiten gleiche Fläche überstreicht. Siehe hierzu Abb. 1.

Die Position eines Satelliten wird durch die wahre Anomalie $v$ ($v \in [0°; 360°)$) definiert. Da der funktionale Zusammenhang zwischen $v$ und der Newton'schen Zeit $t$ nicht linear ist, geht man mit Gleichung (5) auf die exzentrische Anomalie $E$ ($E \in [0°; 360°)$) über.

$$\sin E = \frac{\sqrt{1-e^2}\sin\nu}{1+e\cdot\cos\nu} \qquad ...(5)$$

$E$ ist geometrisch folgendermaßen deutbar: Wird der Ellipse ein Kreis umschrieben, wobei der Radius des Kreises der Länge der großen Halbachse entspricht und das Zentrum der Ellipse identisch mit dem Mittelpunkt des Kreises ist, und anschließend der Satellit ausgehend von seiner Position parallel zur kleinen Halbachse auf den Rand des Kreises projiziert wird, so entspricht $E$ dem geozentrischen Winkel zur Projektion des Satelliten bezogen auf die Richtung zum Perigäum. I.allg. wird jedoch nicht die exzentrische Anomalie $E$, sondern die mittlere Anomalie $M$ ($M \in [0°; 360°)$) mit

$$M = E - e\sin E \qquad ...(6)$$

als sechster Freiheitsgrad angegeben. $M$ ist allerdings keine geometrisch interpretierbare Größe. $M$ stellt jedoch über die Perigäumsdurchgangszeit $t_P$ als einziger Freiheitsgrad den Zusammenhang zwischen der Position des Satelliten auf der Keplerbahn und der Zeit her. Siehe hierzu Gleichung (7).

$$M = n(t - t_P) = \frac{2\pi}{T}(t - t_P) = \sqrt{\frac{\mu}{a^3}}(t - t_P) \qquad ...(7)$$

mit $n$: mittlere Winkelgeschwindigkeit des Satelliten

Die Umlaufzeit $T$ beträgt bei GPS-Satelliten (GLONASS-Satelliten) $11^h\ 58^m$ ($11^h\ 16^m$).

Somit können die sog. sechs Keplerelemente $a, e, i, \Omega, \omega$ und $t_P$ als AWP oder RWP bestimmt werden. Ebenso gilt der Umkehrschluß.

## 2.2 Bahnstörungen

Um die in Abschn. 2.1 beschriebenen Keplerelemente einfach und anschaulich berechnen zu können, wurden von der Realität abweichende Annahmen getroffen. So entspricht bspw. der Aufbau des Erdkörpers zweifelsohne nicht einer radial geschichteten Kugel. In der satellitengeodätischen Praxis werden alle Abweichungen von der rudimentären Keplerbahn als Bahnstörungen bezeichnet. Die für die Keplerbahnbewegung getroffenen Annahmen approximieren die Realität jedoch so gut, daß für kleine Zeiträume die Bahnbewegung eines Satelliten, ermittelt nach Gleichung (3), gegenüber der tatsächlichen Bewegung nur sehr kleine Abweichungen aufweist.

Mit zunehmender Zeit bzw. Länge des zurückgelegten Bahnbogens werden die Einflüsse der unberücksichtigten, auf den Satelliten wirkenden Kräfte nicht mehr vernachlässigbar. Die auf HECK (1998) basierende Tabelle Tab. 1 belegt diese Aussage durch die Abschätzung der Einflüsse der wichtigsten Störkräfte auf die Bahnen von GPS-Satelliten.

| Vernachlässigte Kraft | Einfluß [m] auf $3^h$-Bogen | Einfluß [m] auf $2^d$-Bogen |
|---|---|---|
| Gravitationsfeld der Erde | ca. 2100 | ca. 15000 |
| Einfluß von Mond (Sonne/Venus) | Gesamt ca. 5 – 150 | 4000 (1500/0.1) |
| Erdgezeiten/Meeresgezeiten | - | 0.5-1.0/0.0-2.0 |
| Atmosphärische Reibung | - | - |
| Strahlungsdruck: Direkt/Erdalbedo | 5-10/- | 100-800/1.0-1.5 |
| Strahlungsdruck: Infrarotstrahlung | ca. 0.5 | 30-50 |
| Relativistische Effekte | - | ca. 0.3 |

Tabelle 1: Einfluß von Störkräften auf die GPS-Satellitenbahnen

Tab. 1 ist deutlich zu entnehmen, daß die Haupteinflußfaktoren gravitationsbedingte Störkräfte und die Partikelstrahlung der Sonne sind. Geringere Abweichungen von der Keplerbahn resultieren aus relativistischen Effekten und der hochatmosphärischen Reibung der Satelliten.

Die aus den Störkräften resultierenden Einflüsse auf die Keplerbewegung sind abhängig von der Zeit *t*. Daraus entstehen neue, von Gleichung (3) abweichende Differentialgleichungssysteme, welche nicht exakt analytisch lösbar sind. Bspw. BAUER (1997) oder SEEBER (1989) sind die Lösungsstrategien zur Ermittlung diskreter Zahlenwerte zu entnehmen. Diese Literaturstellen enthalten ebenso weiterführende Gedanken zu dieser Thematik und eignen sich deshalb zum vertieften Selbststudium.

In der Zeitabhängigkeit der Störkräfte liegt auch die zeitliche Änderung der Keplerelemente begründet. Hierbei sind kurzperiodische Bahnstörungen, die sich nach einem Umlauf bzw. Bruchteilen eines Umlaufs wiederholen, säkulare Störungen, bei denen der Einfluß mit der Zeit zunimmt, und langperiodische Bahnstörungen, welche eine Periode von mehreren hundert Tagen besitzen können, zu unterscheiden. SCHNEIDER (1988) behandelt die zeitabhängigen Einflüsse ausführlich.

# 3. Referenzsysteme

Durch die im vorigen Abschnitt angeführten Beziehungen können die Positionen von hochfliegenden Satelliten auf gestörten Keplerbahnen in einem Quasiinertialsystem beschrieben werden. Da sowohl die Position des Ursprungs als auch die Richtungen der Koordinatenachsen dieses Systems unveränderlich gegenüber der Zeit sind, spricht man in diesem Zusammenhang von einem raum- bzw. himmelsfesten Referenzsystem.

Da sich die Erde um die Sonne bewegt, kann die relative Lage zu einem himmelsfesten System nicht zeitinvariant sein. In der Satellitengeodäsie, die u.a. die Positionsbestimmung auf der Erdoberfläche zu Ziel hat, ist man jedoch - im Gegensatz zu raumfesten Referenzsystemen – an Systemen interessiert, die mit der Erde rotieren (erdfeste Referenzsysteme).

Referenzsysteme sind i.allg. dreidimensionale kartesische Bezugssysteme und genau dann eindeutig festgelegt, wenn sowohl der Ursprung als auch die Richtungen der Koordinatenachsen bekannt sind. In der Satellitengeodäsie wird aus Gründen der Einfachheit der Ursprung der Referenzsysteme in den Massenmittelpunkt der Erde verschoben.

## 3.1 Himmelsfeste Referenzsysteme

Himmelsfeste Referenzsysteme sind auf extraterrestrische Ziele (z.B. Quasare, Sterne, Sonne, Mond, Planeten) bezogen und ändern ihre Lage gegenüber den ausgewählten Bezugszielen mit der Zeit nicht. So existieren bspw. nach HECK (1995a) planetare oder lunare Referenzsysteme.

Im Fundamental Katalog 5 (FK5) sind bezogen auf den Beginn des Jahres 2000 (J2000.0) für einige tausend Sterne Koordinaten (Rektaszension, Deklination) sowie Koordinatenänderungen verzeichnet. In Anlehnung an diesen Katalog sind auch den Quasaren (QUASistellARe Radioquellen) Koordinaten und Bewegungen zugeordnet. Betrachtet man Quasare von der Erde aus, so weisen sie von allen Himmelskörpern die geringsten Bewegungen auf und können nahezu als Fixsterne betrachtet werden, somit eignen sie sich zur Festlegung raumfester Referenzsysteme (Conventional Inertial System, CIS) ausgezeichnet gut (SCHLÜTER, 1995).

Der Ursprung konventioneller Intertialsysteme liegt i.allg. im Massenmittelpunkt der Erde oder im Schwerpunkt des Sonnensystems. Bei der Ausrichtung der Koordinatenachsen wird weiterhin zwischen Ekliptik- und Äquatorsystemen unterschieden. Bei Ekliptiksystemen steht die $x_3$-Achse senkrecht auf die Bahnebene der Erde, wohingegen Äquatorsysteme eine an die Rotationsachse der Erde geknüpfte $x_3$-Achse aufweisen. Die $x_1$-Achse zeigt in beiden Fällen in Richtung des Frühlingspunkts, welcher durch den Schnitt zwischen der Ekliptikebene (Bahnebene der Erde) und der Äquatorebene entsteht. Die $x_2$-Achse ergänzt das Bezugssystem zu einem rechtshändigen kartesischen Koordinatensystem. Weder Äquator- noch Ekliptiksysteme sind aufgrund von physikalischen Gesetzmäßigkeiten (z.B. Drehmomente, Gravitationskräfte) zeitlich unveränderlich (HECK, 1995b).

Zur Festlegung raumfester Referenzsysteme wird in der Satellitengeodäsie i.allg. zu einer gewählten Bezugsepoche $t_0$ (z.B. J2000.0) ein mittleres Äquatorsystem gewählt. Die Achsen des Systems werden dabei an den mittleren Frühlingspunkt und die mittlere Erdrotationsachse dieser Epoche angeheftet. Im Gegensatz dazu spricht man von wahren Äquatorsystemen, wenn sie an den momentanen Frühlingspunkt und die momentane Erdrotationsachse gebunden sind.

## 3.2 Erdfeste Referenzsysteme

Die in Abschn. 3.1 beschriebenen himmelsfesten Referenzsysteme bilden die Grundlage für die erdfesten Referenzsysteme (Conventional Terrestrial System, CTS), deren $x_3$-Achse an die mittlere Erdrotationsachse geknüpft ist. Die $x_1$-Achse zeigt hierbei allerdings nicht in Richtung des Frühlingspunktes, sondern vom Ursprung, der im Massenmittelpunkt der Erde liegt, in Richtung eines ausgezeichneten Meridians. I.allg. wird die mittlere Meridianebene von Greenwich gewählt. Somit rotieren erdfeste Referenzsysteme mit der Erde.

Die Realisierung eines solchen „idealen“ erdfesten Referenzsystems ist allerdings i.allg. nicht möglich, da bspw. weder der Massenmittelpunkt der Erde noch die Erdrotationsachse direkt beobachtbar sind. Weiterhin sorgen z.B. endogene und exogene Prozesse für Relativbewegungen von Punkten auf der Erdoberfläche. Ebenso ändert sich deren Lage relativ zum erdfesten Referenzsystem. Deshalb wird ein CTS durch das Modellieren der zeitlichen Änderungen von ausgewählten Punkten der Erdoberfläche (Fundamentalpunkte) realisiert; dies geschieht auf der Basis von Beobachtungen zu extraterrestrischen

Zielen. Somit werden erdfeste Bezugssysteme in ausgewählten Punkten an den deformierbaren Erdkörper angeheftet.

Die Realisierungen solcher Referenzsysteme an der Erdoberfläche werden Materialisierungen genannt, hierauf wird im Abschn. 4 ausführlich eingegangen.

Die $x_3$-Achse von gebräuchlichen erdfesten Bezugssystemen ist nahezu identisch mit der Erdrotationsachse und durchstößt die Erdoberfläche im CTP (Conventional Terrestrial Pole). Die Äquatorebene steht senkrecht auf die $x_3$-Achse. Die $x_1$-Achse entsteht durch Schnitt der Meridianebene von Greenwich und der Äquatorebene. Das rechtshändige kartesische System wird durch die $x_2$-Achse vervollständigt.

Da sich die Lage der Erdrotationsachse aufgrund der Kreiselbewegung der Erde ändert, variiert auch die Lage der Erdrotationsachse relativ zum Erdkörper.

Um die zeitlichen Änderungen von konventionellen terrestrischen Referenzsystemen feststellen zu können, müssen CIS und CTS formal miteinander in Verbindung gebracht werden. Das Bindeglied hierbei stellt die Erdrotation dar. Die Erdrotation wird einerseits durch die Richtung der Erdrotationsachse und andererseits durch die Winkelgeschwindigkeit der Erdrotationsachse beschrieben. Es überlagern sich hierbei säkulare (Präzession) und periodische (Nutation) Anteile, welche durch die Wechselwirkung der Sonne mit der rotierenden, abgeplatteten Erde, deren Drehachse um ca. 23° (Schiefe der Ekliptik) gegen den Normalenvektor der Bahnebene geneigt ist (Präzession), bzw. im Falle der Nutation in der Wechselwirkung des Systems Erde-Mond begründet sind. Durch die modellierbaren Anteile von Präzession und Nutation ist es möglich zu beliebigen Zeitpunkten den mittleren Erdrotationspol bezogen auf eine Bezugsepoche (z.B. J2000.0) zu berechnen. Weiterhin spielen jedoch auch nicht modellierbare Anteile eine nicht zu vernachlässigende Rolle, auf die an dieser Stelle allerdings nicht weiter eingegangen werden soll. Siehe hierzu ROTHACHER (1999). Mittels hochpräziser Weltraumtechniken (VLBI, DORIS, SLR, GPS) werden in der satellitengeodätischen Praxis aktuelle Transformationsparameter vom IERS[IV] (International Earth Rotation Service) ermittelt und veröffentlicht.

[IV] Aktuelle Informationen sind im WWW auf der Homepage des IERS unter http://hpiers.obspm.fr zu finden (Stand: Mai 2000).

Die formalen Zusammenhänge zwischen CIS und CTS sind in SIGL (1991) oder HECK (1995b) ausführlich zusammengestellt.

Somit können i.allg. auf der Erdoberfläche gelegene Positionen durch

- kartesische Koordinaten,
- räumliche Polarkoordinaten oder
- auf ein vorgegebenes Rotationsellipsoid bezogen

angegeben werden. Die kartesischen Koordinaten $(x, y, z)^T$ sind auf das Geozentrum und die Koordinatenachsen bezogene metrische Maße, während sich die selten genutzten räumlichen Polarkoordinaten aus dem Abstand zum Geozentrum $r$, der geozentrischen Breite $\varphi$ und der geographischen Länge $\lambda$ zusammensetzen. Der Zusammenhang zwischen kartesischen Koordinaten und räumlichen Polarkoordinaten gibt Gleichung (8) wieder.

$$\begin{pmatrix} x \\ y \\ z \end{pmatrix} = \begin{pmatrix} r \cdot \cos\varphi \cdot \cos\lambda \\ r \cdot \cos\varphi \cdot \sin\lambda \\ r \cdot \sin\lambda \end{pmatrix} \qquad \text{...(8)}$$

Häufig werden die Positionen jedoch auf ein Rotationsellipsoid (z.B. WGS84, s. Abschn. 4.) bezogen. Die Koordinaten setzen sich aus der geographischen Breite ($B$) und Länge ($L$) sowie dem ellipsoidischen Abstand von der Ellipsoidoberfläche entlang der Ellipsoidnormalen ($h$) zusammen. Der Zusammenhang zwischen kartesischen Koordinaten und ellipsoidischen Koordinaten ist Gleichung (9) zu entnehmen.

$$\begin{pmatrix} x \\ y \\ z \end{pmatrix} = \begin{pmatrix} (N+h) \cdot \cos B \cdot \cos L \\ (N+h) \cdot \cos B \cdot \sin L \\ ((1-e^2) \cdot N + h) \cdot \sin B \end{pmatrix} \qquad \text{...(9)}$$

$$\text{mit} \quad N = \frac{c}{\sqrt{1 + e'^2 \cos^2 B}}; \; c = \frac{a^2}{b}; \; e^2 = \frac{a^2 - b^2}{a^2}; \; e'^2 = \frac{a^2 - b^2}{b^2}$$

Die Herleitung der Gleichung (9) ist bspw. in HOFMANN-WELLENHOF ET AL. (1994) zu finden, dabei sind $a$ bzw. $b$ die große bzw. kleine Halbachse des Rotationsellipsoids. Die Symmetrieachse $b$ ist an die Richtung der $x_3$-Achse des CTS geknüpft. Der Ursprung des Rotationsellipsoids ist identisch mit dem Ursprung des CTS.

Durch eindeutige Abbildungsvorschriften können aus den Flächenparametern *B* und *L* Soldner-, Gauß-Krüger- oder UTM-Koordinaten erhalten werden. Siehe hierzu HECK (1995c).

*h* ist – obwohl als ellipsoidische Höhe bezeichnet - ebenso wie *B* und *L* eine rein geometrische Größe. Bspw. DENKER (1995) oder DINTER UND ILLNER (2000) behandeln die Überführung von *h* in physikalisch definierte Gebrauchshöhen, welche ohne Zusatzinformation (z.B. Geoidundulation bei orthometrischen Höhen bzw. Höhenanomalien für Normalhöhen) nicht möglich ist.

Somit ermöglichen Satellitenortungsverfahren die Bestimmung von ganzheitlichen, erdumspannenden dreidimensionalen Positionen in einem globalen Bezugssystem.

# 4. Referenzrahmen

Die Aufgabe von Referenzsystemen besteht darin, zu jeder Zeit und an jedem Ort dem Nutzer eine Grundlage für die Positionsbestimmung zur Verfügung zu stellen. Durch die in Abschn. 3 angeführten mathematischen Bedingungen sind sowohl himmelsfeste als auch erdfeste Referenzsysteme mathematisch eindeutig[V] festgelegt. Es wird, um diese Bezugssysteme in der Praxis nutzen zu können, aber noch eine physische Anbindung an materielle Punkte (Festpunkte) benötigt, die i.allg. auf der Erdoberfläche gelegen sind und das Bezugssystem repräsentieren. In diesem Zusammenhang spricht man von Materialisierungen von Bezugssystemen (MUELLER 1985, MUELLER 1989). Das Ergebnis stellen sog. konventionelle Referenzrahmen (Conventional Reference Frames) dar.

Da – wie schon in Abschn. 3.2 angeführt – der Erdkörper kein starrer Körper ist, sondern aufgrund von wirkenden Kräften (z.B. endogene und exogene Einflüsse) ständigen Verformungen unterliegt, ändert sich die relative Lage der Festpunkte mit dem Parameter Zeit. Somit ist die o.g. Materialisierung durch Festpunkte nicht trivial. Deshalb werden bspw. im ITRF nicht nur zeitinvariante Festpunktkoordinaten bestimmt, sondern jedem Festpunkt werden gleichzeitig Bewegungskomponenten zugeordnet.

[V] Zur eindeutigen Festlegung muß zusätzlich noch über die Zeit verfügt werden. Siehe hierzu bspw. MANSFELD (1998).

Bspw. ist das WGS84 (World Geodetic System 1984) eine CTS-Materialisierung. Da die Satellitenbahninformation von GPS-Satelliten auf dieses dreidimensionale geozentrische kartesische System bezogen ist, werden i.allg. die Ergebnisse von GPS-Auswertungen (Position, Genauigkeit) in diesem System angegeben. Nach HECK (1995b) wurde dieser Referenzrahmen ursprünglich aus permanenten Dopplermessungen auf 25 global verteilten Stationen abgeleitet. Seit 1997 trägt es die Bezeichnung WGS84 (G873), da seither die Realisierung mittels permanenten GPS-Messungen und durch den Anschluß an das ITRF (International Terrestrial Reference Frame, s. Abschn. 4.1) erfolgt. Die Realisierungsgenauigkeit beträgt ca. ±5 cm (BOCK, 1996). Weitere Informationen hierzu sind dem technischen Bericht der NIMA (National Imagery and Mapping Agency) aus dem Jahre 1997 zu entnehmen (NIMA, 1997).

Im Gegensatz zur GPS-Bahninformation bildet das WGS84 keine Grundlage für das GLONASS-System. Im Falle von GLONASS kommt das PZ-90 zur Anwendung. So daß bei der Kombination von GPS- und GLONASS-Daten Transformationen anzubringen sind. Weitere Informationen zu diesem Themenkomplex sind u.a. in MISRA ET AL. (1996) zu finden.

In den folgenden Abschnitten werden, beginnend mit dem erdumspannenden ITRF (Abschn. 4.1) wichtige globale und regionale Referenzrahmen angeführt und erläutert.

## 4.1 International Terrestrial Reference Frame

Der IERS wurde 1988 von der International Astronomical Union (IAU) und der International Union of Geodesy and Geophysics (IUGG) geründet. Neben der Ermittlung von hochgenauen Erdrotationsparametern hat der IERS u.a. die Aufgabe, Realisierungen von CIS und CTS bereitzustellen. In diesem Rahmen werden die International Terrestrial Reference Frames berechnet und der Öffentlichkeit bspw. via Internet (http://lareg.ensg.ign.fr/ITRF[VI]) zur Verfügung gestellt. Abb. 2 veranschaulicht für das ITRF97 die ca. 200 global verteilten, permanent und simultan operierenden Stationen, auf denen zu diesem Zweck geodätische Beobachtungen (VLBI, DORIS, SLR, LLR, GPS) erfaßt werden, um die Lage und die Orientierung bzgl. eines CIS mit Zenitimetergenauigkeit zu

[VI] Alle in diesem Abschnitt enthaltenen Abbildungen sind unter dieser WWW-Adresse zu finden (Stand: Mai 2000).

bestimmen. Abb. 2 ist gleichzeitig zu entnehmen, wieviele der angeführten Beobachtungstechniken auf den Stationen parallel zum Einsatz kommen.

Das ITRF stellt eine CTS-Materialisierung dar. Sein Ursprung liegt im Massenmittelpunkt der Erde, die $x_3$-Achse fällt mit der mittleren Erdrotationsachse zusammen und durchstößt die Erdoberfläche im IERS-Reference Pole. Die $x_1$-Achse zeigt in Richtung des mittleren Meridians von Greenwich. Da die Bestandteile des ITRF (Ursprung, Achsrichtung) von der Zeit abhängig sind – was im nicht starren Erdkörper begründet ist – ändert sich das ITRF-Datum und mit ihm die ITRF-Koordinaten ebenfalls mit der Zeit. Dieser Tatsache wird vom IERS auf zwei Arten Rechnung getragen: Einerseits werden im Laufe der Zeit verschiedene ITRF-Realisierungen berechnet, bspw. existieren ITRF94, ITRF96 und ITRF97. Momentan wird am ITRF2000 gearbeitet. Zusätzlich wird andererseits jedes ITRF mit einer Bezugsepoche versehen, z.B. 1. Januar 1997 (00.00 Uhr) für das ITRF97. Weiterhin sind in jedem ITRF zusätzlich für alle angeführten Stationen sowohl Koordinaten als auch deren zeitliche Änderungen enthalten. Abb. 3 gibt dies am Beispiel von vier ausgewählten GPS-Stationen des ITRF97 wieder.

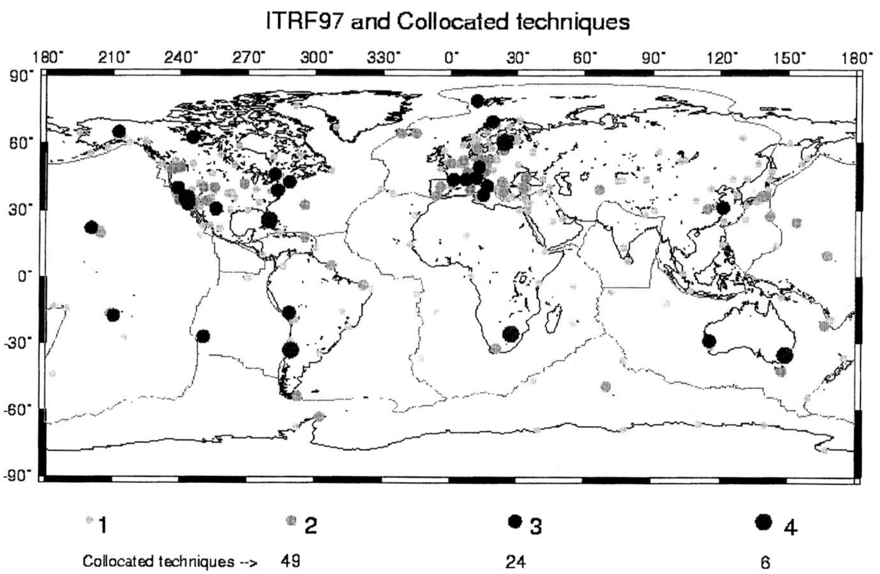


Abbildung 2: Stationen des ITRF97

Wie Abb. 3 zu entnehmen ist, enthält eine ITRF-Realisierung neben Koordinaten (x, y, z) und Geschwindigkeiten ($v_x$, $v_y$, $v_z$) auch die zugehörigen Genauigkeiten (Sigmas).

Die Genauigkeiten der einzelnen ITRF-Stationen werden mit zunehmender Beobachtungsdauer immer besser, was Abb. 4 für den Übergang von ITRF96 zu ITRF97 eindrucksvoll belegt. Ebenso erhöht sich die Zahl der Beobachtungsstationen mit der Zeit.

ITRF97 STATION POSITIONS AT EPOCH 1997.0 AND VELOCITIES
GPS STATIONS

| DOMES NB. | SITE NAME | TECH. | ID. | X/Vx | Y/Vy | Z/Vz | Sigmas | | SOLN |
|---|---|---|---|---|---|---|---|---|---|
| | | | | | -----------------------m/m/y--------------* | | | | |
| 10204M002 | HOEFN | GPS | HOFN | 2679690.021 | -727951.331 | 5722789.142 | .003 | .002 | .003 |
| 10204M002 | | | | -.0103 | .0130 | .0058 | .0019 | .0018 | .0010 |
| 10302M003 | TROMSOE | GPS | TROM | 2102940.346 | 721569.384 | 5958192.101 | .002 | .001 | .003 |
| 10302M003 | | | | -.0175 | .0076 | .0050 | .0005 | .0005 | .0008 |
| 10302M006 | TROMSOE | GPS | TROM | 2102928.625 | 721619.391 | 5958196.186 | .004 | .002 | .010 |
| 10302M006 | | | | -.0175 | .0076 | .0050 | .0005 | .0005 | .0008 |
| 10307M001 | OSLO | GPS | OSLO | 3169982.035 | 579956.707 | 5485936.644 | .010 | .003 | .016 |
| 10307M001 | | | | -.0131 | -.0035 | .0016 | .0179 | .0051 | .0293 |

Abbildung 3: ITRF97-Auszug

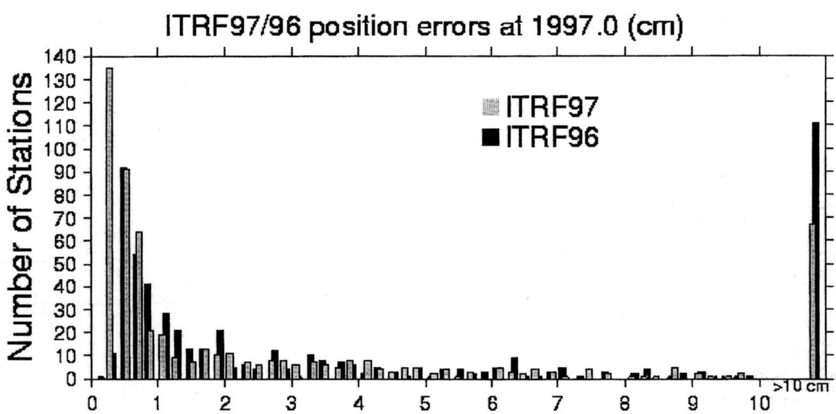


Abbildung 4: Genauigkeitsvergleich zwischen ITRF96 und ITRF97

Für GPS- und VLBI-Stationen liegen die Punktgenauigkeiten im ITRF97 i.allg. unter einem Zentimeter. Bei Laser-Stationen betragen sie ungefähr einen Zentimeter. Am ungenausten sind die mit DORIS ermittelten Punktpositionen (ca. 3 cm). Die äußere Genauigkeit liegt nach Bock (1996) mit ±5 cm im Bereich des WGS84. Allerdings existieren auch Stationen (s. Abb. 4, rechter Teil), die eine weitaus schlechtere Genauigkeit aufweisen.

Der IGS (International GPS Service)[VII] betreibt ein erdumspannendes Netz permanent messender GPS-Stationen. Und stellt somit eine Teilmenge (Verdichtung) des ITRF dar. Wichtige Aufgaben des IGS bestehen in der Ermittlung von präzisen Bahndaten, Erdrotationsparametern oder globalen Ionosphärenmodellen sowie in der Positions- und Geschwindigkeitsbestimmung aus GPS-Beobachtungen.

Durch regionale Verdichtungskampagnen werden Bereiche, in denen noch keine Punkte im ITRF verfügbar sind, erschlossen, so daß bei künftigen Vermessungen der Anschluß an den globalen Referenzrahmen erfolgen kann. Siehe hierzu bspw. Dietrich et al. (2000). Im Rahmen dieser Arbeit wurden GPS-Kampagnen in der Antarktis v.a. im geowissenschaftlich hochinteressanten Bereich der Antarktischen Halbinsel u.a. mit dem Ziel durchgeführt, dieses Gebiet der Erde in einem übergeordneten Referenzrahmen zu koordinieren und somit eine präzise Grundlage für alle Folgearbeiten in diesem Gebiet der Erde zu schaffen.

Werden – wie oben angeführt – im Rahmen von GPS-Kampagnen Verdichtung des ITRF angestrebt, so obliegt es dem Auswerter die Meßepoche korrekt zu berücksichtigen. Da für alle im ITRF verzeichneten Punkte neben Koordinaten auch Geschwindigkeiten vorliegen, müssen die Koordinaten der Punkte, die als sog. Fiducialpunkte verwendet werden, auf die richtige Epoche bezogen sein. Nach dem Fiducialpunktkonzept erfolgt der Anschluß an das übergeordnete Netz hierarchisch, in dem die Koordinaten der Anschlußpunkte festgehalten werden. Würden bspw. im Zeitraum 5.-6. Juni 2000 GPS-Beobachtungen, mit dem Ziel eine Netzverdichtung bezogen auf das ITRF97 zu erhalten, ausgeführt werden, so müßten die im ITRF97 verzeichneten Koordinaten der gewählten Fiducialpunkte mit ihren zugehörigen Geschwindigkeiten auf die Epoche 2000.4 extrapoliert werden, um keinen Zwang durch ein falsches Datum auf das Verdichtungsnetz auszuüben.

---

[VII] Aktuelle Informationen zum IGS sind unter http://igscb.jpl.nasa.gov/ im WWW zu finden.

$$\begin{pmatrix} x \\ y \\ z \end{pmatrix}_{ITRF97,Epoche00.4} = \begin{pmatrix} x \\ y \\ z \end{pmatrix}_{ITRF97,Epoche97.0} + 3.4 \cdot \begin{pmatrix} \dot{x} \\ \dot{y} \\ \dot{z} \end{pmatrix}_{ITRF97,Epoche97.0} \quad ...(10)$$

Der Faktor 3.4 ergibt sich aus der Anzahl der Jahre, die seit der Bezugsepoche verstrichen sind, und dem Quotienten 157/366, wobei 157 der Anzahl der vom Jahresbeginn bis zur Kampagnenmitte gezählten Tage entspricht, welche durch die Anzahl der Tage des Jahres dividiert werden ($157/366 \approx 0.4$). Vergleiche hierzu das Vorgehen bei der ETRF-Datumsgebung.

## 4.2 Regionale Referenzrahmen

Um sowohl die hochgenaue Grundlagenvermessung für den europäischen Bereich zu garantieren, als auch die Beobachtung von geodynamischen Prozessen zu ermöglichen sowie als Grundlage für die digitale Kartographie und Navigationssysteme jeglicher Art, wurde 1988 beschlossen, ein einheitliches europäisches Bezugssystem zu schaffen (SEEGER, 1994).

Zu diesem Zweck wurde im Mai 1989 im westlichen Europa (14 beteiligte Länder) eine GPS-Kampagne durchgeführt. Dabei wurden auf insgesamt 78 Stationen (Punktabstand: 300 - 500 km) GPS-Beobachtungen erfaßt. Die Verknüpfung zum übergeordneten, weitmaschigen ITRF wurde durch 15 VBLI- bzw. SLR-Sationen gewährleistet. So daß nach endgültiger Fertigstellung der hierarchischen Auswertung der durch das ITRF vorgegebene Rahmen für praktische Arbeiten erst nutzbar gemacht wurde (ILLNER, 1985).

Im Gegensatz zum zeitlich veränderlich modellierten ITRF unterliegen die Koordinaten des European Terrestrial Reference Frame (ETRF) keinen zeitabhängigen Änderung. Als Bezugsrahmen wurde das ITRF89, als Bezugsepoche 1989.0 gewählt. Aufgrund dieser Festlegung erhielt das Europäische Terrestrische Referenzsystem die Abkürzung ETRF89.

Streng genommen bestand zum Beobachtungszeitpunkt (Mai 1989) keine Übereinstimmung zwischen dem ITRF89 (Epoche 89.0) und dem durch die Geometrie der übergeordneten ITRF-Stationen vorgegebenen Netzdatum. Dies gilt insbesondere auch für die nachfolgenden Verdichtungskampagnen im osteuropäischen Bereich (siehe hierzu bspw. SEEGER UND ALTINER (1999) oder

Weber et al. (1999))[VIII] und für die 1992/93 durchgeführten Wiederholungsmessungen (Deutschland, Niederlande, Schweiz), deren Auswertung erfolgte deshalb im aktuellen ITRF-Datum. Anschließend wurden die erhaltenen Ergebnisse ins ETRF89 transformiert. Weiterhin wurden die Koordinaten der datumsgebenden ITRF-Stationen in neueren Realisierungen des ITRF (z.B. ITRF97) aufgrund von längeren und damit genaueren Beobachtungszeitreihen teilweise verändert, was durch die ETRF89-Datumsgebung nicht berücksichtigt werden kann. Abb. 5 veranschaulicht die momentan im ETRF koordinierten Punkte.

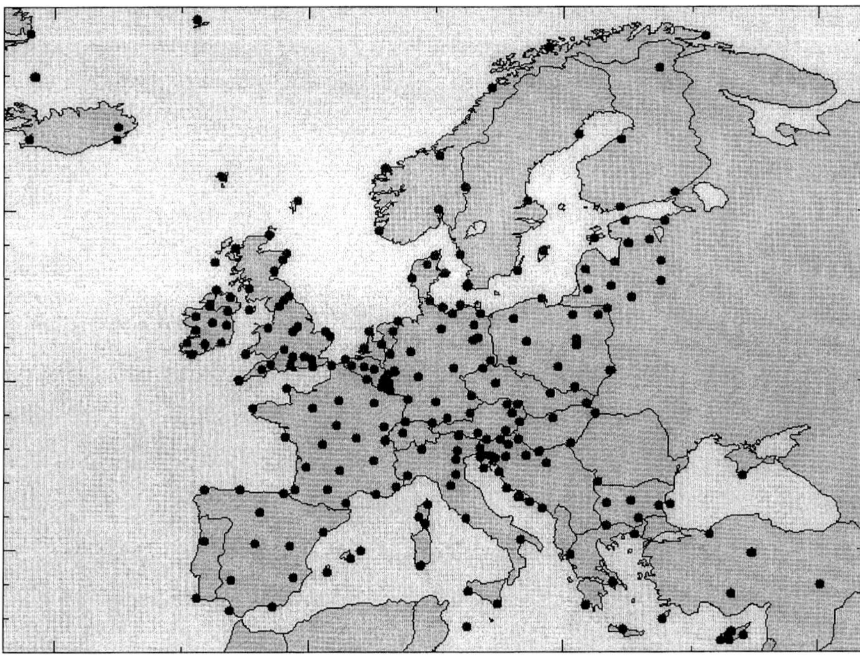

Abb. 5: ETRF-Stationen (Quelle: http://homepage.oma.de/euref/euref.html; Stand: Mai 2000)

Im Zuge des verstärkten Aufbaus von GPS-Permanentstationen v.a. im Rahmen des permanenten Beobachtungsnetzes des IGS existieren heute in Europa

[VIII] Auch auf der WWW-Homepage des BKG (Bundesamt für Kartographie und Geodäsie) sind Informationen zu ETRF89-Verdichtungskampagnen zu finden (http://www.ifag.de/Geodaesie/gf.htm; Stand: Mai 2000).

nahezu 100 autonom operierende GPS-Stationen, die permanent ($24^h$ pro Tag) GPS-Beobachtungen registrieren. Die Stationen des permanenten europäischen Referenznetzes sind in Abb. 6 dargestellt. In weiten Teilen stellt dieses Permanentnetz eine Teilmenge des ETRF89 dar.

Basierend auf den Beobachtungsdaten eines Tages werden von zwölf Auswertezentren Tageslösungen berechnet, wobei, um dem Nachbarschaftsprinzip Rechnung zu tragen, sog. assoziierte Stationen (z.B. in Marokko gelegen) mitprozessiert werden. Das BKG ist ein solches Auswertezentrum. Die Netzgeometrie bzw. die verwendeten Beobachtungsdaten unterscheiden sich von Auswertezentrum zu Auswertezentrum.

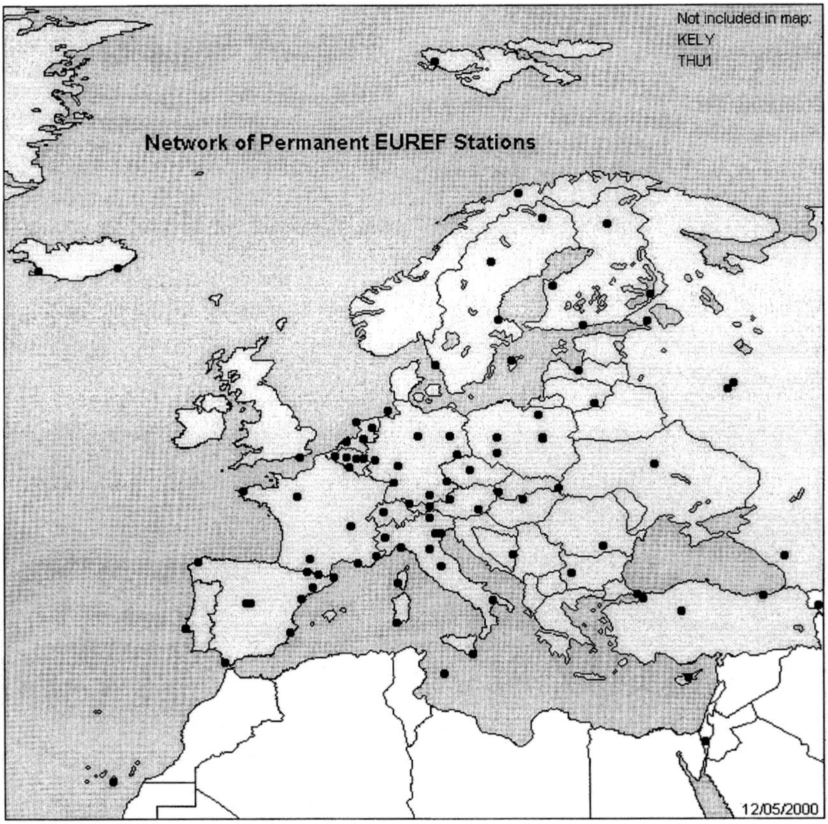


Abb. 6: EUREF-Stationen (Quelle: http://www.ifag.de/Geodaesie/gf.htm; Stand: Mai 2000)

Aus den Tageslösungen einer Woche erzeugen die Auswertezentren Wochenlösungen. Im SINEX-Format (Software INdependent EXchange-Format) werden sie an das BKG übermittelt, welches seit Mitte 1999 für den Zusammenschluß der Wochenlösungen verantwortlich ist. Das so erhaltene EUREF-Gesamtnetz fließt bspw. in das globale Netz des IGS ein.

So wie das ITRF durch das ETRF89 (A-Netz) verdichtet wird, so erfolgen auf nationaler Ebene engermaschige Verdichtungen durch die sog. B-Netze. Für die Bundesrepublik Deutschland geschieht dies durch das DREF (Deutsches GPS-REFerenznetz).

Die AdV (Arbeitsgemeinschaft der Vermesungsverwaltungen der Länder der BRD) beschloß 1991 die Einführung des DREF als ein Grundlagennetz für die Landesvermessung und das Liegenschaftskataster. Abb. 7 sind die Stationen des DREF zu entnehmen, die im April 1991 durch eine Zusammenarbeit der Landesvermessungen und dem heutigen BKG ausgemessen wurden. Das DREF umfaßt mehr als 100 Stationen. Teil des DREF sind neun SLR- bzw. VLBI-Stationen, sowie 17 EUREF-Stationen.

Das DREF wurde zweimal unabhängig vermessen. Die erste Vermessung erfolgte als reines TRIMBLE-Netz, bei der zweiten Meßkampagne wurden verschiedene Empfängertypen eingesetzt. Die Auswertung der GPS-Messungen erfolgte an unterschiedlichen Institutionen und mit verschiedenen Auswerteprogrammen, um die Zuverlässigkeit steigern und Maße für die äußere Genauigkeit ableiten zu können. Der Punktabstand beträgt durchschnittlich 60 km. Die Anfelderung an das übergeordnete Netz erfolgte nach dem Fiducialpunktprinzip an die ITRF91-Punkte der deutschen Wiederholungskampagne des EUREF aus dem Jahre 1993 (Epoche 93.4) und anschließender Transformation in das ETRF89. Die Genauigkeit des DREF wird mit ±1 cm für die Lage und ±2 cm für die Höhenkomponente angegeben (LINDSTROT, 1994).

Das DREF wird weiterhin durch die sog. C-Netze auf der Ebene der Bundesländer verdichtet. Das baden-württembergische C-Netz wird bspw. BWREF genannt. Das BWREF umfaßt mehr als 100 Punkte, wobei neun DREF-Punkte und ein EUREF-Punkt als Grundlage für den hierarchischen Anschluß verwendet werden. Die Punktabstände betragen ca. 20 km.

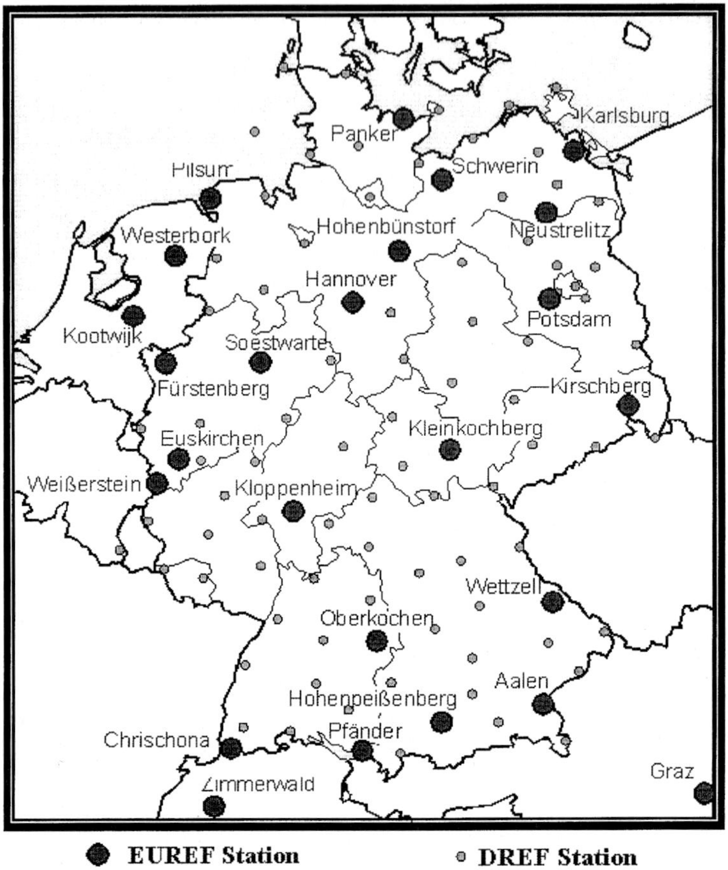


Abbildung 7: Das Deutsche GPS-Referenznetz (Quelle: http://www.ifag.de/Geodaesie/gf.htm; Stand: Mai 2000)

## 5. Ausblick

Koordiniert von der AdV werden seit 1995 vom BKG in allen Bundesländern permanente GPS-Stationen (GREF) aufgebaut. Das Ziel dieses Projektes ist v.a. die Bereitstellung und Laufendhaltung eines dreidimensionalen geodätischen Referenzsystems für die BRD. Angestrebt wird in Anlehnung an das EUREF eine tägliche Auswertung aller GREF-Stationen, um eine Genauigkeit im Subzentimeterbereich zu liefern. Z.Z. existieren ca. 20 Stationen. Um die Kräfte zu bündeln, wird mit dem Satellitenpositionierungsdienst der Deutschen Landesvermessung, der die Positionierung in Echtzeit ermöglicht und somit das ETRF89 realisiert und mit modernen Kommunikationsmethoden für den Nutzer bereitstellt, kooperiert. Nach vollständigem Ausbau wird dies zu einer enormen Verbesserung der Wirtschaftlichkeit der satellitengeodätischen Positionsbestimmung beitragen können.

## Literatur

BAUER, M. (1997): *Vermessung und Ortung mit Satelliten.* H. Wichmann Verlag, Karlsruhe, 4. völlig neu überarbeitete Auflage, 1997.

BOCK, Y. (1996): *Reference Systems.* In: KLEUSBERG, A.; TEUNISSEN, P. G. (Hrsg.): *GPS for Geodesy.* Springer Verlag, Wien, New York, S. 3-36.

DENKER, H. (1995): *Großräumige Höhenbestimmung mit GPS- und Schwerefelddaten.* In: HECK, B.; ILLNER, M. (Hrsg.): *GPS-Leistungsbilanz '94.* Schriftenreihe des DVW im Verlag K. Wittwer, Nr. 18, S. 233-259.

DIETRICH, R.; DACH, R.; ENGELHARDT, G.; IHDE, J.; KORTH, W.; KUTTERER, H.; LINDNER, K.; MAYER, M.; MENGE, F.; MILLER, H.; MÜLLER, C.; NIEMEIER, W.; PERLT, J.; POHL, M.; SALBACH, H.; SCHENKE, H.-W.; SCHÖNE, T.; SEEBER, G.; VEIT A.; VÖLKSEN, C. (2000): *Ergebnisse der SCAR GPS Kampagnen - ITRF-Koordinaten und Geschwindigkeiten.* Deutsche Geodätische Kommission Reihe B, Heft 311.

DINTER, G.; ILLNER, M. (2000): *Höhenbestimmung mit GPS am Beispiel von Pilotprojekten aus Baden-Württemberg.* (Dieses Heft).

HECK, B. (1998): *Grundlagen zur Vermesssung mit Satellitennavigationssystemen.* Mitteilungen des DVW Landesvereins Baden-Württemberg e.V., Heft 2, Oktober 1998, S. 6-24.

HECK, B. (1995a): *Grundlagen der Satellitengeodäsie.* In: HECK, B.; ILLNER, M. (Hrsg.): *GPS-Leistungsbilanz '94.* Schriftenreihe des DVW im Verlag K. Wittwer, Nr. 18, S. 10-31.

HECK, B. (1995b): *Grundlagen der erd- und himmelsfesten Referenzsysteme.* In: Heck, B.; Illner, M. (Hrsg.): *GPS-Leistungsbilanz '94.* Schriftenreihe des DVW im Verlag K. Wittwer, Nr. 18, S. 138-153.

HECK, B. (1995c): *Rechenverfahren und Auswertemodelle der Landesvermessung – Klassische und moderne Methoden.* 2. Auflage, H. Wichmann Verlag, Heidelberg, 1995.

HOFFMANN-WELLENHOF, B.; KIENAST, G.; LICHTENEGGER, H. (1994): *GPS in der Praxis.* Springer-Verlag, Wien, New York, 1994.

ILLNER, M. (1995): *GPS-Systembeschreibung.* In: HECK, B.; ILLNER, M. (Hrsg.): *GPS-Leistungsbilanz '94.* Schriftenreihe des DVW im Verlag K. Wittwer, Nr. 18, S. 32-48, 1994.

LECHNER, W.; MÜLLER, A. (1999): *Satellitenpositionssysteme – Sachstand und Perspektiven.* In: RIEDL, G.; SEEGER, H.: *GPS-Praxis und Trends `97.* Schriftenreihe des DVW im Verlag K. Wittwer, Nr.35, S. 10-23.

LINDSTROT, W. (1994): *Das Deutsche Referenzsystem DREF 91.* FIG XX., International Congress, Melbourne, Australien, SGS, 551.2.

MANSFELD, W. (1999): *Satellitenortung und Navigation – Grundlagen und Anwendung globaler Satellitennavigationssysteme.* Vieweg Verlag, Braunschweig/Wiesbaden, 1999.

MISRA, P. N.; ABBOT, I.; GAPOSCHKIN, E. M. (1996): *Integrated use of GPS and GLONASS: Transformation between WGS84 and PZ-90.* Proceedings of the 9$^{th}$ International Meeting of the Satellite Division of the Institute of Navigation, Kansas City, Missouri, Sept. 17-20, 1996, S. 307-314.

MUELLER, I. I. (1989): *Reference Coordinate Systems: An update.* Department of Geodetic Science and Surveying. Ohio State University, Columbus/Ohio, Report No. 394.

MUELLER, I. I. (1985): *Reference Coordinate Systems and Frames: Concepts and Realizations.* Bulletin Geodesique 59(1985), S. 181-188.

NIMA (1997): *Department of Defense - World Geodetic System 1984.* Technical Report, TR83502, 3. Edition, 1997.

ROTHACHER, M. (1999): *Die Aktivitäten des Rechenzentrums CODE im Rahmen des IGS.* In: RIEDL, G.; SEEGER, H.: *GPS-Praxis und Trends `97.* Schriftenreihe des DVW im Verlag K. Wittwer, Nr.35, S. 144-160.

SCHLÜTER, W. (1995): *Globale und regionale Referenzsysteme.* In: HECK, B.; ILLNER, M. (Hrsg.): *GPS-Leistungsbilanz '94.* Schriftenreihe des DVW im Verlag K. Wittwer, Nr. 18, S. 154-168.

SCHNEIDER, M. (1988): *Satellitengeodäsie – Grundlagen.* BI-Wissenschafts-verlag, Mannheim, Wien, Zürich, 1889.

SEEBER, G. (1989): *Satellitengeodäsie. Grundlagen, Methoden und Anwendungen.* W. de Gruyter, Berlin, New York.

SEEGER, H. (1994): *EUREF. The new European Reference Datum and ist Relationship to WGS84.* FIG XX., International Congress, Melbourne, Australien, TS 506.4.

SEEGER, H.; ALTINER, Y. (1999): *Stand und Perspektiven von EUREF.* In: RIEDL, G.; SEEGER, H.: *GPS-Praxis und Trends `97.* Schriftenreihe des DVW im Verlag K. Wittwer, Nr.35, S. 238-250.

SIGL, R. (1991): *Geodätische Astronomie.* Wichmann Verlag, Karlsruhe, 4. völlig überarbeitete Auflage, 1991.

WEBER, G.; BECKER, M.; FRANKE, P. (1999): *GPS-Permanentnetze in Deutschland und Europa.* In: RIEDL, G.; SEEGER, H.: *GPS-Praxis und Trends `97.* Schriftenreihe des DVW im Verlag K. Wittwer, Nr.35, S. 251-265.

# Praxisrelevante Probleme bei der Transformation von RTK-GPS-Ergebnissen in Gebrauchskoordinatensysteme

Volker Schwieger, Oberpfaffenhofen

## 1 Einführung

Koordinaten oder Koordinatendifferenzen, die mittels Beobachtung von GPS-Trägerphasenmessungen ermittelt werden, liegen originär nicht in einem der klassischen Gebrauchskoordinatensysteme wie dem Gauß-Krüger-System vor. Daher sind sowohl Transformationen zwischen Koordinatensystemen als auch Übergänge zwischen Datumsfestlegungen vorzunehmen.

Die GPS-Ergebnisse erhält man in einem geozentrischen kartesischen Koordinatensystem, dem WGS 84 (World Geodetic System 1984). Bekannte Koordinaten liegen in der Regel in einem zweidimensionalen Projektionskoordinatensystem, meist dem Gauß-Krüger-System, vor. Dieses zweidimensionale System wird häufig um eine am Schwerevektor orientierte Höhenkomponente ergänzt. Daneben werden, z.B. in der Ingenieurvermessung, auch lokal definierte dreidimensionale Zielkoordinatensysteme genutzt.

Die strenge Kombination von GPS-Ergebnissen mit anderen, in der Regel terrestrischen, Beobachtungen und die strenge Integration von GPS-Ergebnissen in bestehende Netze, kann als gelöst betrachtet werden (z.B. ILLNER 1995, JÄGER 1995, NIEMEIER 1995 und OSWALD 1992).

In Echtzeit gewonnene GPS-Ergebnisse sind im Vergleich zu im Post-processing ermittelten Koordinaten oder Koordinatendifferenzen von verminderter Genauigkeit und Zuverlässigkeit. Eine aufwendige Modellierung erscheint daher in Anbetracht einer RTK-Genauigkeit von ca. 2 cm nicht angebracht. Eine strenge Integration von RTK-Ergebnissen in bestehende Netze scheitert außerdem an der, im Gegensatz zu Post-processing Resultaten, nicht verfügbaren realistischen stochastischen Information für die RTK-Ergebnisse.

Der Beitrag beschäftigt sich daher mit praxisnahen Lösungen, die zum größten Teil bereits im Felde umgesetzt werden können. Dem Praktiker sollen einige Tips zur Planung, Durchführung und Beurteilung seiner RTK-GPS-Messungen an die Hand gegeben werden.

# 2 Allgemeine Vorgehensweise bei der Transformation

## 2. 1 Ausgangskoordinatensystem

An dieser Stelle ist es wichtig zwischen einem Koordinatensystem und einem Koordinatenrahmen (englisch: frame) zu unterscheiden. Im System werden die Definitionen dargelegt z.B. mittlere Rotationsachse der Erde als Z-Achse im WGS 84. Leider kann man eine solche Definition nie hundertprozentig messtechnisch erreichen. Jedes System kann daher nur (mit einer bestimmten Genauigkeit) realisiert werden. Jeder Koordinatenrahmen stellt eine Datumsfestlegung dar und wird durch die Koordinaten ausgewählter Punkte auf der Erdoberfläche realisiert.

Jeder GPS-Empfänger liefert seine Ergebnisse im WGS 84, da die Information, auf die er seine internen Berechnungen bezieht, die sogenannten Broadcast-Ephemeriden sind. Diese werden mit dem Datensignal (Message), welches den Messgrößen aufmoduliert ist, von den Satelliten zum Empfänger übermittelt. Die Broadcast-Ephemeriden sind als prädizierte Satellitenbahnen zu verstehen. Sie sind auf Basis der Koordinaten der zum GPS-Kontrollsegment gehörenden Monitorstationen im WGS 84 berechnet. Die Realisierung des WGS 84 im Empfänger ist daher nicht fehlerfrei. Zum einen ist die globale Verteilung der Monitorstationen nicht optimal, zum anderen können prädizierte Satellitenbahnen keine exakte Realisierung eines Koordinatensystemes darstellen. Vor der Abschaltung der Selective Availability (SA) durch das amerikanische Verteidigungsministerium am 1.5.2000, wurde die Realisierung zusätzlich durch eine absichtliche Verfälschung der prädizierten Bahninformation verstärkt.

Die Definition des WGS 84 stimmt mit der des ITRS (International Terrestrial Reference System) überein. Die Realisierung des ITRS ist der ITRF (International Terrestrial Reference Frame). Da im ITRF neben den Koordinaten ausgewählter Punkte auch deren Geschwindigkeiten festgelegt sind, wurde für den europäischen Teil des ITRF, dem ETRF (European Terrestrial Reference Frame), die Referenzepoche 1989 festgehalten.

Beim europäischen Koordinatenrahmen EUREF handelt es sich um den ETRF 89. Die auf Deutschland bezogene Verdichtung heißt DREF (Deutscher Referenz Frame). Der DREF wurde mit einer Genauigkeit von ca. 1 cm bestimmt.

RTK-GPS-Ergebnisse werden nur im DREF erhalten, wenn für einen Teil der gemessenen Punkte bereits DREF - Koordinaten vorliegen. In allen anderen Anwendungsfällen erhält man zunächst WGS 84 – Koordinaten oder Koordinatendifferenzen.

## 2.2 Zielkoordinatensysteme

RTK-GPS-Ergebnisse sind, je nach Anwendungsfall, in zwei- oder dreidimensionale Zielkoordinatensysteme zu transformieren. Die bei weitem häufigste Anwendung ist ein zweidimensionales Projektionskoordinatensystem, wie zum Beispiel Gauß-Krüger- oder Soldner-Koordinaten. Beide Systeme sind durch Abbildungsgleichungen definiert. Die Gleichungen können sowohl auf ein Ellipsoid (Gauß-Krüger) als auch eine Kugel (Soldner) bezogen sein. Die Datumsfestlegung erfolgt im DHDN (Deutschen Hauptdreiecksnetz). Manchmal wird dieses zweidimensionale System um eine schwerebezogene Höhe wie z.B. eine NN-Höhe ergänzt. Man kann aber auch dann nicht von einem dreidimensionalen System sprechen, da die Höhenkomponente auf eine andere Referenzfläche als die Lagekoordinaten bezogen ist.

Als ein dreidimensionales Zielkoordinatensystem für RTK-Messungen kann ein topozentrisches kartesisches Koordinatensystem angesehen werden. Ein solches lokales System wird bei Ingenieurvermessungen, wie z.B. der Absteckung oder der Aufnahme von Brückenbauwerken oder Straßentrassen, häufig verwendet. Die Datumsfestlegung erfolgt lokal und willkürlich.

Weitere dreidimensionale Systeme sind die Landeskoordinaten; entweder in ellipsoidischer ($\varphi,\lambda,h$) oder in kartesischer ($X,Y,Z$) Form. Für beide Systeme ist der in 2.4 zu beschreibende Transformationsweg in verkürzter Form anzuwenden, da sie Zwischensysteme bei der Gesamttransformation darstellen. Es ist anzumerken, dass die beiden Systeme als Zielkoordinatensysteme bei RTK-Messungen sehr selten auftreten werden, da Landeskoordinaten eine die Möglichkeiten der RTK-Messung übersteigende Genauigkeit erfordern. In der Folge werden sie daher nicht explizit behandelt.

## 2.3 Koordinatentransformation und Datumsübergang

Koordinatentransformationen können immer streng mathematisch definiert werden. Sie werden zwischen verschiedenen Systemen (z.B. zwischen ellipsoidischem und kartesischem System) vorgenommen. Transformationsgleichungen können formell und numerisch angegeben werden. Die für die weiteren Ausführungen benötigten Formeln zur Koordinatentransformation zwischen den Systemen, z.B. Gauß-Krüger nach ellipsoidisch oder ellipsoidisch nach kartesisch, sind bekannt (z.B. HOFMANN-WELLENHOF u.a. 1994, SEEBER 1989). Da sie in der Regel Software unterstützt ablaufen, soll auf sie hier nicht eingegangen werden.

Ein Datumsübergang erfolgt dagegen zwischen zwei Datumsfestlegungen im selben Koordinatensystem. Beispielsweise zwischen der Datumsfestlegung des DREF und des DHDN im kartesischen System. Ein Datumsübergang kann nur mathematisch streng erfolgen, wenn die Parameter zum Datumsübergang sowohl definiert als auch numerisch bekannt sind. Die Datumsparameter können formal meist eindeutig festgelegt werden, ihre numerische Bestimmung erfolgt dagegen häufig empirisch.

Auch beim Übergang vom GPS-System (WGS 84 / DREF) zum Gebrauchskoordinatensystem (z.B. Gauß-Krüger / DHDN) steht man vor diesem Problem, da die Parameter zum Datumsübergang nicht oder nur näherungsweise bekannt sind. Die Gründe für die empirische Bestimmung der Datumsparameter liegen in der ungenügend genauen Realisierung des WGS 84 (schlechter ist als die RTK-Messgenauigkeit) und in der Inhomogenität der historischen Landesnetze.

Im kartesischen Koordinatensystem wird der Datumsübergang mittels HELMERT-Transformation durchgeführt. Mit ihr kann sowohl ein zweidimensionaler als auch ein dreidimensionaler Datumsübergang realisiert werden. Für den zweidimensionalen Fall werden 4 Parameter für den Datumsübergang benötigt: 2 Translationen $(t_x, t_y)$, 1 Rotation (ε) und 1 Maßstab $(m)$. Zur eindeutigen Durchführung der Transformation sind zwei Punkte, die in beiden Datumsfestlegungen bekannt sind, erforderlich. Im dreidimensionalen Fall werden 7 Parameter benötigt: 3 Translationen $(t_x, t_y, t_z)$, 3 Rotationen $(\varepsilon_x, \varepsilon_y, \varepsilon_z)$ und 1 Maßstab $(m)$. 2 identische Punkte und eine weitere identische Koordinate sind für eine eindeutige Transformation unverzichtbar. Gleichungen (1) und (2) zeigen die zwei- bzw. die dreidimensionale Transformation mit bekannten Datumsparametern:

$$\begin{pmatrix} x \\ y \end{pmatrix}_2 = \begin{pmatrix} t_x \\ t_y \end{pmatrix} + m \cdot \begin{pmatrix} 1 & -\varepsilon \\ \varepsilon & 1 \end{pmatrix} \cdot \begin{pmatrix} x \\ y \end{pmatrix}_1 \quad \text{und} \tag{1}$$

$$\begin{pmatrix} x \\ y \\ z \end{pmatrix}_2 = \begin{pmatrix} t_x \\ t_y \\ t_z \end{pmatrix} + m \cdot \begin{pmatrix} 1 & \varepsilon_z & -\varepsilon_y \\ -\varepsilon_z & 1 & \varepsilon_x \\ \varepsilon_y & -\varepsilon_x & 1 \end{pmatrix} \cdot \begin{pmatrix} x \\ y \\ z \end{pmatrix}_1 . \tag{2}$$

Die Anwendung der gegebenen Rotationsmatrizen setzt voraus, dass die Achsen der Systeme nahezu parallel sind und daher nur differentielle Rotationen auftreten. Zuvor hat die Bestimmung der Transformationsparameter zu erfolgen. Hierzu kann eine Ausgleichung nach vermittelnden Beobachtungen genutzt werden (z.B. HOFMANN-WELLENHOf u.a. 1994). Abb.1 zeigt die Datumsparameter der dreidimensionalen Transformation; der Maßstab ist nicht darstellbar.

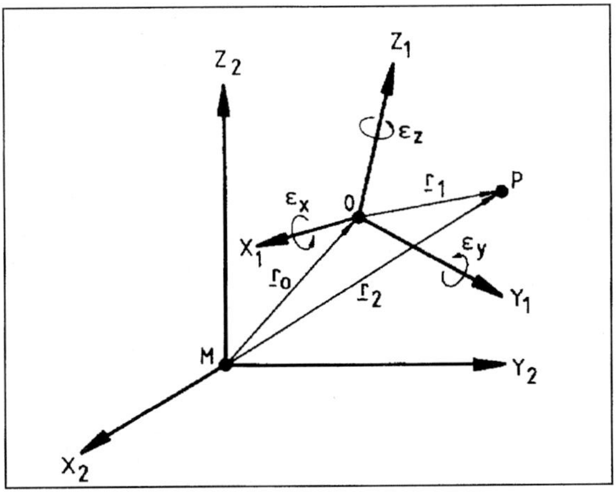


Abb.1: Zwei dreidimensionale Koordinatensysteme und die Parameter zum Datumsübergang (SEEBER 1989)

## 2. 4 Dreidimensionale Transformation

Wie bereits in Abschnitt 2.1 erwähnt, werden die gemessenen RTK-GPS-Koordinaten oder Koordinatendifferenzen im WGS 84 erhalten. Es ist für den Transformationsweg zunächst unerheblich, ob die Messungen im DREF Referenzrahmen vorgenommen werden. Das Zielkoordinatensystem ist das Gauß-Krüger-System auf dem Bessel-Ellipsoid im DHDN. Die Verwendung eines anderen Projektionskoordinatensystems bringt keine prinzipielle Änderung des Transformationsweges. Abb.2 zeigt die Vorgehensweise zur Bestimmung der zweidimensionalen Gauß-Krüger Koordinaten für alle gemessenen RTK-Koordinaten auf.

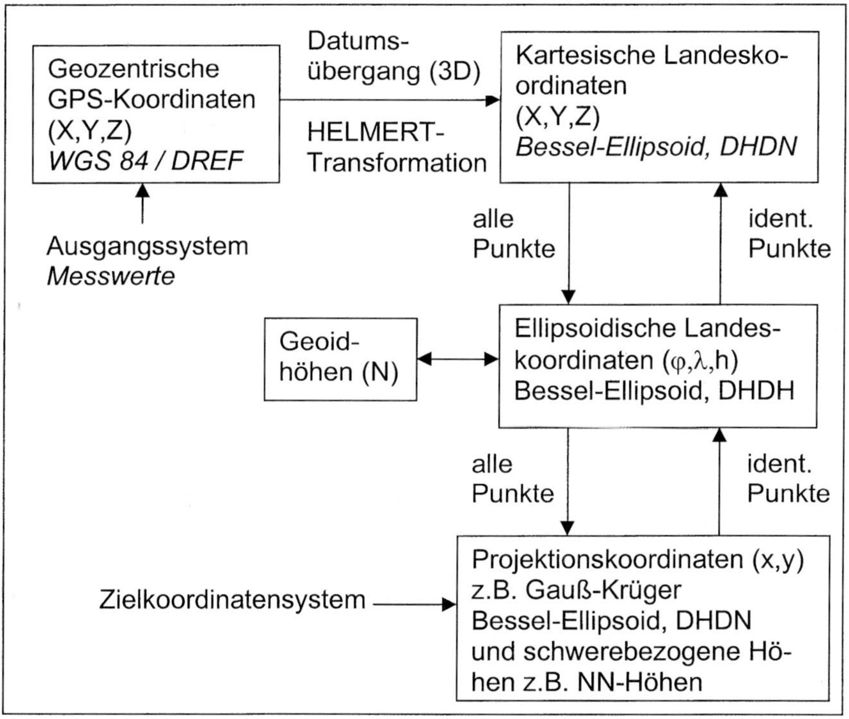


Abb. 2: Vorgehensweise bei der dreidimensionalen Transformation

Zunächst sind die identischen Punkte aus dem Projektionskoordinatensystem (x,y bzw. R,H) in das ellipsoidische Landessystem ($\varphi, \lambda, h$) zu überführen. Die schwerebezogenen Höhen z.B. NN-Höhen sind um die Differenz zwischen deren Bezugsfläche (NN-Bezugsfläche) und dem Besselellipsoid zu korrigieren. Hierfür benötigt man die Geoidundulationen (bzw. hier die NN-Undulationen).

Anschließend kann die Transformation in kartesische dreidimensionale Landeskoordinaten im DHDN-Datum erfolgen. Der Begriff geozentrisch wird hier bewußt vermieden, da das DHDN-Datum keine geozentrische Lage aufweist, sondern aufgrund der eine für Deutschland bestanpassenden Lage des Bessel-Ellipsoides wichtiger erschien.

Der Datumsübergang erfolgt zwischen den beiden Datumsfestlegungen WGS 84 bzw. DREF und DHDN in globalen kartesischen dreidimensionalen System unter Nutzung der dreidimensionalen HELMERT-Transformation nach Abschnitt 2.3. Danach erfolgt die Transformation aller gemessenen Punkte in das ellipsoidische System und zum Abschluss in das gewählte Projektionssystem.

Herauszustellen ist, dass zur korrekten Umsetzung der dreidimensionalen Transformation eine Höheninformation zur Verfügung stehen muß, die sich auf das Bessel-Ellipsoid bezieht. Will man schweregebundene Höhen, wie z.B. NN-Höhen, an Stelle der benötigten ellipsoidischen Höhen für die Transformation nutzen, so führt dieses immer zu mehr oder weniger verfälschten Ergebnissen. Für eine Vielzahl von Anwendungen wirken sich diese fehlerhaften Höhen nur in sehr geringem Umfang aus (ILLNER 1995). So geben HOFMANN-WELLENHOF u.a. (1994) für ein 20 x 20 km Messgebiet nur einen Einfluss von ca. 1 mm an, der für RTK-Ergebnisse sicher vernachlässigt werden kann.

Die Güte einer solchen Transformation mit fehlerhaften Höhen hängt selbstverständlich von der relativen Übereinstimmung von NN-Fläche und Bessel-Ellipsoid im Messgebiet ab.

## 2.5 Zweidimensionale Transformation

Da bei korrekter Vorgehensweise die ellipsoidischen Höhen für die dreidimensionale Transformation bekannt sein müssen, bietet sich ein Vorgehen an, das diese Problematik umgeht, da die Höheninformation nicht benötigt wird: die zweidimensionale Transformation. Abb. 3 zeigt den Ablauf zur Integration von RTK-Ergebnissen in ein Projektionskoordinatensystem auf diesem Wege.

Zunächst hat ein genäherter Datumsübergang in das DHDN-Datum im dreidimensionalen kartesischen System zu erfolgen. Parameter für eine genäherte 7-Parameter-HELMERT-Transformation werden beispielsweise von den Landesvermessungen vorgehalten. Anschließend liegen die RTK-Ergebnisse genähert im DHDN vor. Die weitere Transformation erfolgt auf dem Bessel-Ellipsoid bis hin zu den Projektionskoordinaten. Der eigentliche Datumsübergang wird zwischen dem genäherten DHDN und dem DHDN im Projektionskoordiatensystem vorgenommen. Aus theoretischen Gründen verbietet sich der Transformationsweg, der die RTK-Ergebnisse in ein Projektionskoordinatensystem, das sowohl das WGS 84 Ellipsoid als auch eine entsprechende Datumsfestlegung nutzt. Numerisch ergeben sich dagegen nur Differenzen von 8 – 15 mm für ein 200 x 200 km großes Messgebiet (HOFMANN-WELLENHOF u.a. 1994, SCHMITT u.a. 1991).

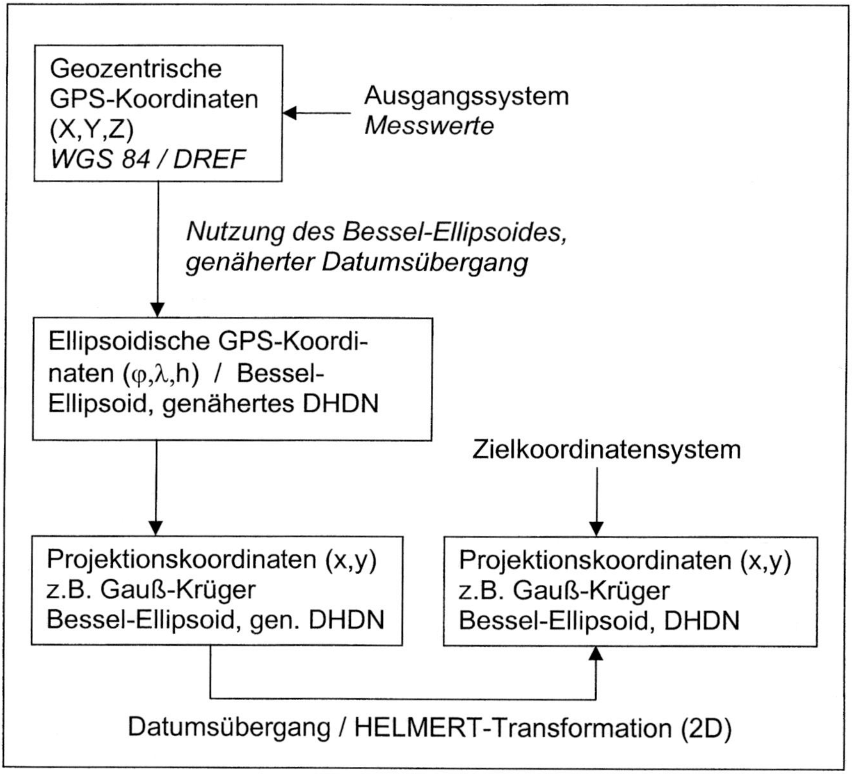


Abb. 3: Vorgehensweise bei der zweidimensionalen Transformation

## 2.6 Vereinfachte dreidimensionale Transformation

Für den in der Praxis z.B. bei der Absteckung und Überprüfung von Ingenieurbauwerken wie Brücken oder Straßen häufig auftretenden Fall der Beobachtung eines dreidimensionalen lokalen Netzes, kann eine vereinfachte Integration der RTK-Ergebnisse erreicht werden. Auch hier handelt es sich um eine dreidimensionale Transformation. Abb. 4 zeigt den gesamten Transformationsweg.

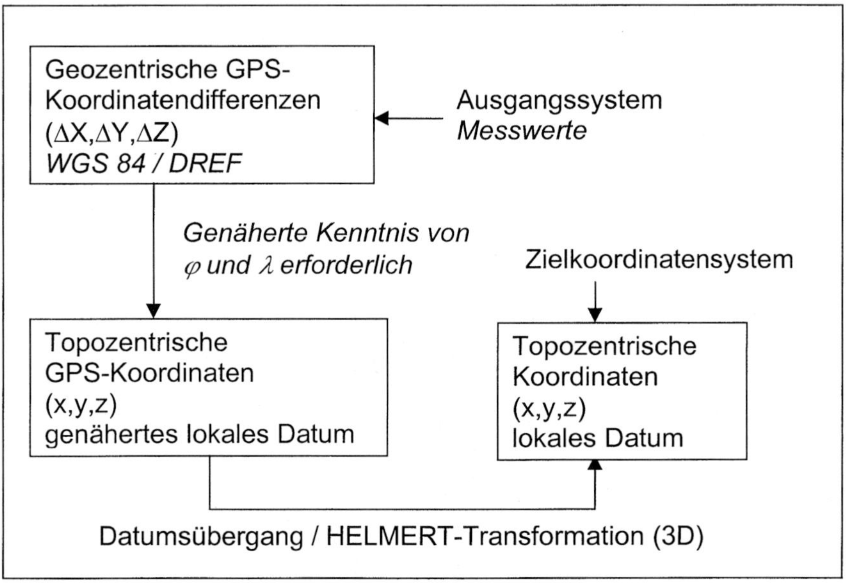


Abb. 4: Vorgehensweise bei der vereinfachten dreidimensionalen Transformation

Im lokalen Netz ist das Koordinatensystem meist dreidimensional definiert. Die z-Achse (Höhenkomponente) ist in der Regel am Schwerevektor eines Punktes orientiert. Es handelt sich also um ein topozentrisches System. Zur Transformation geozentrischer Koordinatendifferenzen (X , Y, Z) in ein topozentrisches System (x,y,z) können bekannte Formeln z.B. SEEBER (1989) entnommen werden:

$$\begin{pmatrix} x \\ y \\ z \end{pmatrix} = \begin{pmatrix} -\sin\varphi\cdot\cos\lambda & -\sin\varphi\cdot\sin\lambda & \cos\varphi \\ -\sin\lambda & \cos\lambda & 0 \\ \cos\varphi\cdot\cos\lambda & \cos\varphi\cdot\sin\lambda & \sin\varphi \end{pmatrix} \cdot \begin{pmatrix} \Delta X \\ \Delta Y \\ \Delta Z \end{pmatrix}. \tag{3}$$

Man erkennt, dass nur Breite und Länge des Topozentrums zur Rotation der Koordinatendifferenzen bekannt sein müssen. Diese sind näherungsweise immer bekannt, da sie zumindest als Navigationslösung des GPS-Empfängers angezeigt werden. Unterschiede zwischen astronomischen und ellipsoidischen Koordinaten können vernachlässigt werden, da es sich um eine Näherungstransformation handelt. Anschließend erfolgt der Datumsübergang erfolgt zwischen dem genäherten topozentrischen System und dem topozentrischen Zielkoordinatensystem.

# 3 Problemlösungen bei der Transformation

## 3.1 Interpolation und Extrapolation

Von entscheidender Bedeutung für die Genauigkeit der HELMERT-Transformation ist die Verteilung der identischen Punkte im Messgebiet. Für die folgenden Ausführungen und Darstellungen wird von der zweidimensionalen HELMERT-Transformation ausgegangen. Der Effekt ist für eine dreidimensionale HELMERT-Transformation jedoch der Selbe. Es werden, um den Effekt zu verdeutlichen, nur exakt zwei identische Punkte besetzt. Des weiteren sollen der Maßstab und die Koordinaten der Basis keine Veränderung durch die Transformation erfahren.

In der Praxis ist es sicher am wirtschaftlichsten, nahe aneinander liegende Punkte als identische Punkte auszuwählen, da Transportwege minimiert werden. Der entscheidende Nachteil hierbei ist jedoch eine Transformationsanordnung, die zur Extrapolation eventueller aufgetretener Messfeher bei der Transformation der nicht-identischen Punkte führen kann. Abb. 5 zeigt diesen Sachverhalt für die zweidimensionale HELMERT-Transformation auf. Es wird offensichtlich, dass bereits kleine Messfehler große Transformationsfehler hervorrufen können.

Wählt man jedoch, wie in Abb. 6, identische Punkte aus, die im zu vermessenden Gebiet möglichst weit voneinander entfernt liegen, so werden eventuelle Fehler bei der Beobachtung der identischen Punkte interpoliert. Die durch einen Messfehler verursachten Transformationsfehler sind in diesem Fall immer kleiner als der Messfehler selbst. Dieses spricht eindeutig für eine Messanordnung wie in Abb. 6.

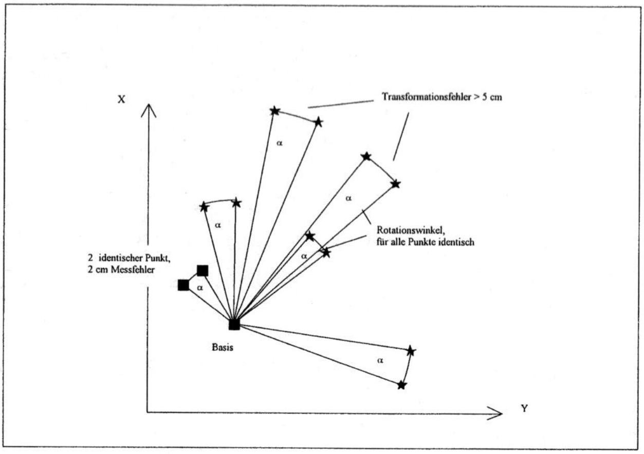


Abb.5: Transformationsfehler bei Extrapolation (2D-HELMERT)

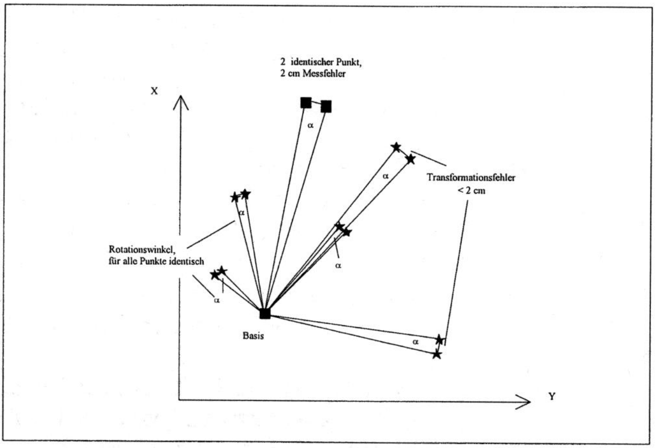


Abb.6: Transformationsfehler bei Interpolation (2D-HELMERT)

Es ist allerdings darauf hinzuweisen, dass insbesondere aus Zuverlässigkeitsgründen immer mehr als 2 identische Punkte beobachtet werden sollten (siehe auch Abschnitt 3.2).

## 3.2 Beurteilung der Restklaffungen

Werden bei HELMERT-Transformationen mehr identische Punkte genutzt als zur eindeutigen Transformation erforderlich sind, so ergeben sich nach der Transformation Differenzen zwischen den originären und den transformierten Koordinaten; diese bezeichnet man als Restklaffungen. Restklaffungen liegen daher praktisch immer dann vor, wenn die Parameter der HELMERT-Transformation überbestimmt sind. Für die zweidimensionale Transformation bedeutet dieses: mehr als 2 Punkte, für die Dreidimensionale: mehr als 2 Punkte und eine Koordinate. Die Überbestimmung führt

- zu erleichterter Aufdeckung von Messfehlern oder Inhomogenitäten im Zielkoordinatensystem,
- zur Elimination grob fehlerhafter Messungen oder Koordinaten, sowie
- zur besseren Verteilung von geringeren Messfehlern oder Inhomogenitäten im Zielkoordinatensystem.

| Anzahl identischer Punkte | 2 cm Messfehler | | 5 cm Messfehler | | Verhältnis Klaffungen fehlerhaft zu fehlerfrei |
|---|---|---|---|---|---|
| | fehlerfreie Punkte | Fehlerhafter Punkt | fehlerfreie Punkte | fehlerhafter Punkt | |
| 3 | 1,15 | 1,63 | 2,89 | 4,80 | 1,41 |
| 4 | 1,00 | 1,73 | 2,50 | 4,33 | 1,73 |
| 5 | 0,89 | 1,79 | 2,24 | 4,47 | 2 |
| 10 | 0,63 | 1,90 | 1,58 | 4,74 | 3 |

Tab.1: Restklaffungen bei HELMERT-Transformationen an identischen Punkten in cm

Tabelle 1 zeigt die verbesserte Aufdeckbarkeit von Mess- oder Koordinatenfehlern mittels Erhöhung der Anzahl der identischen Punkte für eine zwei- oder dreidimensionale Transformation. Bei den numerischen Ergebnissen ist von einer „idealen“ Fehlersituation ausgegangen worden, dass nur ein identischer Punkt mit einem Messfehler von 2 bzw. 5 cm belastet ist. Alle anderen Punkte sollen fehlerfrei beobachtet sein.

Das Verhältnis $V$ der Klaffung am fehlerhaften Punkt zur der eines beliebigen fehlerfreien Punktes nimmt unabhängig vom Betrag des Messfehlers bei erhöhter Anzahl $n$ identischer Punkte zu. Es läßt sich formelmäßig wie folgend darstellen

$$V = \sqrt{n-1}\,. \tag{4}$$

Die bereits definierten Restklaffungen führen dazu, dass eine Übernahme der Ergebnisse ohne Widersprüche in den Zielkoordinatenrahmen nicht möglich ist, da ein homogenes Koordinatenfeld auch nach der Transformation sicherzustellen ist. Um eine strenge Integration von GPS-Ergebnisse in bestehende Netze mit höchster Genauigkeit zu realisieren liegen beispielsweise die Ansätze von NIEMEIER (1995) und OSWALD (1992) vor. Diese Algorithmen liegen für eine erste Analyse im Felde nicht vor. Außerdem erfordern sie die bei RTK-Messungen nicht ohne Probleme zur Verfügung zu stellende vollständige Kovarianzmatrix der Beobachtungen. Auch unter Abwägung von Wirtschaftlichkeits- und Genauigkeitskriterien erscheint eine strenge Integration der RTK-Ergebnisse nicht erforderlich.

In Abb. 7 wird ein allgemeines Vorgehen zur Integration in ein Zielkoordinatensystem, in dem die identischen Punkte als Festpunkte anzusehen sind, wie z.B. die Gauß-Krüger-Koordinaten im DHDN, vorgeschlagen. Für die Praxis wird die Einhaltung eines Grenzwertes für die einzelnen Restklaffungen gefordert. Dieser ist in Abhängigkeit von der jeweiligen Aufgabenstellung festzulegen. Mit einfachen Überprüfungen im Felde (siehe Abb.7) können für die überwiegende Anzahl der Fälle Mess- und Koordinatenfehler getrennt werden.

Es ist anzumerken, dass die Vorgaben der Verwaltungen diesbezüglich unterschiedlich sind; zum Teil dürfen die Koordinaten der identischen Punkte aufgrund neuer GPS-Ergebnisse geändert werden. Dabei ist zu beachten, dass RTK bestimmte Koordinaten meist ein schlechteres Genauigkeitsniveau als im Postprocessing ausgewertete statische oder schnelle statische Messungen, so dass eine direkte Übernahme von transformierten RTK-Ergebnissen nur selten praktikabel ist.

Fast die gesamte Analyse der Ergebnisse kann bereits während des Außendienstes erfolgen. Die einzelnen Schritte in Abb. 7 sind in den Softwarepaketen der RTK-Hersteller meist enthalten. Um endgültige Koordinaten im Zielkoordinatensystem zu erhalten, ist folglich nur den Fall eines Koordinatenfehlers eine Nachbearbeitung im Büro erforderlich.

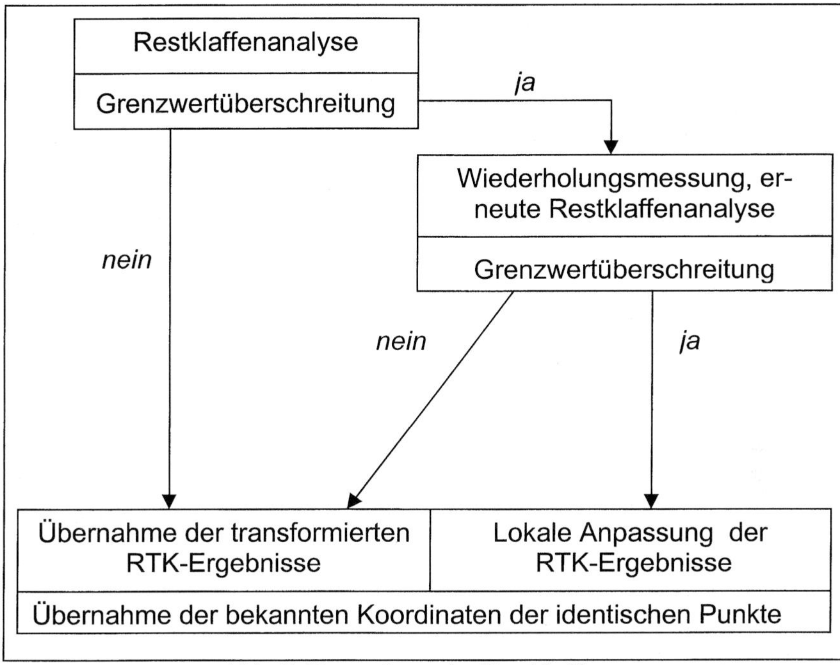


Abb. 7: Beurteilung der Restklaffungen
(identische Punkte als Festpunkte)

Dabei können die RTK-Ergebnisse in der Nähe des mit einem Koordinatenfehlers behafteten Punktes angepaßt werden. Der Einfluss einer Restklaffung $R_x$ oder $R_y$ auf die transformierten RTK-Koordinaten $x$ oder $y$ kann vereinfacht in Abhängigkeit von der Entfernung $s$ vom identischen Punkt dargestellt werden; z.B. in linearer

$$x + dx = x + R_x \cdot s^{-1} \quad \text{oder} \quad y + dy = y + R_y \cdot s^{-1} \tag{5}$$

oder in quadratischer Form

$$x + dx = x + R_x \cdot s^{-2} \quad \text{oder} \quad y + dy = y + R_y \cdot s^{-2}. \tag{6}$$

Sollten jedoch Koordinatenänderungen im Zielkoordinatensystem zugelassen sein, so sind alle transformierten RTK-Ergebnisse zu übernehmen. Die lokale Anpassung entfällt.

## 3.3 Einfluss fehlender oder unvollständiger Höheninformation

Bei der in Abschnitt 2.5 angesprochenen zweidimensionalen Transformation spielt die Höhenkomponente keine Rolle. Dagegen beinflussen nicht gegebene oder schwerebezogene Höhen die Ergebnisse der dreidimensionalen Transformation. Die sich aus der Transformation ergebenden Höhen sind selbstverständlich direkt beeinflusst und damit verfälscht. Die Höhenproblematik bei GPS-Messungen wird ausführlich von ILLNER in diesem Band behandelt, daher wird an dieser Stelle nicht darauf eingegangen. Die Lagekoordinaten (zweidimensionale Projektionskoordinaten) können aufgrund der verfälschten Höhen systematisch verändert werden. Bereits in Abschnitt 2.4 wurde diese Tatsache angesprochen. Deshalb soll hier nur noch auf die Höhenproblematik bei der vereinfachten dreidimensionalen Transformation in ein topozentrisches System (Abschnitt 2.6) eingegangen werden.

Die z-Achse des lokalen Systems stimmt nicht auf allen Punkten mit der Richtung des Höhenvektors *H* überein, da die bestimmten Höhen in jedem Fall am Schwerevektor orientiert sind. Dafür ist es unerheblich, ob die Höhen trigonometrisch oder nivellitisch ermittelt wurden. Abb. 8 zeigt die Situation im lokalen topozentrischen System. Das Geoid wurde dabei durch eine Kugel angenähert. Dieses kann für geringe Ausdehnungen des Messgebietes als realistisch angesehen werden, wenn das Geoid nicht sehr unregelmäßig verläuft.

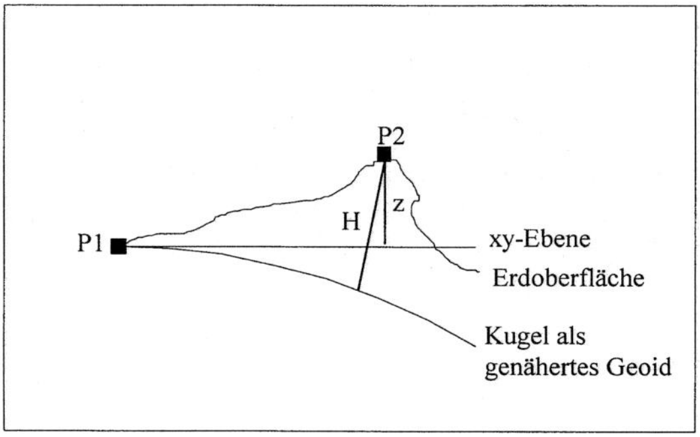


Abb. 8: Situation im topozentrischen System

SCHWARZ (1995) gibt zur Höhenkorrektur mit $R$ als Erdradius

$$H - z = \frac{s^2}{2 \cdot (R + H)} \tag{7}$$

als Abschätzung an. Numerisch bedeutet dieses, dass bei einer Entfernung $s$ von 100 m eine Differenz von ca. 0,8 mm entsteht. Die Auswirkung auf die Lagekoordinaten ist deutlich geringer.

Für kleine Messgebiete ist der Einfluss daher zu vernachlässigen. Für größere Ingenieurnetze kann die vereinfachte topozentrische Modellbildung nicht verwendet werden, da die Korrektur quadratisch mit der Entfernung vom Topozentrum (Koordinatenursprung) ansteigt. Eine Reduktion der schweregebundenen Höhen auf die lokale Ebene muss in jedem Fall durchgeführt werden.

# 4 Zusammenfassung

Einfache Transformationsalgorithmen zur Integration von GPS-RTK-Ergebnissen in verschiedene Koordinatensysteme stehen zur Verfügung und wurden im vorstehenden Text vorgestellt. Der Datumsübergang erfolgt grundsätzlich mit Hilfe der HELMERT-Transformation. Dabei hängt die Verwendung zwei- oder dreidimensionaler Transformationsalgorithmen von der jeweiligen Problemstellung und dem vorhandenen Datenmaterial ab.

Folgende Gesichtspunkte sind bei der Transformation der RTK-Ergebnisse zu beachten:

- Auswahl von das Messgebiet umschliessenden identischen Punkten (Interpolation),
- richtige Beurteilung der Restklaffungen und
- Verwendung bestmöglicher Höheninformation.

An dieser Stelle sei darauf hingewiesen, dass eine Transformation schweregebundener Höhen in ellipsoidiche Höhen mit Hilfe des am Institut für Erdmessung der Universität Hannover auf CD verfügbaren Geoides / Quasigeoides möglich ist.

Abschließend soll klargestellt werden, dass die Kontrolle der Messergebnisse möglichst während des Außendienstes durchgeführt werden sollte, da die vorgestellten Algorithmen und Bearbeitungsschritte meist in der Empfängersoftware enthalten sind und nur so der große wirtschaftliche Vorteil der Echtzeit-Messungen tatsächlich umgesetzt werden kann.

## 5 Literatur


HOFMANN-WELLENHOF, B., LICHTENEGGER, H., COLLINS, J. (1994): GPS – Theory and Practise. Springer Verlag, 3rd Edition, Wien – New York.

ILLNER, M. (1995): GPS-Integration nach Lage und Höhe. In: GPS-Leistungsbilanz'94, Schriftenreihe des DVW Nr. 18, S. 349-367, Wittwer Verlag, Stuttgart.

JÄGER, R. (1995): Statistische Grundlagen für die Weiterverarbeitung von GPS-Ergebnissen. In: GPS-Leistungsbilanz'94, Schriftenreihe des DVW Nr. 18, S. 302-319, Wittwer Verlag, Stuttgart.

NIEMEIER, W. (1995): Nutzung datumsfreier Informationen zur Kombination von terrestrischen und GPS-Ergebnissen. In: GPS-Leistungsbilanz'94, Schriftenreihe des DVW Nr. 18, S. 335-348, Wittwer Verlag, Stuttgart.

OSWALD, W. (1992): Zur kombinierten Ausgleichung heterogener Beobachtungen in hybriden Netzen. Schriftenreihe des Studienganges Vermessungswesen der Universität der Bundeswehr München, Heft 44, München.

SCHMITT, G., ILLNER, M., JÄGER, R. (1991): Transformationsprobleme. In: DVW Baden Württemberg Sonderheft: GPS und Integration von GPS in bestehende geodätische Netze, S. 125 –142.

SCHWARZ, W. (Hrsg.) (1995): Vermessungsverfahren im Maschinen- und Anlagenbau. Schriftenreihe des DVW Nr. 13, Wittwer Verlag, Stuttgart.

SEEBER, G. (1989): Satellitengeodäsie. De Gruyter Verlag, Berlin – New York.

# Höhenbestimmung mit GPS am Beispiel von Pilotprojekten aus Baden-Württemberg

Georg Dinter, Michael Illner, Karlsruhe

## 1 Zusammenfassung

In diesem Bericht werden die Ergebnisse eines Kooperationsprojektes zwischen dem Landesvermessungsamt und Wirtschaftsministerium Baden-Württemberg sowie dem Geodätischen Institut der Universität Karlsruhe dargelegt. Ziel des Projektes war es, die Einsatzmöglichkeiten von GPS zur Höhenbestimmung in der Landesvermessung zu durchleuchten. Hierzu wurden zwei Teilprojekte unabhängig voneinander spezifiziert, gemeinsam gemessen und am Geodätischen Institut ausgewertet. Im ersten Teil des Berichtes erfolgt eine Projektbeschreibung und die Darstellung der verwendeten BWREF-GPS-Daten. Im zweiten und dritten Teil werden ausführlich die beiden Teilprojekte A und B behandelt sowie die Ergebnisse einiger tiefer gehenden Untersuchungen vorgestellt. Die erzielten Resultate machen deutlich, dass auch die ellipsoidischen GPS-Höhen sinnvoll für Zwecke der Landesvermessung weiterverarbeitet werden können.

Keywords: GPS-Höhen, Landeshöhen, Quasigeoidmodell EGG97, GPS-Höhenintegration, Landesvermessung

## 2 Beschreibung und Zielsetzung des Projektes

Da das GPS-Verfahren ein dreidimensionales Positionierungsverfahren ist, erhält man nicht nur die Lagekomponenten von zu bestimmenden Punkten sondern auch deren Höhenkomponenten. Da es sich hierbei um ellipsoidische Höhen - also rein geometrisch definierte Höhen - handelt, müssen diese noch in das momentan gültige Gebrauchshöhensystem - das normalorthometrische Höhensystem (NN-System) – überführt werden. In dem Projekt sollten generell Aussagen über die Genauigkeit der mit GPS bestimmten Gebrauchshöhen gewonnen werden. Deshalb wurde in einem ersten Feldversuch GPS dazu eingesetzt, um die über Nivellementslinien 3. Ordnung nur mühsam zu erreichende

Ortschaft Bitz/Schwäbische Alb höhenmäßig zu erschließen und damit indirekt die Frage zu beantworten, ob aufwendige Nivellements 3. Ordnung durch das GPS-Verfahren ersetzt und wirtschaftlicher durchzuführen sind.

In dem zweiten gemeinsam durchgeführten Projekt wurde am Beispiel der Nivellementschleife 612 der Frage nachgegangen, ob sich GPS zur Überwachung von Nivellementknotenpunkten 1. und 2. Ordnung eignet, und ab welcher Größenordnung Höhenänderungen dieser Punkte zuverlässig aufgedeckt werden können.

# 3 GPS-Daten des BWREF-Netzes

Zur Schaffung hochgenauer Anschlusspunkte für Zwecke des nationalen Karten- und Vermessungswesens wurde das globale ITRF-Bezugssystem (International Terrestrial Reference Frame) seit 1989 durch mehre GPS-EUREF-Kampagnen Europa weit verdichtet. Die erste Verdichtungsstufe dieses so genannten A-Netzes wurde in Deutschland durch Schaffung des DREF-Netzes als B-Netz im Jahre 1991 realisiert. Davon ausgehend entstanden in den einzelnen Bundesländern sogenannte C-Netze. Die Messung dieses C-Netzes erfolgte in Baden-Württemberg in den Jahren 1996 und 1997. Es wurde mit der Berner Software ausgewertet und als BWREF-Netz bezeichnet. Der mittlere Punktabstand in diesem Netz beträgt ca. 20km, so dass etwa ein BWREF-Punkt auf jedes Blatt einer TK25 entfällt. Diese BWREF-Punkte sind also über GPS-Messungen im ETRF-89 koordiniert; zusätzlich wurden sie durch lokale Messungen von den nächstliegenden Anschlusspunkten aus im Gauß-Krüger System bestimmt. Weiter liegen für sie auch von benachbarten Niv-Punkten abgeleitete NN-Höhen vor.

Da für eine Überführung ellipsoidisch bestimmter GPS-Höhen in ein anderes Gebrauchshöhensystem – hier das NN-System - identische Punkte benötigt werden, liegt es nahe zu untersuchen, ob sich bei entsprechend ausgedehnten GPS-Projekten hierfür die Punkte des bereits vorliegenden C-Netzes sinnvoll verwenden lassen. Nach Festlegung der zu bearbeitenden Gebiete durch das Landesvermessungsamt wurden die BWREF-Punkte erhoben, die den beiden Projekten am nächsten liegen. Im Falle des Teilprojektes A sind dies 5 BWREF-Punkte, die das zu untersuchende Gebiet lagemäßig einschließen (siehe Abb. 1). Das Landesvermessungsamt stellte freundlicherweise alle diese 5 Punkte betreffenden und mit der Berner Software ausgewerteten GPS-Sessions in Form von dreidimensionalen kartesischen Koordinaten im System ETRF-89 mit den zugehörigen Kovarianzmatrizen zur Verfügung. Insgesamt sind dies 10 Sessions, die neben den 5 direkt benachbarten BWREF-Punkten 52 weitere Punkte beinhalteten, die mit einem Abstand von bis zu ca. 100km kreisförmig um die beiden zu bearbeitenden Gebiete verteilt liegen. An dieser Stelle sei betont, dass der Rückgriff auf diese Form der GPS-Daten für das BWREF-Netz keine große Mühe bereitet, da sie ein Zwischenprodukt bei der Auswertung des BWREF-Gesamtnetzes darstellen, das gut dokumentiert sowieso vorliegt und lediglich noch auf entsprechendem Datenträger zur Verfügung zu stellen ist. Es müssen auch nicht noch einmal die originären Phasenmessungen prozessiert werden, sondern es wird direkt auf die sessionweise berechneten dreidimensionalen Koordinaten ((X, Y, Z) bzw. (B, L, h)) mit ihren Kovarianzmatrizen zurückgegriffen.

Um einen ersten Eindruck von der Genauigkeit der ellipsoidischen Höhen h der zur Verfügung gestellten BWREF-Punkte zu erhalten, wurden die ellipsoidischen Höhen der 10 GPS-Sessions in eine freie Netzausgleichung eingeführt. Sie führte für die 57 Punkte bei insgesamt 129 eingeführten Höhendifferenzen als relative GPS-Beobachtungen auf eine durchschnittliche Standardabweichung von $\sigma_h$=5.5mm. Als Faktor zwischen innerer und äußerer Genauigkeit der eingeführten GPS-Sessions wurde im Rahmen einer Varianz-Komponenten-Schätzung der Wert 5.4 ermittelt. Erwartungsgemäß konnten keine groben Fehler im Datenmaterial nachgewiesen werden. Der größte Höhenunterschied für eine beobachtete Basislinie betrug 791m.

# 4 Teilprojekt A: Erschließung von Bitz

In diesem ersten Teilprojekt ging es darum, das GPS-Verfahren für die Höhenbestimmung von Punkten einer Ortschaft einzusetzen, deren Bestimmung über herkömmliches Nivellement sehr aufwendig ist. Hierzu wurden von dem Landesvermessungsamt in der Ortslage Bitz und Umgebung 14 GPS-taugliche Punkte erkundet, vermarkt und ihre Höhen über Nivellement bestimmt. Darin eingeschlossen sind auch exzentrisch vermarkte Punkte von Linienpunkten 1. und 2. Ordnung (vgl. Abb. 1). Der Grundgedanke des hier zur Anwendung kommenden Verfahrens ist, den absoluten Höhenbezug außerhalb des in Frage stehenden Gebietes "abzugreifen" und ihn über GPS in das eigentlich interessierende Gebiet zu übertragen, während dort dicht benachbarte Punkte (z.B. die Punkte 6, 7, 8, 9) selbst unter Umständen über Nivellement verknüpft werden könnten. Bei dieser Untersuchung liefern die BWREF-Punkte den absoluten Höhenbezug, so dass durch neue "lokale" GPS-Messungen lediglich diese Punkte noch mit den in Betracht stehenden Neupunkten und die Neupunkte selbst zur Wahrung der Nachbarschaftsgenauigkeit untereinander verknüpft werden müssen.

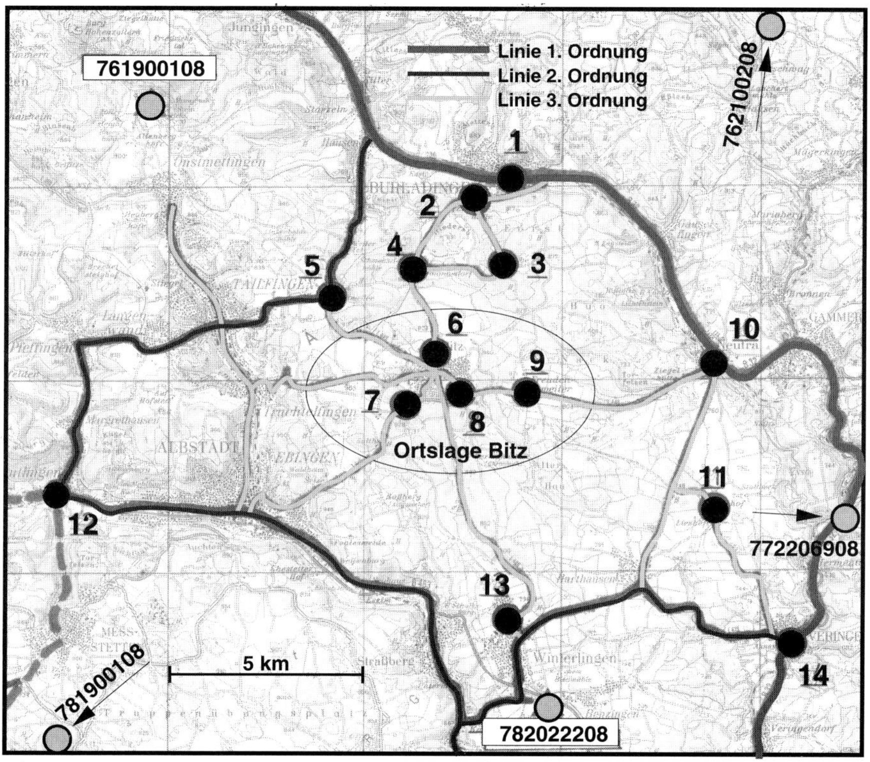


Abbildung 1: Netzübersicht des Teilprojektes A (5 helle Signaturen: direkt benachbarte BWREF-Punkte; schwarze Kreise: zu bestimmende Neupunkte)

## 4.1 Durchführung und Auswertung der lokalen Messungen

Im Rahmen einer Hauptvermessungsübung III wurde von Studierenden des Geodätischen Instituts der Universität Karlsruher unter aktiver Beteiligung von Mitarbeitern des Landesvermessungsamtes Baden-Württemberg das "lokale"

Netz mit 9 Empfängern Leica System 300 beobachtet. Während der Messungen vom 9.7.-12.7.1997 wurde jeder Netzpunkt (14 Neupunkte, 5 BWREF-Punkte) zwischen 3 und 4 mal besetzt. Die Auswertung dieser Messungen erfolgte mit der Firmensoftware Leica SKI, wobei für alle Basislinien alle Phasenmehrdeutigkeiten (ambiguities) gelöst werden konnten. Die aus dieser Auswertung resultierenden dreidimensionalen Koordinaten mit ihren Kovarianzmatrizen wurden nach dem am Geodätischen Institut der Uni Karlsruhe entwickelten Konzept weiterverarbeitet und mit den zur Verfügung gestellten BWREF-Daten zusammengeführt (van Mierlo J. und M. Illner, 1998).

## 4.2 Qualitätsanalyse der GPS-Ergebnisse

### 4.2.1 Sessionzusammenschluss des HVÜ III-Netzes

Im Rahmen einer Varianz-Komponenten-Schätzung wurden alle aus der SKI-Auswertung resultierenden Kovarianzmatrizen mit einem einheitlichen Faktor von 15.2 skaliert. Danach gehen die beobachteten ellipsoidischen Höhenunterschiede im Mittel mit einer a-priori Genauigkeit von etwa 1.5cm in die Ausgleichung ein. Die Genauigkeit der ausgeglichenen ellipsoidischen Höhen beträgt durchschnittlich $\sigma_h$=7.0mm. Die erreichten Genauigkeiten für die Projektpunkte schwanken zwischen 4.1mm und 8.6mm, mit Ausnahme des Neupunktes 5 und des BWREF-Punktes 781900108 mit Genauigkeiten von 11.8 mm bzw. 15.7 mm. Der Grund für die doch deutlich schlechtere Bestimmung dieser beiden Punkte ist im Bereich der GPS-Messungen zu suchen, konnte aber im Rahmen der Auswertung mit HEIDI2.0 nicht näher geklärt werden. Die erreichte Genauigkeit deckt sich mit den Erfahrungswerten von 4mm -10mm, die in den letzten Jahren am Geodätischen Institut der Uni Karlsruhe gemacht wurden (Dinter u. a., 1997). Andererseits lassen sich mit etwas mehr Aufwand (u. a. Verlängerung von Beobachtungszeiten) noch deutlich bessere Ergebnisse erzielen, wie dies der Sessionzusammenschluss des BWREF-Netzes und des GPS-Netzes aus dem Teilprojekt B zeigen. Dies wird durch Genauigkeiten von 2mm-4mm bestätigt, wie sie bei der Bestimmung von vertikalen Punktbewegungen mit GPS erzielt wurden (Görres und Campbell, 1998, S. 230). Im Zuge der Qualitätsanalyse wurden durch iteratives Datasnooping im Beobachtungsmaterial der HVÜ III zwei grobe Fehler (48.8cm und -4.9cm) aufgedeckt und die entsprechenden Beobachtungen eliminiert.

### 4.2.2 Zusammenführung des BWREF-Netzes und des HVÜ III-Netzes

Nach der getrennten Analyse des BWREF-Teilnetzes und des Netzes der HVÜ III wurden im nächsten Schritt beide Netzteile in einer freien Netzausgleichung zu einem GPS-Gesamtnetz zusammengeführt. Entsprechend der durchgeführten Varianz-Komponenten Schätzung wurden die eingeführten Genauigkeiten mit dem Faktor 1.05 nachskaliert, so dass die ellipsoidischen Höhenunterschiede des HVÜIII-Netzes bzw. des BWREF-Netzes nun mit a-priori Genauigkeiten von 1.8cm bzw. 1.0cm in die Ausgleichung eingehen. Trotz der nun deutlich erhöhten Kontrollierbarkeit (Redundanzanteile) innerhalb des HVÜ III-Teilnetzes, wurden keine weiteren groben Fehler im Beobachtungsmaterial angezeigt. Die erreichte Genauigkeit der ausgeglichenen ellipsoidischen Höhen beträgt für die vom HVÜ III-Netz betroffenen Netzpunkte im Mittel 7.3 mm und für das gesamte GPS-Netz 6.0 mm.

Durch die Hinzunahme des BWREF-Netzes hat sich die Qualität der vom Projekt betroffenen BWREF-Punkte sehr deutlich verbessert und liegt im Mittel bei 4 mm. Dies betrifft insbesondere den Punkt 781900108, der in der "lokalen" Projektlösung nur relativ ungenau bestimmt werden konnte (siehe oben). Der Neupunkt 5 fällt auch hier mit seiner Standardabweichung von 13.4 mm deutlich aus dem Rahmen, und durch die Hinzunahme des BWREF-Netzes erfolgte eine deutliche Fixierung des Projektnetzes in seinen Randbereichen.

## 4.3 Allgemeine Aspekte zur GPS-Integration

Die Überführung ellipsoidischer GPS-Höhen unter Verwendung des EGG97 Quasigeoidmodells (Denker, 1998) erfolgte mit dem Programm HEIDI2.0 (Dinter u. a., 1997). Hierbei werden die aus dem Modell entnommenen Höhenanomalien stochastisch in Form von direkten Beobachtungen in die Auswertung eingeführt. Qualitativ gute, hochauflösende Modelle wie z. B. das hier verwendete EGG97-Modell weisen bei lokalen Anwendungen eine Genauigkeit von ca. 1cm-3cm auf (Denker, 1998). "Lokal" bedeutet in diesem Fall eine Gebietsausdehnung von weniger als 100km-300 km. Quasigeoidmodelle (QG) sind auf Grund ihrer Daten- und Berechnungsgrundlage in hohem Maße korreliert. Deshalb ist kaum zu erwarten, dass ein Modell punktuell falsche Daten beinhaltet, sondern vielmehr in gewissen Regionen genauer bzw. ungenauer ist als in anderen. Ursache hierfür können z. B. fehlende oder ungenaue Schweredaten, ungenügendes digitales Geländemodell, starke Abweichung von der verwendeten Standard-Dichte (Geoidmodell) sein. Langwellige und auch kurzwellige systematische Effekte verfälschen in erster Linie die Daten des QG-Modells, in Kombination aber auch die der übrigen Höhenkomponenten (Landeshöhen und ellipsoidische Höhen). Eine Trennbarkeit dieser Effekte ist im Zuge der Analyse kaum möglich (vgl. Dinter, 1997; Dinter u. a., 1997). Eine Höhenintegration unter Verwendung von QG-Modellen setzt prinzipiell voraus, dass sich die Höhenanomalien auf das gleiche Referenzellipsoid beziehen wie die im Rahmen der GPS-Auswertung ermittelten ellipsoidischen Höhen. Im allgemeinen ist diese Voraussetzung jedoch nicht exakt erfüllt.

Während die beiden ersten Aspekte hauptsächlich das stochastische Modell der Ausgleichung betreffen, müssen die beiden letzt genannten Mängel durch eine geeignete funktionale Modellbildung berücksichtigt bzw. in ihrer Auswirkung gemindert werden. Im allgemeinen ist es üblich, bei der Verwendung von QG-Modellen sogenannte Shift- und Neigungs-Parameter mitzuschätzen, um die genannten systematischen Effekte zu verringern (Denker, 1998). In der verwendeten Software HEIDI2.0 werden die Höhenanomalien stochastisch mit einer entfernungsabhängigen Korrelationsfunktion eingeführt. Darüber hinaus wird im funktionalen Modell ein strenger Ellipsoidübergang angesetzt, um die Auswirkungen ggf. vorhandener Datumseffekte sowie systematischer Effekte zu reduzieren. Auch wenn die angesprochenen Zusatzparameter zweifellos die gewünschte Wirkung erzielen und die Kombination von QG-Modellen mit anderen Höhensystemen deutlich verbessern oder sogar erst ermöglichen, ist deren Interpretation sehr problematisch (vgl. Dinter u. a., 1997). In diesem Bericht wurde die Nutzung solcher Zusatzparameter zwar über die Einführung des QG-Modells motiviert und begründet, aber in der Realität tragen alle Höhenkomponenten (Landeshöhen, ellipsoidische GPS-Höhen und das QG-Modell) mit ihren jeweils spezifischen Problemen zur Verrauschung des Gesamtproblems bei und machen die Einführung der genannten Zusatzparameter notwendig. Da die jeweiligen Einflüsse nicht trennbar sind, sollten die geschätzten Parameter nicht als Inkonsistenzen (Fehler) allein einer der genannten Komponenten interpretiert werden.

Im Rahmen dieser Projektstudie wurden einige Untersuchungen hinsichtlich der anzuwendenden Auswertestrategie durchgeführt, welche in den folgenden Abschnitten zusammenfassend dargestellt werden.

## 4.4 Einfluß von großräumiger Integration auf die Lösung

Im Rahmen des Projektes wurden als identische Punkte BWREF-Stationen verwendet. Zu klären ist die Frage, inwiefern es sinnvoll ist, weit über die eigentlichen Projektgrenzen hinausgehende identische Punkte in den Auswerteprozeß miteinzubeziehen. Hierzu wurden um das Zentrum des eigentlichen Projektes vier Zonen mit einem Radius von 25km, 50km, 75km und 100km gebildet. In den jeweiligen Versionen werden dann nur die BWREF-Punkte eingeführt, die innerhalb der entsprechenden Zone liegen. Die Lösung mit allen hier zur Verfügung stehenden BWREF-Punkten wird im folgenden als Referenzlösung bezeichnet. Für alle Netzpunkte lagen amtliche nivellierte Höhen vor, die als Näherungswerte in die Ausgleichung eingeführt wurden. Somit stellen die Unterschiede zwischen den Näherungshöhen und den ausgeglichenen Höhen auch gleichzeitig die Abweichungen der resultierenden Ergebnisse von den schon vorhandenen amtlichen NN-Höhen dar und können als ein Qualitätsmerkmal der Integration herangezogen werden. Die einzelnen Versionen wurden unabhängig voneinander ausgewertet, d.h. es wurden jeweils nur die Integrationsparameter eingeführt, die sich als signifikant erwiesen, und ggf. wurden die Genauigkeiten der Beobachtungskomponenten angepasst.

In Abb. 2 sind die Abweichungen der Integrationslösungen bezüglich der bekannten NN-Höhen der Landesvermessung für insgesamt sechs verschiedene Versionen dargestellt. Daraus läßt sich folgendes entnehmen:

Die im Randbereich gelegenen Punkte 1, 10, 11, 12, 13 und 14 werden durch die großräumigen Integrationen erkennbar besser bestimmt. Je kleiner der Ausschnitt gewählt wird, desto mehr divergieren die Lösungen der Randpunkte und weichen von den gegebenen NN-Höhen ab. Sehr auffällig ist der Effekt bei den Punkten 1, 12 und 14.

Die Lösung für den Punkt 5 weicht mit ca. -25mm bei allen Versionen recht stark von der gegebenen NN-Höhe ab. Eine Ursache hierfür ist eventuell in den GPS-Messungen zu suchen (siehe Sessionzusammenschluss). Insgesamt weichen die Punkte 5 und 12, die beide auf der Nivellementslinie 2. Ordnung zwischen Hausen und Lautlingen liegen, am stärksten von den amtlichen Höhen ab. Möglicherweise liegen in diesem Bereich auch Spannungen im amtlichen Höhennetz vor.

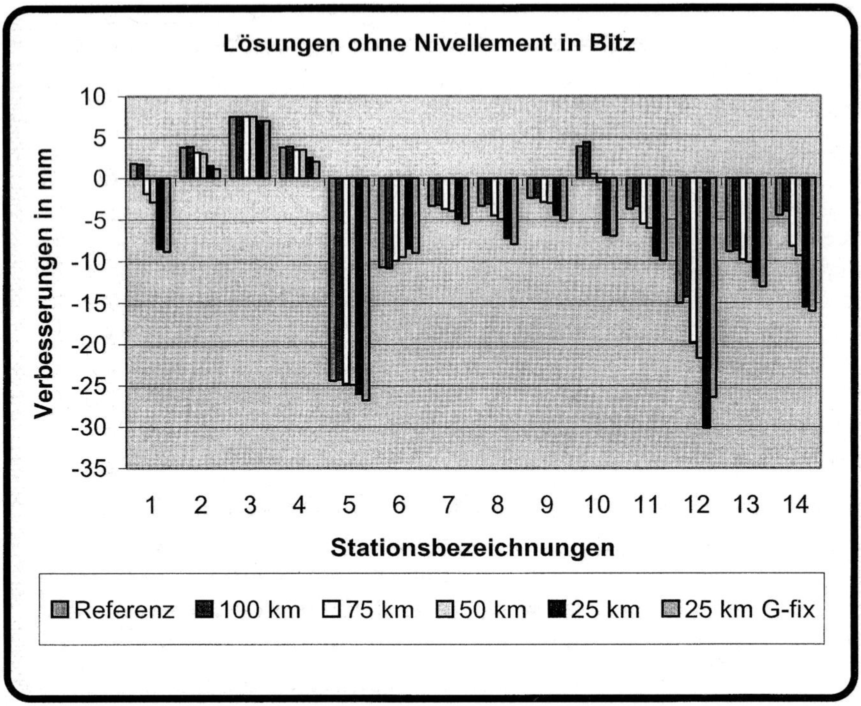


**Abbildung 2:** Abweichungen der verschiedenen Integrationslösungen von den amtlichen NN-Höhen

Die Ergebnisse machen deutlich, dass eine großräumige Integrationsstrategie einer lokalen Variante vorzuziehen ist. Weiterführende Untersuchungen ergaben, dass sich die Kontrollierbarkeit der Anschlusshöhen, die das Projekt direkt betreffen, bei großräumigen Integrationen um den Faktor 2 verbessert. Weiter war aus Testrechnungen ersichtlich, dass simulierte grobe Fehler von 3cm in den Anschlusshöhen bei den großräumigen Varianten (Referenz, 100km und 75km) erkannt werden, während sie bei den lokalen Varianten (50km und 25km) nicht aufgedeckt wurden. Ungenauigkeiten in den Anschlusshöhen, die in unmittelbarer Nähe des Projektes liegen, beeinflussen die Lösung um so stärker, je kleiner die Integrationsstrategie gewählt wird. Dies ist auch der Grund für die größeren Verbesserungen bei der 25-km Variante (siehe Abb. 2).

## 4.5 Einfluß der Hinzunahme von lokalen Feinnivellements

Eine Variante, das Ziel des Teilprojektes A zu erreichen und die relativen Höhenunterschiede im Bereich der zu erschließenden Ortslage Bitz mit höchster Genauigkeit zu bestimmen, besteht darin, die vier Punkte 6, 7, 8 und 9 durch ein zusätzliches Feinnivellement zu verbinden.

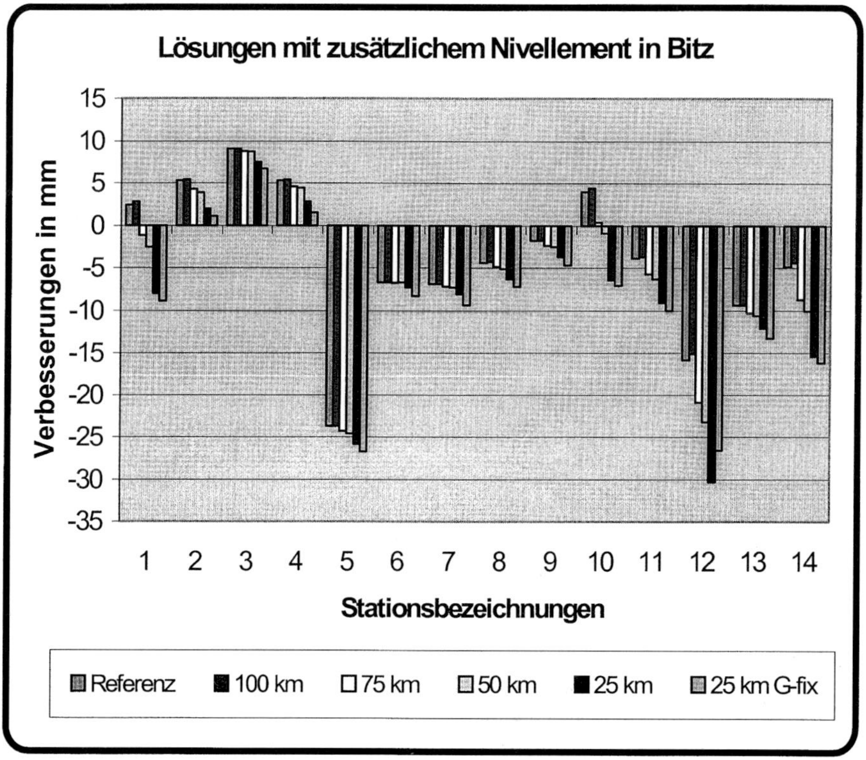


**Abbildung 3:** Abweichungen der verschiedenen Integrationslösungen von den amtlichen NN-Höhen mit zusätzlichem Nivellement in Bitz

Auf diesem Wege wird die Bestimmung des absoluten Höhenniveaus in Bitz durch GPS vergleichsweise wirtschaftlich realisiert und dennoch innerhalb der Ortslage höchste Relativgenaugikeit gewährleistet. eshalb wurden in einem weiteren Auswerteschritt diese durchgeführten lokalen Nivellementsmessungen mit den betreffenden Zwischenpunkten in die Ausgleichung mit eingeführt und alle oben schon dargestellten Integrationsversionen erneut berechnet.

Die Ergebnisse der Berechnungen sind in Abb. 3 dargestellt. Sie zeigt, dass die Differenzen zwischen den Verbesserungen in den Punkten 6-9 in allen Versionen nahezu Null sind. Dies war auch nicht anders zu erwarten, da die Feinnivellementmessungen mit entsprechend hoher Genauigkeit (Sigma [mm] = 0.05*SQRT(S[m])) in die Ausgleichung eingeführt wurden und somit das Ergebnis in erster Linie beeinflussen. Die maximale Änderung gegenüber der Lösung ohne zusätzliches Nivellement beträgt 4mm. Der Einfluß des zusätzlichen Nivellements auf die gesamte Integration ist somit klein im Vergleich zu den Auswirkungen der verschieden großen Integrationsbereiche.

| | | **Einheit** | **Referenz** | **100 km** | **75 km** | **50 km** | **25 km** |
|---|---|---|---|---|---|---|---|
| **Neupunkte** | V (mittel) | mm | 7,4 | 7,4 | 7,9 | 8,3 | 10,3 |
| | \| V (max) \| | mm | 23,7 | 23,7 | 24,3 | 24,6 | 30,3 |
| | Sigma (mittel) | mm | 7,6 | 7,9 | 7,7 | 7,6 | 5,6 |
| | Sigma (max) | mm | 10,4 | 10,7 | 10,4 | 10,3 | 8,0 |
| **Anschluss-Punkte** | V (mittel) | mm | 1,4 | 1,3 | 1,2 | 1,0 | 1,0 |
| | \| V (max) \| | mm | 2,1 (10,5) | 2,1 (10,4) | 2,5 (9,5) | 4,9 | 1,9 |
| | Sigma (mittel) | mm | 2,9 | 3,0 | 2,9 | 2,9 | 2,4 |
| | Anzahl | -- | 52 | 48 | 41 | 25 | 7 |
| **Quasigeoid** | \| V (max) \| | mm | 20,9 | 21,7 | 37,4 | 28,9 | 7,2 |
| | Sigma (mittel) | mm | 23,0 | 24,0 | 21,9 | 23,1 | 16,4 |
| **GPS - Beob.** | \| V (max) \| | mm | 2,5 | 2,5 | 2,6 | 2,5 | 2,7 |
| | Korr. (max) | mm | 121,6 | 123,1 | 60,3 | 43,3 | 25,1 |
| | Sigma (mittel) | mm | 4,1 | 4,1 | 4,0 | 3,9 | 3,4 |
| **Netz-Information** | BL (mittel) | Km | 46 | 41 | 35 | 24 | 13 |
| | BL (max) | Km | 104 | 90 | 72 | 48 | 22 |
| | dH (mittel) | m | 189 | 156 | 132 | 131 | 79 |
| | dH (max) | m | 685 | 685 | 429 | 335 | 196 |

**Tabelle 1:** Charakteristische Kenngrößen der Integrationsberechnungen mit zusätzlichem Nivellement in Bitz und stochastischer Verwendung des EGG97-Quasigeoids

Tab. 1 stellt die wesentlichen Kenngrößen der Integrationsberechnungen in den verschiedenen Versionen dar und läßt sich folgendermaßen interpretieren: Die lokale (25-km) Version fällt in allen Belangen deutlich gegenüber den anderen Versionen ab. Obwohl die lokale Version – was den Vergleich mit den vorliegenden NN-Höhen anbelangt - eindeutig das schlechteste Integrationsergebnis liefert, sind die resultierenden Genauigkeiten für alle Beobachtungskomponenten am besten. Die erzielten Genauigkeiten spiegeln jedoch nur eine innere Genauigkeit wider und können nicht allein als Maß für den Erfolg der Integration herangezogen werden.

Die a-posteriori Standardabweichungen der ausgeglichenen Höhenanomalien liegen zwischen 1.6cm und 2.4cm und bestätigen die hohe Qualität des EGG97-Modells (vgl. Denker, 1998). Die a-posteriori Standardabweichung der ellipsoidischen Höhenunterschiede liegt konstant bei etwa 4mm. Dies belegt, dass GPS dem Nivellement in großflächigen Anwendungen durchaus ebenbürtig ist. Man beachte, dass bei der Referenzlösung die Basislinienlänge im Mittel 46km (max. 104km) und der mittlere beobachtete Höhenunterschied 189m (max. 685m) beträgt. Bei diesen Distanzen und Höhenunterschieden liefert das Feinnivellement auch keine besseren Ergebnisse mehr (vgl. Görres und Campbell, 1998, Seite 229-230).

Die maximalen Verbesserungen der nivellitisch bestimmten Anschlusspunkte variieren zwischen 1.9mm und 4.9mm. Für die drei großräumigen Varianten sind zusätzlich in Klammern die maximalen Verbesserungen der trigonometrisch bestimmten Anschlusshöhen angegeben, die lediglich mit einer Genauigkeit von 1cm in die Ausgleichung eingeführt wurden. Solche Punkte treten in den 50km- und 25km-Varianten nicht mehr auf.

Der Korrekturwert für eine GPS-Basislinie auf Grund der im Rahmen der Integration mit geschätzten Datumsparameter (2 Rotationen, ggf. Maßstab und Formanpassung) wird in obiger Tabelle durch die Größe Koor(max) charakterisiert. Je länger die maximale Basislinie im Netz ist, desto größer fallen diese maximalen Korrekturen für einen beobachteten ellipsoidischen Höhenunterschied aus. Die dargestellten Größen verdeutlichen, dass die Datumsparameter mit zunehmender Netzausdehnung an Bedeutung gewinnen und wesentlich zum Gelingen der Integration beitragen. Man beachte jedoch, dass auch bei der lokalen Variante (25 km) die Schätzung von 2 Rotationen unbedingt notwendig, hoch signifikant ist und für die Größe Koor(max) einen Wert von 25.1mm liefert.

## 4.6 Standardlösungen mit fehlerfreiem Quasigeoidmodell

Wie bereits angedeutet werden in der geodätischen Praxis aus GPS resultierende ellipsoidische Höhen häufig mit einem als fehlerfrei angenommenen Quasigeoidmodell ins Landeshöhensystem überführt.

Hierbei werden meistens Neigungs- und Shiftparameter über eine gewisse Anzahl von Anschlusspunkten mitgeschätzt. Diese Integrationsstrategie wurde im Rahmen des Projektes ebenfalls zum Vergleich für alle fünf Versionen verfolgt, wobei die Schätzung des Shifts bei der Ausgleichung von Höhendifferenzen nicht möglich/nötig ist. Die Ergebnisse der Berechnungen sind in Tab. 2 dargestellt.

| | | Einheit | Referenz | 100 km | 75 km | 50 km | 25 km |
|---|---|---|---|---|---|---|---|
| **Neupunkte** | V (mittel) | mm | 14,1 | 13,9 | 13,5 | 11,7 | 10,4 |
| | \| V (max) \| | mm | 37,6 | 37,2 | 36,5 | 31,8 | 26,8 |
| | Sigma (mittel) | mm | 21,1 | 19,9 | 17,5 | 14,5 | 12,0 |
| | Sigma (max) | mm | 39,2 | 36,9 | 32,0 | 26,6 | 21,9 |
| **Anschluss-Punkte** | V (mittel) | mm | 4,6 | 4,4 | 3,2 | 2,9 | 1,6 |
| | \| V (max) \| | mm | 13,2 | 12,0 | 8,8 | 7,6 | 3,2 |
| | Sigma (mittel) | mm | 8,5 | 8,0 | 6,3 | 5,3 | 3,9 |
| | Anzahl | -- | 52 | 48 | 41 | 25 | 7 |
| **GPS- Beob.** | \| V (max) \| | mm | 40,9 | 37,9 | 28,2 | 19,8 | 11,7 |
| | Korr. (max) | mm | 110,5 | 92,4 | 61,4 | 41,5 | 26,6 |
| | Sigma (mittel) | mm | 14,3 | 13,4 | 11,2 | 10,2 | 10,3 |
| **Netz-Information** | BL (mittel) | km | 46 | 41 | 35 | 24 | 13 |
| | BL (max) | km | 104 | 90 | 72 | 48 | 22 |
| | dH (mittel) | m | 189 | 156 | 132 | 131 | 79 |
| | dH (max) | m | 685 | 685 | 429 | 335 | 196 |

**Tabelle 2:** Charakteristische Kenngrößen der Integrationsberechnungen ohne Nivellement in Bitz und mit dem als fehlerfrei eingeführten EGG97- Quasigeoidmodell.

Daraus ist zu entnehmen, dass bei dieser Strategie die Anschlusspunkte und vor allem die GPS-Beobachtungen die Inkonsistenzen alleine kompensieren müssen. Dies schlägt sich in den erreichten a-posteriori Standardabweichungen und den maximalen Verbesserungen nieder. Die Verbesserungen für die Neupunkte belegen, dass mit dieser Strategie zumindest in bewegtem Gelände keine großräumige Integration erfolgreich durchgeführt werden kann. Diese Lösungen, welche ebenfalls in den Abb. 2 und 3 jeweils als letzte Säulen und als 25km-Variante dargestellt sind, stimmen jedoch sehr gut mit den lokalen Lösungen mit stochastischem Geoid überein. Die Interpretation der a-posteriori Standardabweichungen ist sehr kritisch, da die Berechnungen mit fehlerfreiem Quasigeoidmodell und damit mit falschen Annahmen durchgeführt wurden. Vergleichbare Untersuchungen in weniger bewegtem Gelände würden sicherlich zu anderen Ergebnissen führen, dies aber nur auf Grund der einfacheren Voraussetzungen.

## 4.7 Beurteilung der Ergebnisse

Ziel des Teilprojektes A war, zu überprüfen, ob GPS zur höhenmäßigen Erschließung isoliert und schwer zugänglicher Ortschaften herangezogen werden kann, so dass auf die sehr aufwendigen und unwirtschaftlichen Liniennivellements verzichtet werden kann. Offen bei dieser Problemstellung waren zwei Fragen: Welche Integrationsstrategie liefert hinsichtlich der Aufgabenstellung die besten und zuverlässigsten Ergebnisse? Welche Genauigkeiten sind mit dem GPS-Verfahren erreichbar?

**Zu 1**: Die dargestellten Untersuchungen haben gezeigt, dass die besten Ergebnisse über eine großräumige Integration mit einem stochastisch und hoch korreliert eingeführten Quasigeoid (EGG97) erzielt werden. Die Schätzung von geeigneten Datumsparametern ist unabdingbare Voraussetzung für eine erfolgreiche Integration. Was die Relativgenauigkeit der Punkte im Bereich der Ortslage Bitz anbelangt, sind in diesem Beispiel keine wesentlichen Differenzen zwischen den Varianten mit und ohne Feinnivellement festzustellen. Bei dieser Integrationsstrategie werden mit dem hochauflösende Quasigeoidmodell EGG97 auch in bewegtem Gelände zufriedenstellende Resultate erzielt.

**Zu 2**: Die Abweichung der Referenzlösung von den amtlichen NN-Höhen der Neupunkte beträgt im Mittel 7mm. Beschränkt man sich auf die vier Punkte 6, 7, 8 und 9, welche der Erschließung von Bitz dienen, liegt die Abweichung im Mittel bei 5mm. Die Relativgenauigkeit der vier Punkte ist gewährleistet. Die erreichte Standardabweichung aller Neupunkte liegt im Mittel bei 8mm und ist als realistisch einzuschätzen. Im Rahmen des Teilprojektes A wurde das Leistungspotential von GPS zur Höhenbestimmung nicht optimal ausgeschöpft, so dass im allgemeinen noch etwas bessere Ergebnisse zu erwarten sind (siehe auch Sessionzusammenschluß des HVÜ III-Netzes).

Ob die erzielten Ergebnisse den Anforderungen der Landesvermessung genügen, muß von den entsprechenden Fachleuten selbst beurteilt werden.

Hierbei sollten zwei Aspekte nicht unberücksichtigt bleiben. Zum einen sind auch die zum Vergleich herangezogenen amtlichen NN-Höhen nicht fehlerfrei und u. U. durch systematische Effekte verfälscht (z. B. Netzspannungen, Nivellement im Gebirge). Zum anderen paßt das aktuelle amtliche Höhensystem nicht zum verwendeten Quasigeoidmodell EGG97. Dieses Problem wurde bei der gesamten Untersuchung unberücksichtigt gelassen. Allerdings ist bekannt, dass die Unterschiede zwischen den Höhensystemen stark von der Geländehöhe abhängig sind und damit die Auswirkungen zumindest teilweise durch den eingeführten (hoch signifikanten) Maßstab kompensiert werden können. Mit der geplanten Umstellung des Höhensystems auf die Normalhöhen ist diese prinzipielle Inkonsistenz beseitigt, wodurch noch bessere Integrationsergebnisse zu erwarten sind.

# 5 Teilprojekt B: Überwachung der Niv-Schleife 625 mit GPS

Die Landesvermessung hat die Aufgabe, in bestimmten Zeitabständen die Nivellementslinien 1. und 2. Ordnung hinsichtlich der Höhenänderung von Knotenpunkten zu überwachen. Da diese Schleifen sehr lang sein können, ist der zur Bewältigung dieser Aufgabe benötigte Aufwand groß und mit entsprechenden Kosten verbunden. Im Rahmen des Teilprojektes B sollte nun untersucht werden, ob diese Aufgabe durch Einsatz von GPS effizient und zufriedenstellend gelöst werden kann. Das Landesvermessungsamt Baden-Württemberg wählte in der Nivellementsschleife 612 des Deutschen Haupthöhennetzes 6 Knotenpunkte aus, deren NN-Höhen für die Problemstellung beispielhaft über GPS bestimmt werden sollten. Da die eigentlichen Knotenpunkte von ihrer Lage und Vermarkung her gesehen nicht GPS-tauglich sind, war es notwendig, in der Nähe dieser Punkte Exzentren festzulegen. Diese wurden über Feinnivellement mit den eigentlichen Knotenpunkten verknüpft, so dass Sollhöhen für alle Punkte vorlagen. Die Planung, Durchführung und Auswertung der GPS-Messungen war Gegenstand einer am Geodätischen Institut der Universität Karlsruhe angesiedelten Diplomarbeit, die in bewährter Weise in enger Kooperation mit der örtlichen Landesvermessung durchgeführt wurde (Schmidt, J., 1998). Die Integration der bestimmten ellipsoidischen Höhen in das Gebrauchshöhensystem sollte wie in Teilprojekt A durch Verwendung von BWREF-Punkten gelöst werden. Für die Verknüpfung der 6 Knotenpunkte mit dem existierenden BWREF-Netz wurden die nächst gelegenen 10 BWREF-Punkte ausgewählt und in die örtlichen Messungen miteinbezogen (siehe

Abb. 4). Für die übrigen BWREF-Punkte wurde wie im Projekt A auf die von der Landesvermessung zur Verfügung gestellten Daten der 10 Auswertesessions zurückgegriffen.

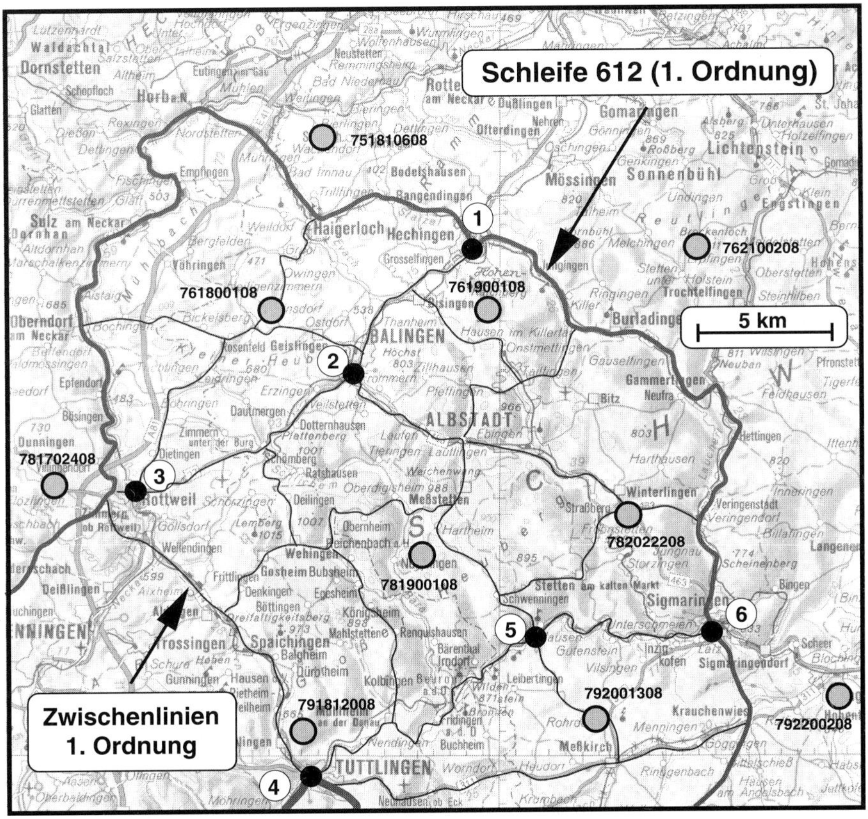


**Abbildung 4:** Netzübersicht des Teilprojektes B zur Überwachung von Nivellementsknotenpunkten (helle Kreise: 10 BWREF-Punkte im Meßgebiet, schwarze Kreise: zu überprüfende Knotenpunkte)

## 5.1 Durchführung und Auswertung der Messungen

Die GPS-Messungen in dem 16 Punkte umfassenden Netz fanden unter teilweise widrigen Umständen (bis zu 30cm Neuschnee) in der Zeit vom 24.3.- 26.3.1998 unter Beteiligung des Geodätischen Instituts sowie des Landesvermessungsamtes BaWü statt. In dieser Zeit wurde jeder Netzpunkt dreimal unabhängig voneinander besetzt und in Sessions von je 3 Stunden Dauer beobachtet. Zum Einsatz kamen 8 Empfänger des Typs Trimble 4000SSI, wobei die Höhen der Antennen über den Punkten jeweils vor und nach den Messungen über Nivellement bestimmt wurden.

Die Auswertung erfolgte danach im Rahmen der Diplomarbeit (Schmidt, J., 1998) am Geodätischen Institut unter Verwendung der Berner Software Vers. 4.0 und unter Nutzung präziser Ephemeriden. Die Weiterverarbeitung der Auswerteergebnisse erfolgte im Anschluss daran nach dem bewährten Karlsruher Konzept (Dinter u. a., 1997) mit dem Programmsystem Heidi2.0.

## 5.2 Qualitätsanalyse der GPS-Ergebnisse (Sessionzusammenschluss)

### 5.2.1 Sessionzusammenschluss des Projekt-Netzes

Aus der Varianzkomponentenschätzung der sechs Projektsessions ergab sich ein Faktor von 8.0, mit dem die eingehenden Genauigkeiten der ellipsoidischen Höhenunterschiede der tatsächlichen Genauigkeitssituation angepasst wurden. Nach der Skalierung gehen die ellipsoidischen Höhenunterschiede im Mittel mit einer Genauigkeit von 1.3 cm in die Berechnungen ein. Die resultierenden Genauigkeiten der ausgeglichenen ellipsoidischen Höhenunterschiede schwanken zwischen 4.0mm und 9.8mm. Sie beträgt im Mittel 6.2mm. Die Genauigkeit der sechs zu untersuchenden Objektpunkte (Exzentren) liegt im Mittel bei 5.4mm, während die Genauigkeit der 10 BWREF-Punkte im Mittel bei 6.6mm liegt. Bei der Qualitätsanalyse wurden keine groben Fehler aufgedeckt; der mittlere Redundanzanteil der Sessions im Projekt liegt bei 64%.

### 5.2.2 Sessionzusammenschluss des BWREF- und Projekt-Netzes

Bei der Zusammenführung der beiden Teilnetze zu einem Gesamtnetz stellte sich auch hier heraus, dass eine Nachskalierung der Teilnetze mit dem Faktor 1.09 notwendig wurde. Die resultierende Genauigkeit der sechs Objektpunkte liegt bei 4.3mm und die der 10 als Anschlusspunkte verwendeten BWREF-Punkte bei 3.9mm. Die Genauigeiten schwanken bei den 16 Projektpunkten zwischen 2.5mm und 5.9mm und liegen im Mittel bei 4.1mm. Im Vergleich zum Sessionzusammenschluss des HVÜIII-Netzes wird deutlich, dass hier das Leistungspotential von GPS besser genutzt wurde. Bessere Genauigkeiten sind mit normalem (wirtschaftlichen) Aufwand kaum zu erzielen. Noch auffälliger als im Teilprojekt A ist hier die positive Auswirkung der Hinzunahme von übergreifenden BWREF-Messungen. Im Mittel verbessert sich die Genauigkeit um 2mm, wovon insbesondere die BWREF-Punkte in der Randlage des Projektes profitieren. Der mittlere Redundanzanteil der im Projekt durchgeführten GPS-Messungen steigert sich durch die Hinzunahme der BWREF-Messungen von 64% auf 75%, wodurch eine gute Kontrollierbarkeit der Daten gewährleistet ist.

## 5.3 Integration der GPS-Höhen ins NN-Höhensystem

In das Teilprojekt B flossen die Ergebnisse der Untersuchungen hinsichtlich einer optimalen Integrationsstrategie aus Projekt A ein. Für die endgültige Integrationsberechnung wurde das Quasigeoidmodell EGG97 mit einer Genauigkeit von 2.2 cm hoch korreliert eingeführt. Als Integrationsparameter zur Modellierung der systematischen Effekte wurden zwei Rotationsparameter, ein Maßstab und ein Formparameter gewählt, die im Ausgleichungsprozeß alle als signifikant (alpha = 0.1%) ausgewiesen wurden.

Die ellipsoidischen GPS-Höhenunterschiede wurden mit einer mittleren a-priori Genauigkeit von 7mm eingeführt (Ergebnis des gemeinsamen Sessionzusammenschlusses). Für die NN-Höhen der Anschlusspunkte wurde eine a-priori Genauigkeit von 3mm zu Grunde gelegt. Als Näherungen für die zu bestimmenden Neupunkte wurden auch hier die bekannten amtlichen NN-Höhen verwendet, so dass an den resultierenden Verbesserungen direkt die Qualität der Integration abgelesen werden kann. Darüber hinaus wurden die kurzen Feinnivellementslinien zwischen den zu überprüfenden Knoten und den GPS-tauglichen Exzentren als hochgenaue Beobachtungen berücksichtigt. Auf diesem

Wege erhält man als Ergebnis der Berechnungen direkt die NN-Höhen der Knotenpunkte. Das Ergebnis der Berechnungen ist für die sechs Knotenpunkte in folgender Tabelle zusammengefasst.

| Knoten | Exzentrum | NN-Höhe | Verb. | Ergebnis | Sigma |
|---|---|---|---|---|---|
| **76190107** | 1 | 550,3445 | 0,0028 | 550,3473 | 0,0067 |
| **77190179** | 2 | 536,3825 | 0,0041 | 536,3866 | 0,0069 |
| **78170153** | 3 | 588,3471 | 0,0018 | 588,3489 | 0,0075 |
| **80180104** | 4 | 659,6456 | 0,0013 | 659,6469 | 0,0076 |
| **79200135** | 5 | 599,2861 | **0,0095** | 599,2956 | 0,0069 |
| **79210121** | 6 | 572,7557 | -0,0005 | 572,7552 | 0,0067 |

**Tabelle 3:** Ergebnisse der Integrationsberechnung für die 6 Knotenpunkte

Die Verbesserungen in der vierten Spalte belegen eine sehr gute Übereinstimmung der aus GPS abgeleiteten NN-Höhen (Spalte 5) mit den amtlichen NN-Höhen (Spalte 3) und liegen im Mittel bei 3.3 mm. Die größte Verbesserung wurde für den Knoten 79200135 mit 9.5mm ermittelt. Die Genauigkeit der geschätzten Höhen liegt im Mittel bei 7.0mm und ist als realistisch einzuschätzen. Es liegt in der Natur der Sache, dass die aus den Berechnungen resultierenden NN-Höhen nicht exakt mit den amtlichen Höhen übereinstimmen. Auftretende Abweichungen können u.a. folgenden Gründe haben:

- Ungenauigkeiten in den durchgeführten Messungen und dem verwendeten Quasigeoidmodell
- Restfehler in der Modellbildung (z. B. Diskrepanz zwischen NN-Höhen und Normalhöhen)
- Ungenauigkeiten in den amtlichen NN-Höhen auf Grund von Netzspannungen
- Rezente Bewegungen der zu überprüfenden Knotenpunkte.

Die Schwierigkeit besteht nun darin, zu beurteilen, ob die ermittelten Verbesserungen für die Knotenpunkte signifikant sind und sich damit die Höhen der Punkte gegenüber den amtlichen Höhen tatsächlich verändert haben.

Eine einfach zu realisierende Möglichkeit, dies zu beurteilen, besteht darin, Neupunkte, für die Verbesserungen "verdächtig" groß ausfallen, sukzessive als Anschlusspunkte mit entsprechender a-priori Genauigkeit einzuführen. Diese Vorgehensweise ist äquivalent zur Kalmanfilterung, in der auf der Basis der prädizierten Höhe und ihrer Varianz-Information sowie zusätzlichen neuen Beobachtungen die aktuelle Höhe des Knotenpunktes geschätzt wird. Im Zuge der normalen Ausgleichung werden alle Anschlusspunkte und damit auch die Prädiktion des zu testenden Knotenpunktes statistisch überprüft. Schlägt die Teststatistik des Knotenpunktes an, so hat sich die NN-Höhe des Knotenpunktes unter den getroffenen statistischen Annahmen signifikant geändert. Führt man in diesem Sinne den Punkt 79200135 als Anschlusspunkt mit einer Genauigkeit von 3mm ein, so erhält man eine Testgröße für die normierte Verbesserung von 1.30 und für den T-Test einen Wert von 1.26. Bei kritischen Werten von 3.3 bzw. 3.5 wird klar, dass sich der Knoten 79200135 mit einer Verbesserung von 9.5mm nicht signifikant verändert hat. Netzplanungsberechnungen basierend auf der dargestellten Idee ergaben, dass in den sechs Knotenpunkten mit einer Irrtumswahrscheinlichkeit von $\alpha$=0.1% und einer Güte von $\beta$=80% im Mittel Höhenänderungen von 3.1cm aufdeckbar sind. Am Beispiel des Knotens 80180104 mit dem größten Grenzwertfehler von 32.8mm wurde dies überprüft, indem er als Anschlusspunkt mit einer 3cm falschen Höhe eingeführt wurde. Dieser Fehler wurde im Zuge der Ausgleichung korrekt erkannt (geschätzter Fehler = 3.13 cm), ist jedoch nicht eindeutig einer der beteiligten Beobachtungskomponenten zuzuordnen.

## 5.4 Beurteilung der Ergebnisse

Im Rahmen des Teilprojektes B wurde an Hand eines Fallbeispieles untersucht, ob sich das GPS-Verfahren eignet, die Höhen von Nivellementsknotenpunkten 1. und 2. Ordnung zu bestimmen und hinsichtlich ihrer Stabilität zu überprüfen. Letztendlich sollte natürlich die Frage beantwortet werden, ob zur Erfüllung dieser Aufgabe die aufwendigen Kontrollnivellements durch wesentlich wirtschaftlichere GPS-Messungen ersetzt bzw. mit diesen sinnvoll kombiniert werden können. Die Ergebnisse lassen sich wie folgt zusammenfassen:

Die in diesem Beispiel aus GPS abgeleiteten ellipsoidischen Höhen weisen eine Genauigkeit von etwa 4mm auf und liegen damit am oberen Ende dessen, was mit akzeptablem wirtschaftlichem Aufwand realisierbar ist. Bedenkt man die Ausdehnung des Projektes von ca. 50km x 60km, so ist dies allerdings ein Genauigkeitsbereich, der mit dem von Nivellements über solche Distanzen durchaus konkurieren kann (vgl. auch Görres und Campbell, 1998).

Unter Nutzung des Quasigeoidmodells EGG97 ist man bereits heute in der Lage, die sehr hohe Genauigkeit der ellipsoidischen GPS-Höhen weitestgehend in das Gebrauchshöhensystem zu überführen. Dies setzt jedoch eine Integrationsstrategie voraus, wie sie z. B. in diesem Bericht vorgestellt wurde.

Im Rahmen des Projektes konnten keine signifikanten Höhenänderungen in den sechs untersuchten Knotenpunkten festgestellt werden. Die Verbesserungen gegenüber den amtlichen Höhen betrugen im Mittel 3.3mm und maximal 9.5mm. Es ist jedoch darauf hinzuweisen, dass die Netzkonfiguration und das Beobachtungsdesign des Projektes es erst ermöglichen, Höhenänderungen in der Größenordnung von 3cm statistisch fundiert nachzuweisen.

Die vorgestellte Analysestrategie ist ein geeignetes Verfahren zur Überprüfung der Nivellementknotenpunkte und ist äquivalent zur Kalmanfilterung. Die von Görres und Campbell (1997, S. 230) getroffene Aussage: "Diese Höhengenauigkeit kann vor allem zur Überwachung der Stabilität von Knotenpunkten in großen Nivellementsnetzen genutzt werden", wird durch die Untersuchungen im Rahmen des Projektes vollkommen bestätigt. Eine Diskussion, wie sich diese Ergebnisse letztendlich in die Praxis umsetzen lassen, ist unter den Projektpartner noch zu führen, insbesondere auch unter Berücksichtigung wirtschaftlicher Gesichtspunkte, die in dieser Studie ausgeklammert waren.

# 6 Zusammenfassung und Ausblick

Die Untersuchungen im Rahmen des Kooperationsprojektes zeigen auf, dass man mit den aus GPS ermittelten ellipsoidischen Höhen in einen Genauigkeitsbereich von besser als 5mm vordringen kann. Insbesondere wurde deutlich, dass die Genauigkeit von GPS-Höhen weit weniger von der Projektausdehnung abhängig ist, als dies beispielsweise beim Nivellement der Fall ist. Aus diesem Grunde ist die Höhenbestimmung mit GPS für großräumige Projekte dem Nivellement überlegen. Mit Hilfe eines hochauflösenden Quasigeoidmodells, wie z. B. dem EGG97-Modell, ist eine Überführung der ellipsoidischen Höhen in Gebrauchshöhensysteme mit akzeptabler Genauigkeit bereits heute möglich, sofern auf eine geeignete stochastische und funktionale Modellbildung zurückgegriffen wird. Von entscheidender Bedeutung ist hierbei die stochastische Behandlungsweise des verwendeten Quasigeoidmodells. Darüber hinaus haben die Untersuchungen ergeben, dass großräumige Integrationen gegenüber lokalen hinsichtlich Genauigkeit und Zuverlässigkeit deutliche Vorteile aufweisen.

Gerade für die Landesvermessungsämter ist die vorgestellte großräumige Integrationsstrategie nur mit geringem Aufwand verbunden, da die ausgewerteten GPS-Messungen in ihren C-Netzen in der Regel auf Datenträger vorliegen.

Es konnte gezeigt werden, dass sich GPS sowohl bei der Höhenbestimmung als auch bei der Höhenüberwachung sinnvoll einsetzen und mit bestehenden Verfahren auch kombinieren lässt. Insbesondere in der Höhenüberwachung des Landeshöhensystems steckt ein großes Einsatzpotential von GPS, da sich hier der günstigere Fehlerhaushalt von GPS noch vorteilhafter auswirkt. Im Rahmen des Projektes mussten die GPS-Höhen zur Überprüfung der Knotenpunkte erst ins Zielhöhensystem überführt werden, da keine ellipsoidischen Höhen zum Vergleich vorlagen. Geht man jedoch dazu über, für die Nivellementspunkte bzw. deren Exzentren die ellipsoidischen Höhen ebenfalls vorzuhalten, könnten in Zukunft direkt deren Änderungen über die Jahre beobachtet und zur Überwachung der Höhenknoten herangezogen werden. Wenn darüber hinaus in absehbarer Zeit die geplante Umstellung des Höhenbezugssystems hin zum Normalhöhensystem vollzogen ist, sind die derzeitigen Modellinkonsistenzen zwischen ellipsoidischen Höhen, Höhenanomalien und NN-Höhen beseitigt. Durch diese Änderung sind noch bessere Ergebnisse zu erwarten, und es spricht eigentlich nichts mehr gegen eine effektive Nutzung von ellipsoidischen GPS-Höhen in der Landesvermessung.

Trotz all der genannten positiven Ergebnisse kann GPS das klassische Nivellement nicht vollständig ersetzen, da für eine erfolgreiche GPS-Höhenintegration eine ausreichend große und geeignet verteilte Anzahl von Höhen im Gebrauchshöhensystem unabdingbare Voraussetzung ist. Darüber hinaus ist GPS auf kurze Entfernungen von wenigen Kilometern eindeutig ungenauer als das klassische Nivellement.

Abschließend möchten wir uns beim Landesvermessungsamt und dem Wirtschaftsministerium Baden-Württemberg für die ausgezeichnete Zusammenarbeit während des gesamten Projektes, die Bereitstellung der benötigten BWREF- und Nivellementsdaten sowie die umfangreiche personelle und technische Unterstützung bei den Feldarbeiten in beiden Projekten bedanken.

## Literatur


Denker, H (1998): Evaluation and Improvement of the EGG97 Quasigeoid Model for Europe by GPS and Leveling Data.Proceedings: Second Continental Workshop on the Geoid in Europe, Editoren: Martin Vermeer und Jozsef Adam, Budapest, Ungarn, 10-14 März, 1998.

Dinter G. (1997): Ein universelles Konzept zur Integration von GPS-Höhen in Gebrauchshöhensysteme. Erschienen in: 81. Deutscher Geodätentag 1997 in Karlsruhe, DVW Schriftenreihe 27/1997.

http://www.gik.uni-karlsruhe.de/~dinter/Forschung/Links.html

Dinter G., Illner M., Jäger R. und G. Schmitt (1997): Entwicklung und softwaremäßige Realisierung eines allgemeinen Modells zur Überführung von GPS-Höhen in Gebrauchshöhensysteme. Interner Bericht des Geodätischen Institutes der Universität Karlsruhe, 1997.

http://www.gik.uni-karlsruhe.de/~dinter/Forschung/Links.html

Görres, B. und J. Campbell (1998): Bestimmung vertikaler Punktbewegungen mit GPS, ZfV 7/1998, 123. Jahrgang / Heft 7: S. 222-230.

Van Mierlo, J. und M. Illner (1998): Statistische Grundlagen und Modelle für die Weiterverarbeitung von GPS-Ergebnissen. Mitteilungen des DVW-Landesverein Baden-Württemberg, Heft 2, Oktober 1998, S. 84-108.

Schmidt, J. (1998): Untersuchung der Einsatzmöglichkeiten von GPS zur Höhenüberwachung von Nivellementschleifen 1. und 2. Ordnung in der Landesvermessung. Diplomarbeit am Geodätischen Institut der Universität Karlsruhe, 1998, unveröffentlicht.

http://www.gik.uni-karlsruhe.de/Diplom/d820.html

# Der Internationale GPS Service (IGS) und seine Produkte

Urs Hugentobler, Tim Springer, Gerhard Beutler; Bern

## 1. Einleitung

In den vergangenen beiden Jahrzehnten begann GPS eine wesentliche Rolle zu spielen für regionale und globale Studien in Geodäsie und Geodynamik. Es wurde in den 1980er Jahren schon klar, dass die Qualität der Satellitenbahnen für vielerlei Anwendungen von zentraler Bedeutung sein würde. Im Hinblick auf eine weitere Ausbreitung und Verfeinerung von GPS-Anwendungen hat sich die wissenschaftliche Gemeinschaft angestrengt, internationale Standards für die GPS-Datenerfassung und -verarbeitung zu fördern sowie ein gemeinsames globales Netz von GPS-Beobachtungsstationen aufzubauen. Wesentlichster Teil dieser Anstrengungen ist der *International GPS Service (IGS)*, der durch die International Association of Geodesy (IAG) 1991 gegründet wurde.

Der IGS geht auf eine Initiative von Prof. I. Mueller zurück, welche an der wissenschaftlichen Versammlung der IAG im August 1989 in Edinburgh lanciert wurde. An der 20. Generalversammlung der Internationalen Union für Geodäsie und Geophysik (IUGG) im August 1991 in Wien wurde die Erprobung des Konzeptes empfohlen. Die *1992 IGS Test Campaign* vom 21. Juni bis zum 23. September 1992 ging lückenlos in den *IGS Pilot Service* (1. November 1992 bis 31. Dezember 1993) und schliesslich in den offiziellen IGS ab dem 1. Januar 1994 über.

## 2. Zielsetzungen und Aufbau des IGS

Hauptaufgabe ist das Bereitstellen von GPS-Daten und der daraus abgeleiteten Produkte zur Unterstützung von geodätischen und geophysikalischen Forschungsarbeiten. Infolge der enorm wachsenden Zahl von GPS-Anwendungen liegt ein weiteres Ziel von IGS in der Unterstützung von GPS-Projekten, die von staatlichen und kommerziellen Unternehmen initiiert und durchgeführt werden.

Der IGS sammelt, archiviert und verteilt GPS-Beobachtungen, sofern deren Qualität ausreichend erscheint, um dem weiten Anwendungs- und Experimentierbereich zu genügen. Die Beobachtungsdaten werden von IGS selber verwendet, um eine Reihe von Produkten zu generieren und den interessierten Benützern über das Internet zur Verfügung zu stellen. Die IGS-Produkte sind heute von zentraler Bedeutung zur Verbesserung und Erweiterung des *International Terrestrial Reference Frame (ITRF)*, zur Untersuchung der Verformungen der festen Erde, zur Überwachung der Erdrotation, zur wissenschaftlichen Bahnbestimmung, zur Überwachung der Ionosphäre und zur punktuellen Messung des Wasserdampfgehaltes der Atmosphäre. Der IGS ist vorrangig als wissenschaftliche Dienstleistung zu sehen. Neben der Genauigkeit und Vollständigkeit der IGS-Produkte ist daher auch deren Aktualität und Zuverlässigkeit von zentraler Bedeutung.

Um seinen Auftrag zu erfüllen, ist der IGS aus einer Reihe von Komponenten zusammengesetzt, einem globalen Netzwerk von über 200 GPS-Empfängern, über einem Dutzend operationeller und regionaler Datenzentren, drei globalen Datenzentren sowie sieben Analysezentren und einer Reihe von sogenannten assoziierten Analysezentren. Das *IGS Central Bureau* befindet sich am Jet Propulsion Laboratory (JPL) in Pasadena. Dieses unterhält u.a. das *Central Bureau Information System (CBIS)* und stellt den Zugang zu den Daten und Produkten des IGS sicher. Ein internationales *Governing Board* („Verwaltungsrat") überwacht die verschiedenen Funktionen und Komponenten des IGS, setzt dessen Politik fest und trifft strategische Entscheide.

| IGS Central Bureau: | |
|---|---|
| http://igscb.jpl.nasa.gov<br>ftp://igscb.jpl.nasa.gov/igscb/mail/igsmail<br>ftp://igscb.jpl.nasa.gov/igscb/mail/igsreport<br>ftp://igscb.jpl.nasa.gov/igscb | CBIS<br>IGS Mail Archiv<br>IGS Reports<br>anonymer ftp |

Tabelle 1: Verknüpfungen und Adressen für das anonyme FTP zum IGS Central Bureau am JPL, Pasadena, CA, USA.

Ein *internationales Netzwerk* von 236 (Stand am 6. Juni 2000, siehe Figur 1) kontinuierlich arbeitender Zweifrequenz-GPS-Empfänger, installiert in rund 70 Ländern und betrieben von einer Vielzahl von Organisationen, registrieren die GPS-Daten. Sogenannte operationelle Datenzentren sind verantwortlich für den direkten Kontakt mit den Stationen. Sie holen die rohen Empfängerdaten, kontrollieren deren Qualität und verwandeln diese Daten ins Receiver

Independent Exchange (RINEX) Format, bevor sie diese an die regionalen oder globalen Datenzentren weiterleiten.

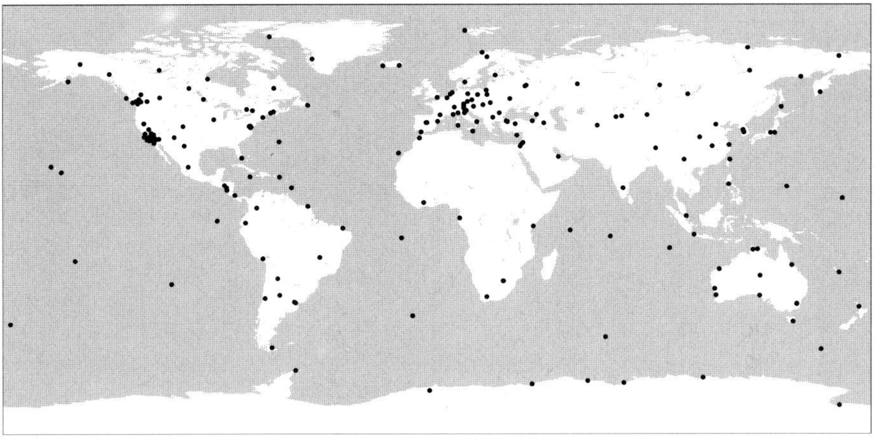

Figur 1: Verteilung der 236 IGS Stationen, welche am 6. Juni 2000 in Betrieb waren.

Die fünf *regionalen IGS-Datenzentren* sammeln und archivieren die Daten von verschiedenen Operationellen Datenzentren. Dort werden auch Daten, welche nicht für die globalen Analysen verwendet werden, abgelegt und für Benutzer bereitgestellt, welche sich für Stationen in einer bestimmten Region interessieren. Eines der Regionalen Datenzentren befindet sich am Bundesamt für Kartographie und Geodäsie (BKG) in Frankfurt a. M.

Die drei *globalen IGS-Datenzentren* sind die primäre Datenquelle für die IGS-Analysezentren sowie für die allgemeinen Datennutzer. In den Archiven dieser Zentren sind die GPS-RINEX-Dateien für mindestens die letzten hundert Tage on-line verfügbar. Die Daten des sogenannten globalen IGS-Netzes, bestehend aus jenen rund 90 Stationen, deren Beobachtungen an mehreren Auswertezentren verarbeitet werden, sind bei allen globalen IGS-Datenzentren erhältlich.

| | |
|---|---|
| Globale IGS-Datazentren: | |
| CDDIS | Crustal Dynamics Data Information System<br>NASA Goddard Space Flight Center, USA<br>http://cddisa.gsfc.nasa.gov |
| IGN | Institut Géographique National, Frankreich<br>http://lareg.ensg.ign.fr |
| SIO | Scripps Intitution of Oceanography, CA, USA<br>http://lox.ucsd.edu |
| Regionale IGS-Datenzentren: | |
| AUSLIG | Australian Surveying and Land Information Group<br>http://www.auslig.gov.au |
| BKG | Bundesamt für Kartographie und Geodäsie, Deutschland<br>http://www.ifag.de/Geodaesie/igs.html |
| JPL | Jet Propulsion Laboratory, California Institute of Technology<br>http://scign.jpl.nasa.gov |
| NOAA | National Oceanic and Atmospheric Administration, USA<br>http://gracie.grdl.noaa.gov/GPS/GPS.html |
| NRCan | Natural Resources Canada<br>http://geod.emr.ca |
| IGS-Analysezentren: | |
| CODE | Center for Orbit Determination in Europe, Bern, Schweiz<br>http://www.aiub.unibe.ch |
| ESA/ESOC | European Space Agency, European Space Operating Center, Darmstadt, Deutschland<br>http://nng.esoc.esa.de/gps/gps.html |
| GFZ | Geoforschungszentrum, Potsdam, Deutschland<br>http://www.gfz-potsdam.de/pb1/pg1/IGS/index_IGS.html |
| JPL | Jet Propulsion Laboratory, Pasadena, CA, USA<br>http://milhouse.jpl.nasa.gov/eng/jpl_hp2.html<br>http://sideshow.jpl.nasa.gov/mbh/series.html |
| NOAA/NGS | National Oceanic and Atmospheric Administration<br>http://gracie.grdl.noaa.gov/GPS/GPS.html |
| NRCan | Natural Resources Canada<br>http://geod.emr.ca |
| SIO | Scripps Institution of Oceanography, CA, USA<br>http://llox.ucsd.edu |
| USNO | US Naval Observatory, Washington, USA (assoziiertes Analysezentrum für Rapid, Ultra Rapid und Predicted IGS Produkte)<br>http://tycho.usno.navy.mil/gps.html |

Tabelle 2: Globale und regionale IGS-Datenzentren, Analysezentren.

| IGS Analysis Center Coordinator: | |
|---|---|
| Tim Springer, Astronomisches Institut, Universität Bern, Schweiz | |
| http://www.aiub.unibe.ch/acc.html | |
| ftp://ftp.unibe.ch | |
| /aiub/final_igs | IGS Final (IGS) Produkte |
| /aiub/prelim_igs | IGS Rapid (IGR) und Predicted (IGP) Orbits |
| /aiub/ultra_igs | IGS Ultra Rapid (IGU) Orbits (2-mal täglich) |

Tabelle 3: Verknüpfungen und Adressen zum IGS ACC.

| | |
|---|---|
| CBIS | |
| ftp://igscb.jpl.nasa.gov | |
| /pub/product/WWWW | IGS Produkte(IGS, IGR, IGP) |
| /pub/product/WWWW/ultra | IGS Ultra Rapid (IGU) Produkte |
| CDDIS | |
| ftp://cddisa.gsfc.nasa.gov | |
| /pub/gps/gpsdata/YYDDD | 24-Stunden Beobachtungsfiles |
| /pub/gps/nrtdata/YYDDD | stündliche 30-sec-Beobachtungsfiles |
| /pub/gps/products/WWWW | IGS Produkte (Bahnen, Uhren, etc.) |
| IGN | |
| ftp://igs.ensg.ign.fr | |
| /pub/igs/data/YYYY/DDD | 24-Stunden Beobachtungsfiles |
| /pub/iigs/nrt/data/YYYY/DD | stündliche 30-sec-Beobachtungsfiles |
| /pub/igs/products/WWWW | IGS Produkte (Bahnen, Uhren, etc.) |
| SIO | |
| ftp://lox.ucsd.edu | |
| /pub/rinex/YYYY/DDD | 24-Stunden Beobachtungsfiles |
| /pub/products/WWWW | IGS Produkte (Bahnen, Uhren, etc.) |

Tabelle 4: FTP-Adressen und Pfadnamen zu Daten und Produkten am CBIS und an den globalen IGS Datenzentren.

| | |
|---|---|
| YYDDD | Jahr und Tag im Jahr, z.B. 00158 |
| WWWW | GPS Woche, z.B. 1065 |
| WW | Woche im Jahr, z.B. 23 |
| YYYY | vierstellige Jahreszahl, z.B. 2000 |
| YY | zweistellige Jahreszahl, z.B. 00 |
| DDD | Tag im Jahr, z.B. 099 |

Tabelle 5: IGS-Namenskonventionen in Dateinamen und Datenpfaden.

Sieben *IGS-Analysezentren (ACs)* verarbeiten täglich Daten des globalen Stationsnetzes und generieren ihre Produkte. Drei dieser Analysezentren befinden sich in Europa (GFZ in Potsdam, ESA/ESOC in Darmstadt, CODE in Bern). Eine Reihe von assoziierten IGS-Analysezentren (AACs) spezialisieren sich auf bestimmte Produkte oder deren Kombination (z.B. GPS-Bahnen oder Ionosphärenparameter) oder werten die Daten eines regionalen Stationsnetz aus.

Die GPS-Bahnen, Erdrotationsparameter und Uhrenkorrekturschätzungen der ACs werden vom *Analysis Center Coordinator (ACC)* zu den offiziellen IGS-Produkten kombiniert und ans CBIS verschickt, wo sie allgemein zugänglich sind. Die Funktion des ACC wird seit 1999 von Dr. Tim Springer am Astronomischen Institut der Universität Bern wahrgenommen.

# 3. Die Produkte des IGS

Zu den offiziellen IGS Produkten gehören:

- präzise Ephemeriden der aktiven GPS-Satelliten,
- Erdrotationsparameter (Polschwankung und Tageslänge),
- Koordinaten und Geschwindigkeiten der Beobachtungsstationen,
- Uhrenkorrekturen für die GPS-Satelliten und IGS-Stationen,
- troposphärische Signalverzögerungswege für die Beobachtungsstationen, sowie
- globale Karten des ionosphärischen Elektronengehaltes.

Diese Produkte sind am IGS CBIS und an den globalen IGS-Datenzentren online verfügbar und können über das Internet abgeholt werden.

## 3.1. Ephemeriden: Final, Rapid, Predicted, Ultra Rapid

Die Ephemeriden der GPS-Satelliten sind die Kernprodukte des IGS. Der Service stellt die Bahnen den Nutzern für die vielfältigsten Anwendungen zur Verfügung. Die Genauigkeit der Ephemeriden ist so gut, dass es für einen GPS-Anwender keine Vorteile mehr bringt, eigene Bahnen zu rechnen. Der IGS stellt Ephemeriden unterschiedlicher Genauigkeit und definierten Zeiten nach der Beobachtung zur Verfügung (siehe Tabelle 6).

Acht Analysezentren rechnen täglich die Bahnen der Satelliten mit verschiedenen Auswertestrategien und Verarbeitungsprogrammen. Die Resultate der Zentren werden vom Analysis Center Coordinator (ACC) verglichen und kombiniert. Die kombinierten Resultate werden schliesslich am CBIS und an den Globalen IGS Datenzentren über Internet verfügbar gemacht. Der Vergleich der Resultate der IGS-Auswertezentren garantiert eine hohe Genauigkeit, Robustheit und Zuverlässigkeit der Produkte. Als positiven Nebeneffekt haben sie einen fortwährenden Wettbewerb zwischen den Analysezentren zur Folge. Ohne diesen dauernden Vergleich wäre die Steigerung der Genauigkeit der Ephemeriden bestimmt langsamer erfolgt. Figur 2 zeigt den gewichteten mittleren Fehler pro Satellitenposition als Mass für die Bahnqualität der IGS Final Orbits als Funktion der Zeit von November 1993 bis Mai 2000 für die sieben Analysezentren. Die Bahnqualität hat sich in diesem Zeitraum von 15–20 cm auf unter 5 cm verbessert.

Der *Final Orbit* ist dasjenige IGS-Produkt, in welches die Analysezentren den grössten Aufwand stecken und für welches sie die ausgefeiltesten Auswertestrategien anwenden. Entsprechend ist das Produkt erst nach zwei Wochen verfügbar. Die Wochenlösungen der einzelnen Zentren werden vierzehn Tage nach Ende der letzten einfliessenden Beobachtung kombiniert und für die Nutzer bereitgelegt. Die Genauigkeit der Ephemeriden beträgt etwa 5 cm (mittlerer Fehler pro Satellitenkoordinate) und genügt den höchsten Ansprüchen.

Die Genauigkeit der IGS-Bahnen wird bestätigt durch Laser (SLR) Beobachtungen jener zweier mit Laser-Retroreflektoren bestückten GPS-Satelliten. Die Laser-Residuen zeigen bei einer Streuung von 5.5 cm einen Offset zwischen den beiden unabhängigen Beobachtungstechniken von 5 cm relativ zu den mit IGS-Bahnen berechneten Distanzen (siehe Figur 3, Springer 1999). Dieser systematische Unterschied ist momentan Gegenstand von Untersuchungen.

| | IGS Final | IGS Rapid | IGS Predicted |
|---|---|---|---|
| Verfügbarkeit: | nach 2 Wochen | nach 17 Stunden | in Echtzeit |
| Genauigkeiten: | | | |
| - Ephemeriden | 5 cm | 10 cm | 50 cm |
| - Uhren | 0.3 ns | 0.5 ns | 150 ns *) |
| - Polkoordinaten | 0.1 mas | 0.2 mas | – |
| - Polkoordinatendrifts | 0.2 mas/Tag | 0.4 mas/Tag | – |
| - Tageslänge | 30 µs/Tag | 60 µs/Tag | – |

Tabelle 6: Verfügbarkeit und Genauigkeit der verschiedenen IGS Ephemeriden-, Uhren- und Erdrotationsprodukte. *) 150 ns ist die durch SA beschränkte Genauigkeit. Ohne SA sollte eine Genauigkeit von 10 ns erreichbar sein.

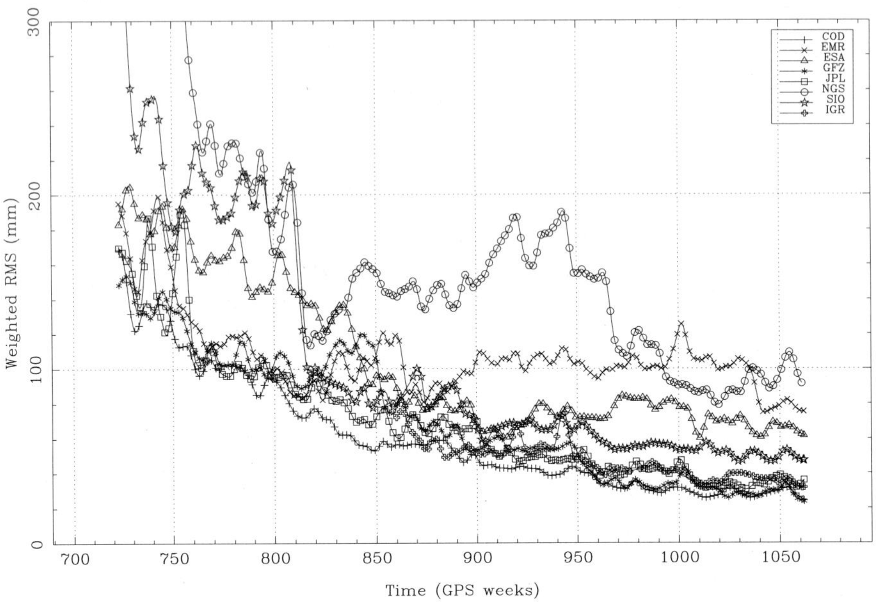


Figur 2: Gewichteter mittlerer Fehler pro Satellitenposition für die IGS Final Orbits als Funktion der Zeit für die sieben Analysezentren. Als Vergleich ist auch der gewichtete RMS für den IGS Rapid Orbit eingezeichnet. Die einzelnen Kurven wurden mit einem gauss'schen Filter geglättet.

Schon 17 Stunden nach Ende des Beobachtungstages sind die *IGS Rapid Orbits (IGR)* verfügbar. Typischerweise treffen rund 40% der Beobachtungsdaten bereits innerhalb einer Stunde nach Mitternacht UT bei den globalen IGS Datenzentren ein, 75% aller Beobachtungen sind 6 Stunden nach Mitternacht greifbar. Die Rohdaten werden von den Analysezentren bei den globalen und regionalen Datenzentren abgeholt, und sobald genügend Stationsdaten verfügbar sind, werden die Auswerteprogramme automatisch gestartet. Da die Resultate bis nachmittags um 16 Uhr UT abgeliefert sein müssen, werden weniger Stationen verarbeitet als bei der Berechnung der Final Orbits, und bei den Auswertestrategien werden bisweilen „Konzessionen" gemacht, um die Verarbeitung zu beschleunigen. Die Genauigkeit der IGS Rapid Orbits ist trotzdem schon vergleichbar mit jener der IGS Final Orbits.

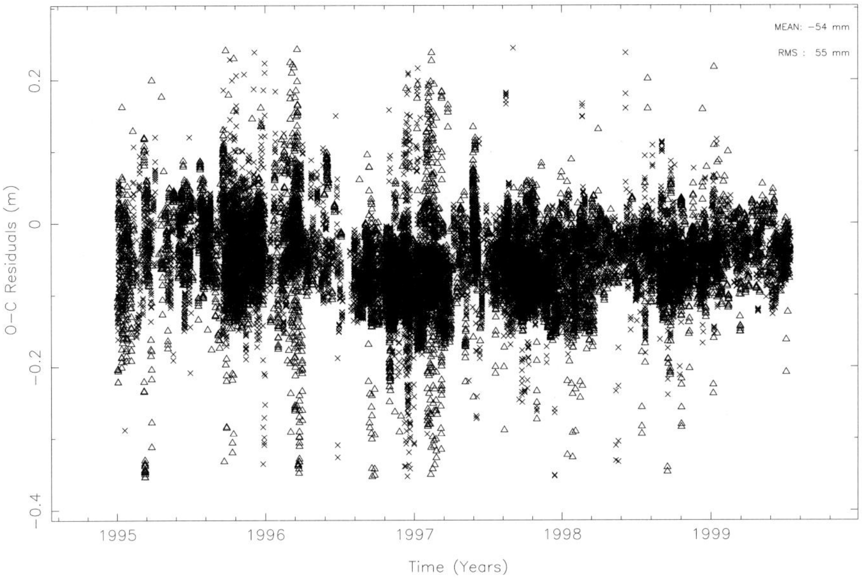


Figur 3: Distanz-Residuen der SLR-Beobachtungen zu den GPS-Satelliten PRN 5 (Kreuze) und PRN 6 (Dreiecke).

Weil für viele Anwendungen die Ephemeriden in Echtzeit verfügbar sein müssen, werden die IGS Rapid Orbits verwendet, um die *IGS Predicted Orbits* zu generieren. Die Extrapolationszeit beträgt zwei Tage. Die Ephemeriden werden um 23 Uhr UT des auf die letzte Beobachtungsepoche folgenden Tages kombiniert und am CBIS und bei den globalen Datenzentren bereitgestellt. Sie überspannen den eine Stunde später beginnenden Tag. Ihr mittleres Alter beträgt somit 36 Stunden.

Die Genauigkeit der IGS Predicted Orbits liegt zwischen 50 und 100 cm und ist damit deutlich schlechter als jene der IGS Rapid Orbits. Für die relativ schlechte Qualität der Rapid Orbits sind einzelne Satelliten verantwortlich, deren Bahnen schlecht modellierbar sind, z.B. wegen Manövern, Schattendurchgängen, und Problemen mit der Lagekontrolle bei älteren Satelliten. Die IGS-Ephemeriden enthalten Information (‚*accuracy codes*‘) über die erwartete Qualität der Bahnen (mehr dazu im nächsten Abschnitt).

Um das Alter der prädizierten Bahnen zu reduzieren, hat der IGS im März 2000 begonnen, sogenannte *IGS Ultra Rapid Orbits (IGU)* zu generiert. Diese sind, wie die IGS Rapid Orbits, für Echtzeitanwendungen erhältlich, werden jedoch zweimal täglich erzeugt und sind jeweils ab 3 UT und 15 UT verfügbar. Die Bahnen beruhen u.a. auf Daten der IGS-Stationen, die ihre Beobachtungen stündlich an die Datenzentren weiterleiten. Bereits liefern 40 bis 50 global verteilte Stationen stündliche Datenfiles ab.

Anders als die anderen IGS-Ephemeridenfiles überspannen die IGS Ultra Rapid Orbits nicht 24 sondern 48 Stunden (siehe Figur 4). Dabei enthalten die ersten 24 Stunden Beobachtungen aus den stündlichen IGS Datenfiles, die nächsten 24 Stunden sind extrapoliert. Mit den IGS Ultra Rapid Orbits verkürzt sich das mittlere Alter der Prädiktionen von 36 (IGS Predicted Orbits) auf 9 Stunden, was ihre Qualität entscheidend verbessert.

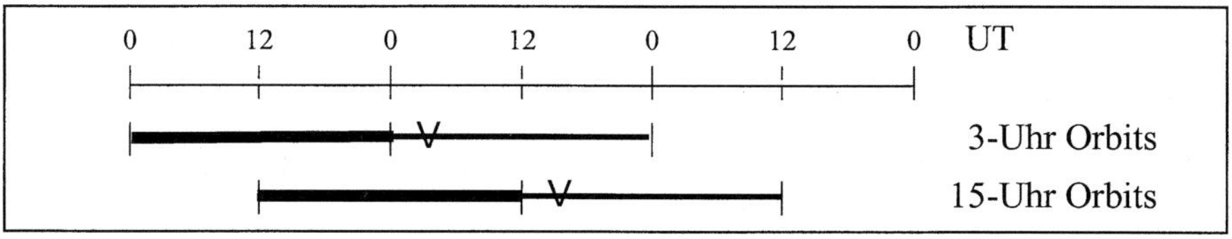


Figur 4: Überspanntes Zeitintervall für IGS Ultra Rapid Orbit Files, welche ab 15 UT resp. 3. UT erhältlich sind (Symbol V). In die ersten 24 Stunden sind Beobachtungen des IGS Subnetzes eingeflossen, welches stündliche Daten liefern.

Die IGS Ultra Rapid Orbits befinden sich noch in einem experimentellen Stadium, werden jedoch bald zu einem offiziellen IGS-Produkt werden. Die Analysezentren sind daran, ihre Auswertestrategien und Algorithmen für das neue Produkt zu optimieren und den Automatisierungsgrad der Verarbeitung weiter zu erhöhen. In den Monaten seit dem Beginn der Bahnvergleiche konnte eine beträchtliche Qualitätsverbesserung der Ultra Rapid Orbits beobachtet werden. Sie beträgt im Sommer 2000 rund 35 cm (RMS) für das prädizierte Zeitintervall. Über kurz oder lang werden die IGS Ultra Rapid Orbits die IGS Predicted Orbits ablösen.

Zusammen mit den Bahnen werden auch die *Uhrenkorrekturen* für die Satelliten berechnet und zur Verfügung gestellt. Die Genauigkeit der IGS Final Clocks beträgt 0.3 ns, jene der IGS Rapid Clocks 0.5 ns. Seit die sogenannte Selective Availability am 2. Mai 2000 ausgeschaltet wurde, wurde die Genauigkeit der Broadcastuhren von rund 80 ns auf 8 ns gesteigert. Die Genauigkeit der Uhren kann nun unter Verwendung des typischen Verhaltens einer Cäsiumuhr prädiziert werden. Für IGS Predicted Clocks und die IGS Ultra Rapid Clocks sollte es nun möglich sein, die Genauigkeit der Uhren von rund 150 ns auf etwa 10 ns zu senken. Entsprechende Untersuchungen sind im Gange. Die IGS Uhrkorrekturen von Satelliten und IGS-Stationen sind in naher Zukunft auch im RINEX-Clock-Format verfügbar.

In der IGS Final- und Rapid-Lösung werden *Erdrotationsparameter* bestimmt. Die Genauigkeit der Parameter beträgt 0.1 mas resp. 0.2 mas für die Polkoordinaten sowie 30 µs/Tag resp. 60 µs/Tag für die Tageslänge in der Final- resp. Rapid-Lösung. Bahnen und Erdrotationsparameter müssen als Einheit betrachtet werden. Benützer von IGS-Bahnen sollten die aus derselben Lösung stammenden Erdrotationsparameter verwenden, wenn sie höchste Genauigkeit anstreben.

## 3.2. Genauigkeitscodes in den Ephemeridendateien

Die IGS-Ephemeridendateien enthalten Information (‚*accuracy codes*‘) über die erwartete Qualität der Bahnen. Diese beruhen auf der Übereinstimmung resp. Nichtübereinstimmung der Bahnen, welche von den einzelnen Analysezentren erzeugt wurden. Im wesentlichen gibt der Genauigkeitscode den Logarithmus zur Basis 2 des mittleren Fehlers pro Satellitenkoordinate in Millimetern an, wie er aus der Bahnkombination resultiert. Die Formel „2 hoch Genauigkeitscode“ gibt somit die Bahngenauigkeit in Millimetern an. Nutzer sollten Satellitenbahnen mit hohen Genauigkeitscodewerten entsprechend schwach gewichten oder nicht verwenden. Ebenfalls nicht verwendet werden sollten Bahnen deren Genauigkeitscode gleich Null gesetzt wurde. Diese Bahnen wurden nur von einem Analysezentrum abgegeben und sind damit nicht überprüfbar. In Tabelle 7 sind typische Angaben über die Verteilung der Genauigkeitscodes in den Dateien der verschiedenen IGS Ephemeridenprodukten angegeben.

| | Typische Codes | Schlechter Code (Richtwert) | Prozentsatz schlechter Codes | Prozentsatz nicht verfügbarer Satelliten |
|---|---|---|---|---|
| Final | 4-5 | > 7 | 0.5 % | 0.0 % |
| Rapid | 4-6 | > 8 | 0.5 % | 0.5 % |
| Predicted | 6–9 | > 9 | 8 % | 6 % |
| Ultra Rapid | 6–8 | > 9 | 3 % | 2 % |

Tabelle 7: Statistik der Genauigkeitscodes (‚accuracy codes‘) in den Dateien der verschiedenen IGS Ephemeriden.

Die Genauigkeitscodes sind besonders wichtig für die prädizierten Bahnen. In diese Codes fliesst auch Information über das Verhalten der Satelliten während der letzten Tage ein. Leider kann trotzdem die Bahnqualität nicht mit Sicherheit prädiziert werden, so dass hin und wieder ein Satellit mit gutem Genauigkeitscode eine ‚schlechte' Bahn haben kann.

## 3.3 Koordinaten und Geschwindigkeiten der Stationen

Der IGS arbeitet eng mit dem *International Earth Rotation Service (IERS)* zusammen. Die im Rahmen von IGS generierten GPS-Daten und Produkte leisten heute neben VLBI (Very Long Baseline Interferometry), SLR (Satellite Laser Ranging) und DORIS (Doppler Orbitography by Radiopositioning Integrated on Satellite) einen wesentlichen Beitrag zur Definition des International Terrestrial Reference Frames (ITRF), der Polbewegung und der Tageslängenvariationen.

Zu den Produkten des IGS gehören Koordinaten und Geschwindigkeiten der IGS-Stationen. Die Analysezentren stellen ihre Lösungen der Koordinaten und Geschwindigkeiten der IGS-Stationen dem IERS zur Verfügung, der diese zusammen mit jenen der anderen drei Beobachtungstechniken zu einer Gesamtlösung kombiniert, die dann eine Realisierung des ITRF bildet. Der IGS verwendet diese ITRF-Realisierungen seinerseits um Koordinaten und Geschwindigkeiten von Stationen und Satelliten in einem homogenen Koordinatensystem auszudrücken. Eine Liste der von IGS verwendeten ITRF-Realisierungen findet sich in Tabelle 8.

| Realisierung | Start | Ende |
|---|---|---|
| ITRF91 | Start des IGS | 1. Januar 1994 |
| ITRF92 | 2. Januar 1994 | 31. Dezember 1994 |
| ITRF93 | 1. Januar 1995 | 29. Juni 1996 |
| ITRF94 | 30. Juni 1996 | 28. Februar 1998 |
| ITRF96 | 1. März 1998 | 31. Juli 1999 |
| ITRF97 | 1. August 1999 | — |

Tabelle 8: Von IGS verwendete ITRF Realisierungen.

Seit März 1999 stellt die IGS Reference Frame Working Group wöchentlich Koordinatenlösungen im sogenannten Software Independent Exchange (SINEX) Format bereit. Zusätzlich wird eine SINEX Datei generiert, welche auf den kumulierten Lösungen seit 1996 beruht und die auch die Stationsgeschwindigkeiten enthält. Die Koordinaten und Geschwindigkeiten der über 170 verwendeten IGS-Stationen realisieren ein sehr homogenes, allein auf GPS-Daten beruhendes und mit ITRF alingiertes Referenzsystem. Die SINEX Dateien sind am CDDIS erhältlich (siehe Tabelle 9).

| | | |
|---|---|---|
| CDDIS | ftp://cddisa.gsfc.nasa.gov/pub/gps/products/WWWW/ | |
| | IGSYYPWW.snx.Z | kumulierte Koordinatenlösung |
| | igsYYPWWWW.snx.Z | wöchentliche Koordinatenlösung |

Tabelle 9: IGS Koordinaten-Wochenlösungen.

## 3.4. Troposphäre und Ionosphäre

Seit 1998 sind für über 150 IGS-Stationen troposphärische Zenit-Laufzeitkorrekturen in zweistündlichem Intervall erhältlich. Die Resultate der einzelnen Analysezentren werden am Geoforschungszentrum in Potsdam gesammelt, verglichen und zu Wochendateien kombiniert. Diese sind mit einem Verzug von rund drei Wochen auf die Beobachtungen CDDIS verfügbar (siehe Tabelle 10). Die Standardabweichung der Zenitkorrekturen beträgt für die meisten Stationen 2–5 mm.

Globale Ionosphärenkarten werden von fünf Analysezentren gerechnet (siehe Figur 5). Neben den IGS-Zentren CODE, EMR, ESA und JPL ist auch die Polytechnische Universität von Katalonien (UPC) in Barcelona beteiligt. Verglichen werden die Karten an der European Space Agency (ESA) in Darmstadt. Die Karten der einzelnen Analysezentren können am CDDIS als Dateien im Ionosphere Exchange (IONEX) Format abgeholt werden (siehe Tabelle 10). Die Dateien enthalten für jeden Tag zwölf Karten mit dem globalen totalen ionosphärischen Elektronengehalt (TEC) in zweistündlichen Intervallen. Zusätzlich enthalten die Dateien für jeden Tag satellitenspezifische Differenzen zwischen den P-Codes der beiden Frequenzen.

| | | |
|---|---|---|
| CDDIS | ftp://cddisa.gsfc.nasa.gov/pub/gps/products/WWWW/trop/ | |
| | *stat*WWWW.zpd.Z | troposphärische Zenitdelays für Station *stat* |
| | ftp://cddisa.gsfc.nasa.gov/pub/gps/ionex/YYYY/DDD/ | |
| | *cen*gDDD0.00i.Z | IONEX Datei von Auswertezentrum *cen* |

Tabelle 10: IGS Troposphären-Dateien und globale Ionosphärenkarten.

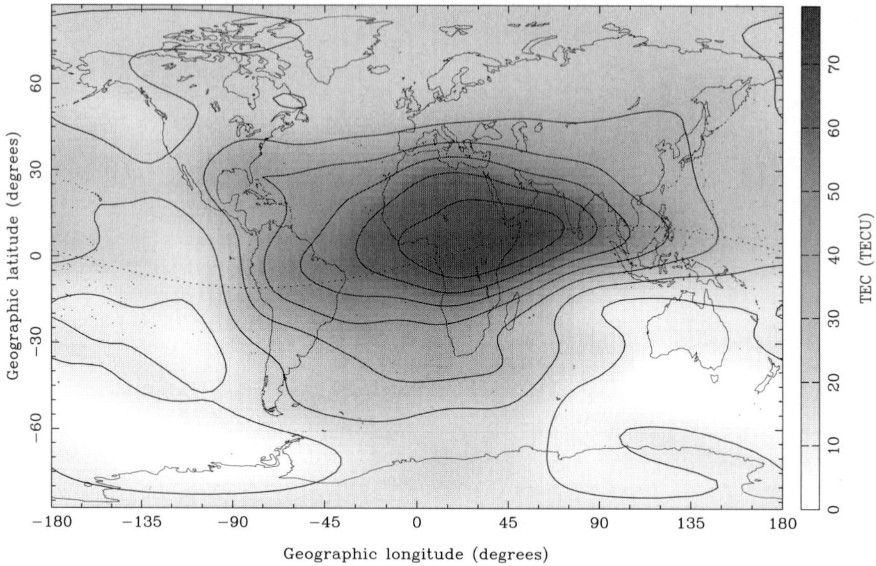


Figur 5: Ionosphärenkarte von CODE für den 22. Juni 2000, 13 Uhr UT.

## 4. Ein weiterführendes Resultat: Der Atmosphärische Drehimpuls

Der Drehimpuls der festen Erde kann aus der Polbewegung und der Tageslängenvariationen berechnet werden. Aus Variationen dieses Drehimpulses kann auf Änderungen des Trägheitsmomentes der Erde und Umschichtungen des Drehimpulses zwischen dem Erdkörper einerseits und Atmosphäre und Ozeanen andererseits geschlossen werden. Für die Variationen des Trägheitsmomentes der Erde kommen Gezeitendeformationen sowie Masseumlagerungen in Atmosphäre und Ozeanen in Frage.

Die Meteorologen rechnen den atmosphärischen Drehimpuls mit Hilfe ihrer Atmosphärenmodellen aus Masseumschichtungen (Druck) und Geschwindigkeiten (Winde). Dieser atmosphärische Drehimpuls kann verglichen werden mit dem aus den Erdrotationsparametern gerechneten Drehimpuls, wie er von dem IGS aus GPS-Beobachtungen bestimmt wird. Figur 6 zeigt die Variationen der dritten Komponente der Drehimpulsfunktion $\chi_3$ über zwei Jahre, wie sie durch die beiden Methoden bestimmt werden. Von den GPS-Resultaten wurde vorgängig die durch die Gezeiten verursachten Variationen subtrahiert. Die Zeitserie des atmosphärische Drehimpulses wurde von den National Centers for Environmental Prediction (NCEP), USA, übernommen.

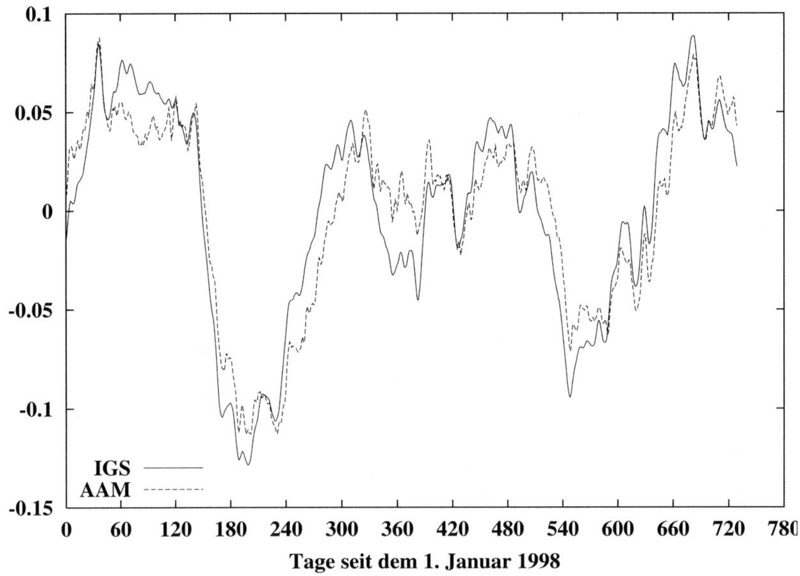


Figur 6: Axiale Drehimpulsfunktion $\chi_3$ (in dimensionslosen Einheiten von $10^{-7}$) der Erde, bestimmt aus GPS-Messungen und aus atmosphärischen Daten (ein linearer Trend und die Gezeiteneffekte mit Perioden bis 35 Tagen wurden entfernt).

Die Übereinstimmung der beiden Zeitreihen ist eindrücklich, der Korrelationskoeffizient beträgt 0.933. Deutlich erkennbar ist eine jahreszeitliche Schwankung der beiden Reihen. Bemerkenswert ist, dass die Variationen des atmosphärischen Drehimpulses hauptsächlich durch Winde, d.h. atmosphärische Zirkulationssysteme, verursacht werden und nicht durch Drehmomentänderungen durch Masseumschichtungen. Interessant ist auch, dass die Variationen des Drehimpulses des Erdkörpers hauptsächlich durch die Atmosphäre und nicht durch die Ozeane verursacht scheinen (sieht man von den Gezeiten ab).

# 5. Zusammenfassung und Ausblick

Der IGS war in den vergangenen Jahren sehr erfolgreich. Die IGS-Produkte genügen höchsten Ansprüchen und eignen sich für eine ganze Reihe von Anwendungen in Forschung und Vermessung. Für die Rapid- und Final-

Produkte bewegt sich die Genauigkeit der Ephemeriden im Bereich weniger Zentimeter. Demnächst wird ein neues Produkt, der IGS Ultra Rapid Orbit offiziell erhältlich sein. Mit den zweimal täglich bereitgestellten Ephemeriden verbessert sich die Bahnprognose für die GPS-Satelliten signifikant.

Weitere IGS-Produkte sind in der Erprobungsphase oder werden entwickelt. Hierzu gehören die kombinierte Auswertung von GPS- und GLONASS-Beobachtungen im Rahmen des IGLOS-Pilotprojektes. Die IGS-Arbeitsgruppe für die Ionosphäre bereitet die Kombination der Ionosphärenkarten der einzelnen Analysezentren vor. Ein Projekt zum hochpräzisen Zeit- und Frequenzvergleich ist in Vorbereitung in Zusammenarbeit mit dem Bureau International des Poids et Mesures (BIPM). Schliesslich wendet sich der IGS auch der Bahnbestimmung von tieffliegenden, mit GPS-Empfängern ausgestatteten Satelliten zu, um wissenschaftliche Missionen zu unterstützen, welche z.B. zur präzisen Vermessung des Schwerefeldes der Erde oder zur Erfassung von Temperaturprofilen in der Erdatmosphäre geplant sind.

## Referenzen


Beutler, G., M. Rothacher, T. Springer, J. Kouba, R. E. Neilan, 1999: The International GPS Service (IGS). An Interdisciplinary Service in Support of Earth Sciences, Adv. in Space Research, Vol. 23, No. 4, 631–653.

Beutler, G., I. Mueller, R. E. Neilan, R. Weber, 1994: IGS – Der Internationale GPS-Dienst für Geodynamik, Zeitschrift für Vermessungswesen, Jahrgang 119, Heft 5, Mai 1994.

Gowey, K. et al. (Eds.): IGS Technical Reports 1998, IGS Central Bureau, JPL, California Institute of Technology, Pasadena, CA, USA.

IGS Annual Report, 1998, IGS Central Bureau, JPL, Pasadena, CA, USA.

IGS Central Bureau Information System, http://igscb.jpl.nasa.gov.

Rothacher, M., 1997: Die Aktivitäten des Rechenzentrums CODE im Rahmen des IGS, Beitrag zum 46. DVW-Seminar, Frankfurt am Main, 1997.

Schaer, S., 1999: Mapping and Predicting the Earth's Ionosphere using the Global Positioning System, Geodätische-geophysikalische Arbeiten in der Schweiz, Vol. 59, Schweizerische Geodätische Kommission, Zürich.

Springer, T., 1999: Modeling and Validating Orbits and Clocks Using the GPS, Ph.D. Thesis, Druckerei der Universität Bern, Bern.

# DIE ALLERBESTEN WERKZEUGE. ALLE AN EINEM ORT.

**Geodimeter® und Zeiss Geodätische Systeme sind nun Bestandteil des Markennamens Trimble.**

**Das Einkaufen von Vermessungsausrüstung ist gerade sehr viel einfacher geworden!** Weil sich die Erfinder des ersten EDM, der ersten Robotic-Totalstation und des ersten RTK GPS-Systems nun in einem Großunternehmen zusammengeschlossen haben, das den weltweit vollständigsten und integriertesten Satz von Vermessungswerkzeugen für Sie bereit hält. Von digitalen Nivelliergeräten über Robotic-Totalstationen bis zu kinematischen Echtzeit-GPS-Empfängern und GIS im handlichen Format ist alles, was Sie zur raschen Abwicklung Ihrer Projekte benötigen, nun aus einer Hand erhältlich – „from concept to completion“. Wir nennen dieses vereinheitlichte Produktangebot die „Trimble Toolbox“ – ein vollständig kompatibler Satz von Werkzeugen, der mit modernster Vermessungstechnologie ausgestattet ist und zur Rationalisierung Ihres gesamten Arbeitsablaufs konzipiert wurde. Durch unsere universellen Kontrolleinheiten können Sie per „Plug and Play“ problemlos zwischen konventionellen und GPS-Instrumenten wechseln. Terrestrische und GPS-Messungen werden automatisch korreliert und in einem einzigen Datensatz zusammengefasst.

Eine Office-Softwareanwendung deckt die gesamte Datenweiterverarbeitung ab und akzeptiert dabei Messergebnisse von zehn unterschiedlichen Instrumententypen. Außerdem können Sie Ihre Daten automatisch in über fünfzig verschiedene CAD-, Vermessungs- und GIS-Formate übersetzen lassen.

Mit der Trimble Toolbox erwerben Sie ein einziges kompatibles System und eine einzige Softwareoberfläche und wissen sich von einer globalen Firma betreut. Unser Ziel/Ihr Gewinn: maximale Produktivität! Einfacher geht es wirklich nicht!

Trimble

SPECTRA PRECISION

Spectra Precision is now part of Trimble

**Trimble GmbH**
Am Prime Parc 11
65479 Raunheim
Tel. 0 6142-21 00 0
Fax 0 6142-21 00 220
www.trimble.com/lseu.htm
www.spectraprecision.de

# Erste Erfahrungen mit der Vernetzung von SA*POS*®-*Referenzstationen* in Baden-Württemberg

Hans-Georg Dick, Karlsruhe

## 1. Einleitung

Durch einen Beschluß des Ministerrates von Baden-Württemberg vom 12. Oktober 1998 wurde dem Landesvermessungsamt der Auftrag erteilt, einen flächendeckenden Echtzeitpositionierungsdienst aufzubauen und zu betreiben. Darüber hinaus sollen die gemessenen Daten gespeichert und für Post-Processing-Anwendungen zur Verfügung gestellt werden.

Der bekannte Satellitenpositionierungsdienst der deutschen Landesvermessung SA*POS*® bietet mit seinen Standards und verschiedenen Diensten dafür die Möglichkeiten. Das Land als Betreiber des SA*POS*® hat für die landesweite Nutzbarkeit des Service Sorge zu tragen. Die Anforderungen. die der Betrieb eines Echtzeitpositionierungsdienstes im cm-Bereich stellt, können nur durch eine Vernetzung der Stationen erfüllt werden. Diese ermöglicht auch eine Minimierung der Stationszahl, die aus wirtschaftlichen Gründen zu fordern ist.

An den Landesgrenzen kann ein aktives Bezugssystem wie SA*POS*® natürlich nicht haltmachen. In zwei länderübergreifenden Vernetzungsprojekten wird deshalb das geodätische und kommunikationstechnische Zusammenwirken erprobt. Für die Betreiber und Nutzer eines Netzes permanent arbeitender Stationen, aber auch die Hersteller von Hard- und Softwareprodukten, sollen dabei aussagekräftige und weiterverwertbare Ergebnisse erzielt werden.

Beim Landesvermessungsamt werden zur Vernetzung spezielle Verfahren mit spezifischer Hard- und Software eingesetzt, die es ermöglichen, unter Ausnutzung der neuesten Kommunikationstechniken, praktikable Lösungen zu erzielen.

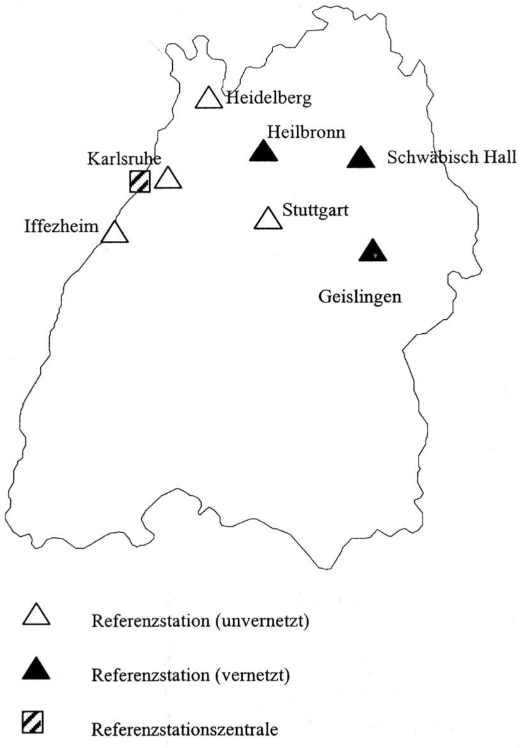


Abb.1: Stand der Referenzstationseinrichtung in Baden-Württemberg im Juni 2000

# 2. Die Vernetzung von GPS-Referenzstationen

## 2.1 Die Fehlereinflüsse auf die präzise relative Positionierung mit GPS

Die undifferenzierte Beobachtungsgleichung einer Epoche der Trägerphasenmessung zwischen einem Satelliten i und einem Empfänger a bezogen auf eine Frequenz f lautet: [nach Wanninger (2000)]

$$\phi^i_{a,f} = R^i_a + c_0 \cdot [\delta t_a + h_{a,f} - \delta t^i - h^i_f] - I^i_{a,f} + T^i_a + O^i_a + M^i_{a,f,} + A^i_{a,f} + \lambda_f \cdot N^i_{a,f} + \varepsilon^i_{a,f}$$

mit (1)

| | |
|---|---|
| $\phi^i_{a,f}$ | = Trägerphasenmessung (m), |
| $R^i_a$ | = Entfernung Satellit - Empfänger (m), wobei $R^i_a = \vert X^i - X_a \vert$, |
| $\vert X^i - X_a \vert$ | = Vektoren globaler kartesischer Koordinaten (m), |
| $\delta t_a, h_{a,f}$ | = Empfängeruhrfehler inkl. Signalverzögerung (s), |
| $\delta t^i$, $h^i_f$ | = Satellitenuhrfehler inkl. Signalverzögerung (s), |
| $I^i_{a,f}$ | = Ionosphärisch bedingter Laufzeitfehler (m), |
| $T^i_a$ | = Troposphärisch bedingter Laufzeitfehler (m), |
| $O^i_a$ | = Orbit- oder Satellitenbahnfehler (m), |
| $M^i_{a,f}$ | = Mehrwegeausbreitungsfehler (Multipath) (m), |
| $A^i_{a,f}$ | = Exzentrizität des Antennenphasenzentrums (m), |
| $c_0$, $\lambda_f$ | = Vakuumlichtgeschwindigkeit und Signalwellenlänge (m) |
| $N^i_{a,f}$ | = Phasenmehrdeutigkeit (Ambiguity) (m) |
| $\varepsilon^i_{a,f,\phi}$ | = Zufällige Meßfehler (Meßrauschen) (m) |

Die zur gleichen Meßepoche entstehende Codemessung wird hier nicht angegeben.

Unter Troposphäre versteht man den unteren Teil der Atmosphäre bis ca. 40 km Höhe, daran schließt sich die Ionosphäre an. Die L1 und L2-Signale verhalten sich hinsichtlich der Troposphäre identisch, nicht so in der Ionosphäre.

Die Beobachtungsgleichung (1) wird in Standard-GPS-Auswertungen durch Bildung von Einfach- oder Doppeldifferenzen (für bestimmte Zwecke auch Dreifachdifferenzen) weiter vereinfacht.

Der Fehlerhaushalt soll nun im Einzelnen erläutert werden:

a) Fehler welche sich durch Relativmessungen eliminieren lassen

- Satellitenuhrfehler

  Durch die Bildung von Einfachdifferenzen (zwei Empfänger, ein Satellit) werden die Satellitenuhrfehler und Signalverzögerungen der Satellitenuhren ausgeschaltet.

- Empfängeruhrfehler

  Die Bildung von Zweifachdifferenzen (zwei Empfänger, zwei Satelliten) ermöglicht es dann den Empfängeruhrfehler samt Signalverzögerung zu eliminieren.

b) Fehler welche sich durch relative GPS-Messung deutlich verringern lassen und deren verbleibende Fehleranteile in hohem Maße vom Abstand der Stationen untereinander abhängig sind.

- Orbit- oder Satellitenbahnfehler

  Für Echtzeitpositionierungen kommen hier nur Broadcast-Ephemeriden in Betracht. Diese weisen eine mittlere Genauigkeit von etwa 3 Metern auf, Ausreißer können jedoch Fehler bis zum 10-fachen dieses Betrages annehmen. Die Auswirkungen auf eine Basislinie betragen dabei maximal im Einzelfall etwa 3 cm.

- Ionosphärische Refraktion

  Durch Verwendung von Zweifrequenzempfängern und Differenzbildung (Einfach- und Doppeldifferenzen) der ursprünglichen Beobachtungsgleichung (1), lassen sich bis zu einem Abstand s zwischen Rover (Mobilstation) und Referenzstation ionosphärisch bedingte Fehler nahezu vollständig eliminieren. Nun ist dieser Abstand s abhängig vom Zustand der Ionosphäre, d.h. dass sich dieser Wert, zum Beispiel in Zeiten erhöhter Sonnenaktivität (Sonnenfleckenmaximum im Jahr 2000!), auf etwa 10 km verringert.

Eine Möglichkeit zur Fehlerverringerung besteht darin Ionosphärenmodelle einzusetzen. Diese können jedoch großräumige ionosphärische Störungen nur näherungsweise, kleinräumige Störungen gar nicht modellieren.

Die Auswirkungen ionosphärischer Störungen können unterschiedliche Ausprägungen annehmen und lassen sich nur schwer als lineare Fehlervektoren angeben. Durch die Differenzbildungen werden das Messrauschen und die Mehrwegefehler verstärkt. Es tritt eine Erschwernis bei der Fixierung von Phasenmehrdeutigkeiten auf, die am RTK-Rover zu längeren Initialisierungszeiten führt. Kleinräumige Störungen können zu Empfangsproblemen, dem vermehrten Auftreten von Phasensprüngen (Cycle Slips) oder gar zu längeren Signalausfällen (L1 u/o L2) führen.

- Troposphärische Refraktion

  Standardmäßig werden bei GPS-Auswertungen Troposphärenmodelle eingesetzt (z.B. Hopfield oder Saastamoinen), die Refraktionserscheinungen weitgehend beseitigen. Nach Differenzbildung liegen die verbleibenden Restfehler bei Stationsabständen unter 20 km und geringen Höhenunterschieden im Bereich weniger mm. Größere Abstände und vor allem größere Höhenunterschiede erzeugen Restfehler die für präzise Positionierungen nicht mehr tragbar sind.

c) Stationsabhängige Fehler, die unabhängig vom Abstand der Stationen sind, sich aber nicht durch relative Positionierung verringern lassen.

- Fehler durch Mehrwegeausbreitung (Multipath-Effekte)

  Durch Reflexionen in der Umgebung von GPS-Antennen treten Störungen des Satellitensignals bei Code- und Phasenmessungen auf. Möglichkeiten zur Verringerung solcher Fehler sind die Auswahl reflexionsarmer Messumgebungen oder Verwendung abgeschirmter Antennen.

  Die Modellierung von Mehrwegeausbreitungseffekten ist zumindest für permanent arbeitende Referenzstationen in der Entwicklung.

- Antennenphasenexzentrizitäten

  Geometrische und elektrische Phasenzentren von GPS-Antennen fallen nicht exakt zusammen. Darüber hinaus ändert sich die Lage des elektrischen Phasenzentrums abhängig von Azimut und Elevation jedes einzelnen am Signalempfang beteiligten Satelliten. Werden baugleiche moderne Antennen bei Rover und Referenzstation verwendet und erfolgt die Antennenausrichtung in gleicher Weise, so sind die verbleibenden Fehleranteile sehr gering. Dennoch kann es gelegentlich vorkommen, dass auch Antennen gleichen Typs herstellungsbedingte Unterschiede aufweisen. Auch die Verwendung von Grundplatten und Wetterschutzhauben ändert die Antenneneigenschaften teilweise beträchtlich (einige cm).

  Im SA*POS*®-Betrieb muss im Allgemeinen davon ausgegangen werden, dass Messungen unterschiedlicher Antennen zu Basislinien zusammenzuführen sind. Eine Antennenphasenexzentrizität wirkt sich dann vor allem auf die Bestimmung der Höhenkomponente im Zentimeter oder gar Dezimeterbereich aus. Bei Kenntnis der beteiligten Antennentypen lassen sich in einigen Programmen, auch in Echtzeit, geeignete Modelle zur Anwendung bringen, die auf Ergebnissen von Antennenkalibrierungen beruhen.

  Man unterscheidet relative und absolute Kalibrierungen, wobei die Ergebnisse der relativen Kalibrierungen bequem via Internet (IGS) bezogen werden können. Nach neueren Erkenntnissen ist den Absolutkalibrierungen der Vorzug zu geben, da hier keine Annahme einer „fehlerfreien" Referenzantenne notwendig ist. Kalibrierungen im Labor sind sehr aufwendig und teuer, lassen sich aber auch durch Feldkalibrierungen und Verwendung ausgefeilter Algorithmen ersetzen.

d) Zufällige Fehler (Meßrauschen)

Das Meßrauschen verstärkt sich mit abnehmender Elevation der Satelliten. Durch die Verwendung von Linearkombinationen (Numerische Änderung der Ausgangssignale L1 und L2) kann es auch zu verstärktem Meßrauschen kommen.

Hier schaffen nur längere Beobachtungszeiten Abhilfe, diese sind jedoch bei RTK-Messungen in der Regel nicht sinnvoll und auch nicht gewünscht.

Zusammenfassend läßt sich sagen, dass es vor allem die atmosphärisch bedingten Fehlereinflüsse zu reduzieren gilt.

## 2.2 Prinzip und Realisierung permanent arbeitender vernetzter GPS-Referenzstationen

### 2.2.1 Das Prinzip der Vernetzung von GPS-Referenzstationen

Beim relativen oder differentiellen GPS-Verfahren (DGPS) wird versucht, die Fehlereinflüsse an der Roverstation durch die gleichzeitige Messung auf einer koordinatenmäßig bekannten Referenzstation, zu erfassen und durch die Übermittlung als Korrekturdaten an den Meßdaten des Rover anzubringen. Eine wesentliche Genauigkeitssteigerung von GPS-Messungen auf Mobilstationen läßt sich durch die Verwendung nicht nur einer, sondern mehrer umliegender Referenzstationen erreichen (Abb. 2). Die Verteilung der verwendeten Referenzstationen um das Meßgebiet, kann zur Modellierung der entfernungs- und richtungsabhängig wirkenden relativen Fehlereinflüssen genutzt werden. Hintergrund ist dabei die Forderung, schon nach wenigen Minuten Beobachtungszeit eine Genauigkeit von etwa 1 cm auf Rover-Punkten erzielen zu können.

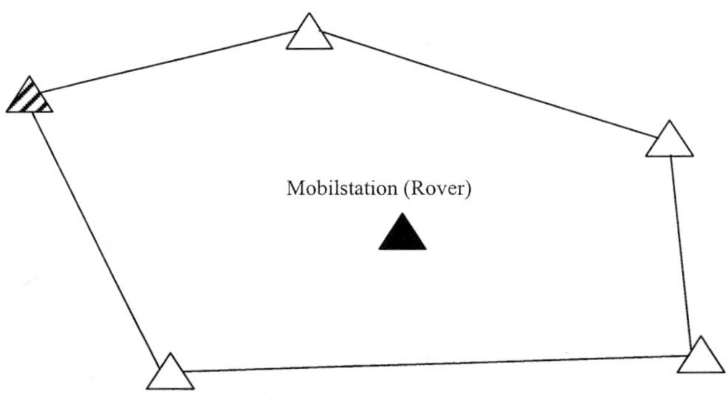


Abb.2: Netz permanent arbeitender Referenzstationen

Ein Anwender auf der Mobilstation hat nun prinzipiell die Möglichkeit, die simultanen Meßdaten aller umliegenden Stationen mit den Meßdaten der Mobilstation in einer Auswertung zusammenzuführen. Für Post Processing oder Near-Online-Anwendungen gibt es dafür spezielle Programme. Dabei werden Rohdaten (RINEX) einer sogenannten virtuellen Referenzstation erzeugt [Wanninger (2000)]. Diese Rohdaten lassen sich mit den Rover-Daten als kurze Basislinie auswerten, mit dem Vorteil der Elimination oder starken Reduzierung entfernungsabhängiger Fehler. Soll eine präzise Echtzeitpositionierung gerechnet werden, sind die rechentechnischen und kommunikationstechnischen Voraussetzungen für eine Vor-Ort-Vernetzungsberechnung derzeit jedoch sehr anspruchsvoll.

Die Vernetzungsberechnung für Echtzeitanwendungen muß demnach an der Zentrale des Referenzstationsnetzes erfolgen. Alle relevanten Beobachtungen des Stationsnetzes müssen hier zusammenfließen, eine Datenaufbereitung und Qualitätskontrolle erfolgen und der Mobilstation auf Abruf individuelle Korrekturdaten zur Verfügung gestellt werden.

Diese Individualisierung der Korrekturdaten erfolgt in Form von Flächenkorrekturparametern (FKP) oder als Daten einer virtuellen Referenzstation. Flächenkorrekturparameter definieren eine, zwischen den beteiligten Referenzstationen aufgespannte, Korrekturebene, die durch das Vernetzungsprogramm berechnet wird, als Neigungen in Nord-Süd- sowie Ost-West-Richtung (Abb.3). Diese Neigungswerte werden für jeden Satelliten berechnet. Die ionosphärischen Anteile werden dabei von den troposphärischen und Orbitanteilen separiert und als ionosphärisches Signal bezeichnet, die letzteren Anteile werden als geometrisches Signal definiert. Für jeden Satellit erhät man 4 Neigungswerte. Diese werden in der Regel nicht epochenweise benötigt, sondern können meist im Abstand von 10 Sekunden an die Mobilstation übermittelt werden. Die Bereitstellung von Flächenkorrekturparametern entspricht dem SA*POS*®-Standard. Zur Berücksichtigung am Rover-Empfänger wird ein SA*POS*®-Dekoder benötigt. FKP werden zusammen mit den normalen Korrekturdaten, auf eine einzelne Station bezogen, abgegeben. Dies kann zu Problemen in der Verarbeitung im Rover-Empfänger führen, wenn die Software versucht, spezielle Lösungsstrategien für lange Basislinien einzusetzen.

Ein zweiter Lösungsansatz besteht darin, Daten einer virtuellen Referenzstation zu erzeugen. Diese virtuelle Station erhält als Koordinaten die

Navigationslösung der Mobilstation, die der Vernetzungszentrale übermittelt werden muß. Es gibt auch hier mehrere Ansätze der Datenerzeugung und Weiterverarbeitung. Ein Weg ist es, Rohdaten der virtuellen Station zu erzeugen und der Mobilstation für eine RTK-Verarbeitung zuzuführen. Der Rover-Nutzer muß keine bestimmte Referenzstation im Stationsnetz auswählen, sondern bekommt seine Daten stationsunabhängig von einer Zentrale übermittelt. Im zweiten Verfahren werden spezielle Korrekturdaten ermittelt, die den Korrekturdaten entsprechen, die am Ort einer virtuellen Referenzstation erzeugt wurden. Zur Zeit ist es bei diesem Vorgang noch notwendig, an der Zentrale die Daten einer ausgewählten Referenzstation zu Grunde zu legen. Der Nutzung virtueller Referenzstationen für bewegte Empfänger (kinematisches Meßverfahren) ist derzeit (noch) nicht möglich.

Umfangreiche Untersuchungen haben ergeben, dass ein Punktabstand von etwa 50 Kilometern auch unter extremen Fehlerbedingungen ausreicht, um mit einem Netz permanent arbeitender Referenzstationen gute Ergebnisse bei RTK-Messungen zu erzielen [Wanninger(2000)].

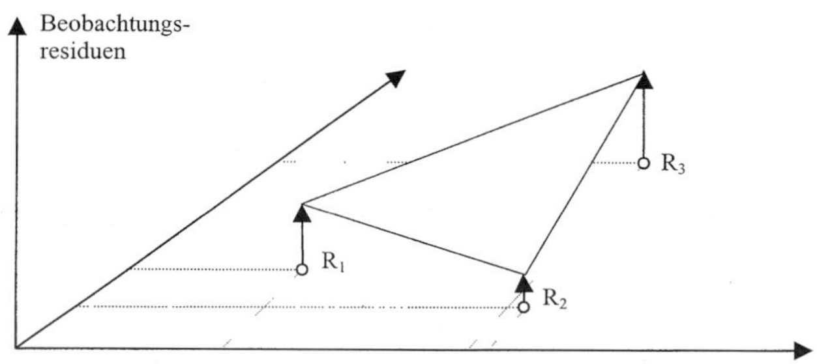


Abb.3: Korrekturebene linearer Flächenkorrekturparameter

### 2.2.2 Die Realisierung der Vernetzung von GPS-Referenzstationen für präzise Echtzeitpositionierungen

Für die erfolgreiche Nutzung der Vorteile vernetzter GPS-Referenzstationen sind drei Komponenten verantwortlich:

- Die Modellbildung an der Zentrale des Referenzstationsnetzes

- Die korrekte Einbeziehung der Korrekturdaten einschließlich Vernetzungsparameter an der Mobilstation
- Die Datenkommunikation zwischen den Referenzstationen und der Masterstation einerseits, und zwischen Masterstation und Mobilstation andererseits.

Die Aufgabe einer Vernetzungssoftware besteht aus folgenden Hauptteilen:

- Einbeziehung aller Daten von Referenzstationen im Netz, oder wenn dies aus Kapazitätsgründen nicht möglich sein sollte, aus Teilen des Referenzstationsnetzes. Diese Daten können Rohdaten oder Korrekturdaten sein, im letzeren Fall müssen dann noch Koordinaten und Bahndaten gesondert von der jeweiligen Referenzstation bezogen werden.
- Schätzung der Unbekannten wie Orbitparameter, Uhrfehler, troposphärische Fehleranteile, Ionosphärische Fehleranteile – Modellbildung. Meist können auch die Koordinaten der Referenzstationen als Unbekannte geschätzt werden, um die Konsistenz des Netzes zu überprüfen.
- Anwendung von Mehrdeutigkeitssuchmethoden zur Fixierung der Satelliten-Empfänger-Ambiguities. Da die Netzkorrekturen für Echtzeitanwendungen erzeugt werden, ist die Mehrdeutigkeitsfestsetzung für eine erfolgreiche Anwendung Grundvoraussetzung.
- Erzeugung von Flächenkorrekturparametern und/oder Daten einer virtuellen Referenzstation

Programme existieren für die Verarbeitung undifferenzierter oder differenzierter Beobachtungen. Bei Auswertungen mit undifferenzierten Beobachtungen gehen keine Messwerte verloren und Korrelationen zwischen den Beobachtungen werden mathematisch korrekt berücksichtigt.

Die Software zur Echtzeitpositionierung auf der Mobilstation kann als Firmware in den GPS-Empfänger integriert sein oder separat auf einem Notebook oder Palmtop-Computer laufen. Sie muss insbesondere in der Lage sein, Netzkorrekturen in der richtigen Weise zu verarbeiten. Die Netzkorrekturen enthalten zwar die räumlichen Änderungen der troposphärischen Bedingungen, die Rover-Software muß dennoch den höhenabhängigen Anteil der troposphärischen Korrekturen auf das Niveau der Mobilstation modellieren. Der entfernungsabhängige Fehler der Ionosphäre ist jedoch in den Netzkorrekturen enthalten und darf keinesfalls erneut über Modelle korrigiert werden.

Um vernetzte Referenzstationen zu betreiben und im Feld in Echtzeit nutzen zu können, bedarf es des umfangreichen Einsatzes verschiedener Kommunikationstechniken. Die Datenströme von den Referenzstationen zur Zentrale können, je nach verwendeter Vernetzungssoftware, folgende Inhalte haben:

- GPS-Empfängerrohdaten
- Träger- und Codephasenrohdaten RTCM-2.1 (18,19)
- Träger- und Codephasenkorrekturdaten RTCM-2.1 (20,21)
- Verschlüsselte und komprimierte Träger- und Codephasenkorrekturdaten RTCM-AdV.

Die Daten werden in der Regel im Sekundentakt übermittelt.

Findet die Korrekturdatenausstrahlung über 2-Meter-Funk statt, ist ein Datenstrom von der Zentrale zur Referenzstation notwendig. Das ausschließlich anwendbare Datenformat ist, aufgrund der beschränkten Bandbreite des 2-Meter-Funks, in diesem Fall RTCM-AdV.

Die Übertragungsmedien im Netz der Referenzstationen lassen sich wie folgt einteilen:

- Betriebsfunk im 2-Meter-Band (Übertragungsrate derzeit 2400 bps). Bei Stationsabständen von 50 km wird der Einsatz von Relaisfunkstationen notwendig.
- Analoge Standardfestverbindungen der Telekom sind im Regelfall ausreichend sichere Übertragungswege.
- Digitale Festverbindungen bieten einen größeren Datendurchsatz, sind aber auch deutlich teuerer. Sie kommen beispielsweise für die Anbindung der Referenzstationsdaten benachbarter Länder in Frage.
- Wählleitungen kommen nur für kurzfristige Testzwecke in Betracht.
- Landesdatennetze (in Baden-Württemberg das Landesverwaltungsnetz LVN2)

Für eine Kommunikation der Mobilstation mit Referenzstation oder Netzzentrale werden ebenfalls standardisierte Datenformate verwendet:

- NMEA 0183 (National Marine Electronics Association) – Ausgabeformat für GPS-Empfänger wird dazu benutzt Näherungskoordinaten an eine Referenzstation oder Netzzentrale abzugeben. Für die Benutzung eines SA*POS*®-Decoders wird das kompakte NMEA-AdV-Format benötigt.
- RTCM-Formate, wie zuvor beschrieben.

Als Übertragungsmedien werden genutzt:

- Betriebsfunk, wie zuvor beschrieben
- Mobilfunk (GSM)

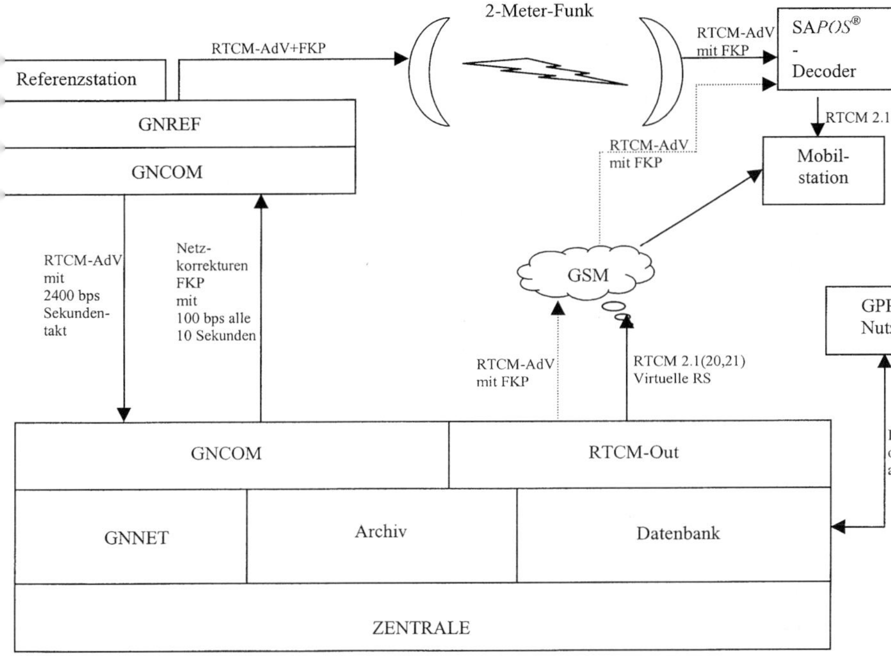


Abb.4: Datenströme Referenzstation – Zentrale - Mobilstation

# 3. Hard- und Softwarekomponenten beim Landesvermessungsamt zum Betrieb eines Netzes von permanent arbeitenden Referenzstationen

## 3.1 Ausstattung und Verarbeitungsabläufe auf den Referenzstationen (Abb.5)

Es wird im Folgenden auf die Ausstattung einer für Baden-Württemberg typischen vernetzten Referenzstation eingegangen. Künftig werden noch weitere, bis jetzt als Einzelsysteme arbeitende, Stationen mit einbezogen, die über ein etwas umfangreicheres Equipment verfügen. Die Hardware besteht im wesentlichen aus den Komponenten:

- Leica GPS-Empfänger SR9500 oder SR520 mit 12 Kanälen
- Leica Chokering-Antenne AT303 bzw. 503 mit Wetterschutzhaube.
- Compaq PC Pentium II oder III mit 266 bzw. 450 MHz und 64 MB RAM
- Unterbrechungsfreie Stromversorgung (USV) zum Abfangen von Stromausfällen bis ca. 20 Minuten Dauer.
- Power-Boot – ein, über Fernwartung zu bedienender, Stromunterbrecher.
- Einfacher Router zur Einbindung in das Landesverwaltungsnetz, falls die Station nicht bei einer Landesbehörde installiert werden konnte.

Abb.5: Ausstattung von Referenzstationen (Schwäbisch Hall und Heidelberg)

Die Software im Einzelnen:

- Betriebssystem Windows NT4.0
- Referenzstationssoftware GNREF der Firma Geo++, mit Empfänger-, Output- und Rechen-Modul.
- Kommunikationssoftware GNCOM von Geo++ zur Verwendung im LVN (TCP/IP-Protokoll)
- Programmpaket GNTools von Geo++, einer Sammlung von Hilfsprogrammen.
- Fernwartungssoftware PCAnywhere 9.0
- USV-Software PowerChute.

Das Empfängermodul liest Rohdaten vom GPS-Empfänger über eine serielle Schnittstelle. Nach einer Prüfung (Aufdecken und markieren von Phasensprüngen) werden die Rohdaten zum einen im RINEX-Format (Receiver Independent Exchange Format) gespeichert, zum anderen dem Rechenmodul zur Weiterverarbeitung übermittelt.

Das Rechenmodul stellt das Kernstück der Referenzstationssoftware dar, es erzeugt aus den geprüften Empfängerrohdaten und den Referenzkoordinaten die Korrekturdaten in benutzerdefinierten RTCM-Formaten. Einige besonderen Eigenschaften des Rechenmoduls sind:

- Filter für Satelliten-Elevation und Signal-Rauschverhältnis
- Code- und Trägerphasen-Cycle-Slip-Test
- Modellierung der Empfängeruhr
- Verwendung eines stochastischen Multipath-Modells
- Synchronisation auf vorgebbare Epochen.

Mit dem Output-Modul werden die erzeugten Korrekturdaten (im Referenzstationsnetz RTCM-AdV) an das Kommunikationsmodul GNCOM weitergegeben. Dort wird die Adressierung der Datenpakete im Netzwerk vorgenommen und die Korrekturdaten an die Zentrale verschickt (Abb.6).

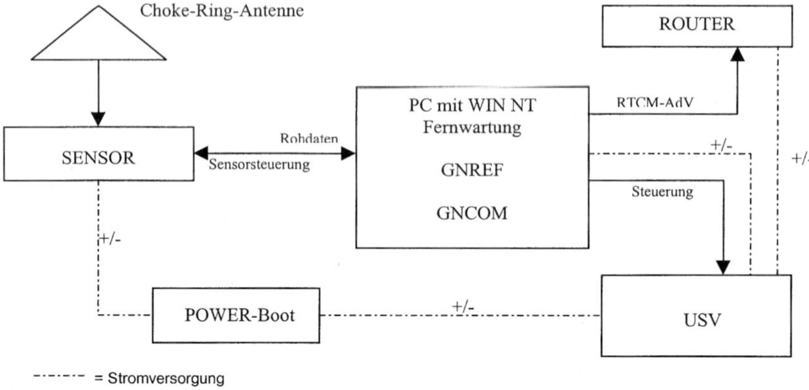


Abb.6: Komponenten einer typischen vernetzten SA*POS*®-Referenzstation in Baden-Württemberg

## 3.2 Ausstattung und Verarbeitungsabläufe der Zentrale

Die Vernetzung von Referenzstationen befindet sich in Baden-Württemberg im Aufbau. Aus diesem Grund wurde die Geräte- und Softwareausstattung der Zentrale auf ein absolut notwendiges Minimum reduziert, um dann, durch die gewonnenen Erfahrungen im Testbetrieb, im endgültigen Ausbau allen Anforderungen gerecht zu werden.

Die Hardwarekomponenten sind zur Zeit (Abb.7):

- Siemens PC Pentium I mit 166 MHz und 64 MB RAM für Datenabgabe und Fernwartung
- Yamaha CD-Brenner für die Datenabgabe
- ELSA-ISDN-Adapter für die Fernwartung
- Compaq PC Pentium III mit 450 MHz und 64 MB RAM für Vernetzung, Datenhaltung und Echtzeitkorrekturdaten inkl. Bandlaufwerk.
- Unterbrechungsfreie Stromversorgung (USV)
- 3 ELSA-ISDN-Adapter für Fernwartung und für Testzwecke (Vernetzungsprojekte)
- 2 Siemens M1-Boxen (GSM) für die Versendung von Echtzeitkorrekturdaten (FKP und virt. RS).

Beide Rechner sind über das LV-Hausnetz Karlsruhe/Kaiserstrasse vernetzt, von den anderen PC-Benutzern jedoch getrennt.

Die Software an der Zentrale:

- Betriebssystem OS/2 Warp 4 im Compaq-PC; Umstellung auf WIN NT noch im Jahresverlauf
    - Vernetzungssoftware GNNET der Firma Geo++
    - Monitoringsoftware GNRIM der Firma Geo++; derzeit noch nicht in Betrieb.
    - Referenzstationssoftware GNREF der Firma Geo++, mit Empfänger-, Output- und Rechen-Modul.
    - Kommunikationssoftware GNCOM von Geo++ zur Verwendung im LVN (TCP/IP-Protokoll)
    - Programmpaket GNTools von Geo++ - eine Sammlung von Hilfsprogrammen.
    - Fernwartungssoftware RSM (PolyPM)
- Betriebssystem Windows NT 4.0 im Fernwartungs-PC
    - Fernwartungssoftware PCAnywhere 9.0
    - Kommunikationssoftware ZOC für den Datenaustausch über Mailbox
    - CD-Brenner-Software

Kernstück der Software an der Zentrale ist das Programmmodul zur hochpräzisen Echtzeit-Multistationslösung – GNNET. Das Programm ist derzeit (Mai 2000) nur unter dem Betriebssystem OS/2 lauffähig, eine Windows-NT-Version ist in Kürze verfügbar, auch eine UNIX-Version wird von der Herstellerfirma Geo++ in Aussicht gestellt.

GNNET kann zentral (in Baden-Württemberg) oder dezentral (auf dem Laptop einer Mobilstation) eingesetzt werden. Als Eingangsdaten werden dem Programm Korrekturdaten im Format RTCM-AdV, Referenzstationskoordinaten und Satelliten-Broadcastorbits zugeführt. Es werden dann die Uhrfehler, die Satelliten-Orbits und atmosphärische Refraktionseinflüsse (Ionosphäre und Troposphäre) modelliert (Undifferenzierte Beobachtungen) und in Echtzeit Flächenkorrekturparameter oder Daten einer virtuellen Referenzstation bereitgestellt.

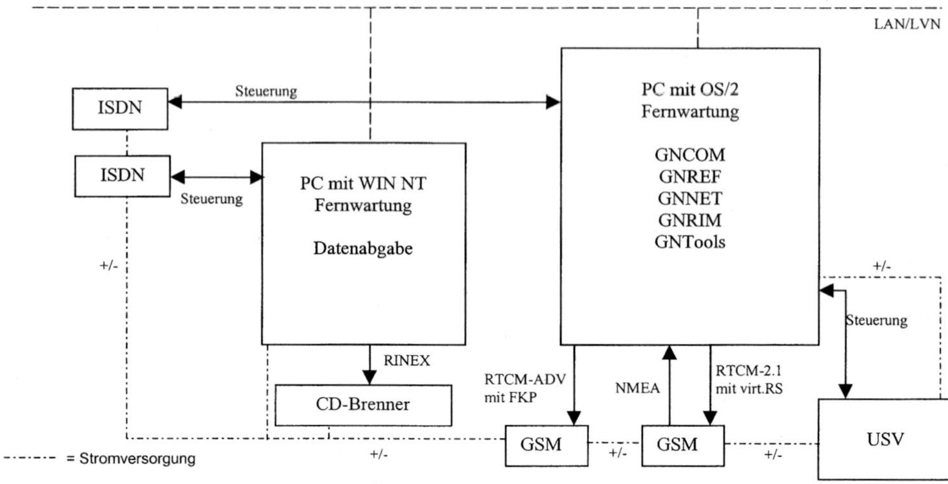


Abb.7: Die Komponenten an der Zentrale

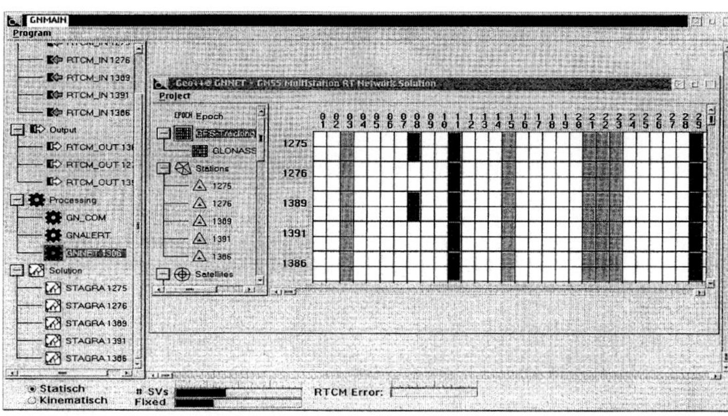


Abb.7a: Epochenfenster von GNNET

Eine Auswahl besonderer Merkmale der Software:

- Koordinaten der Referenzstationen können als fest, mit einer vorgebbaren Unsicherheit in allen drei Koordinatenrichtungen oder als Neupunkte in die Ausgleichung eingehen. Es besteht so die Möglichkeit, Koordinatenunsicherheiten durch eine weiche Lagerung abzufangen.
- Einsatz mehrerer Elevationsmasken für die Mehrdeutigkeitsschätzung
- Individuelle Cycle-Slip-Filter für alle empfangenen Satelliten
- Schätzung eines funktionalen globalen Ionosphärenmodells möglich.
- Schätzung eines stochastischen Ionosphärenmodells zur Verfeinerung des globalen Ansatzes möglich (bessere Berücksichtigung lokaler Strukturen).
- alternativ zum stochastischen Modell ist eine adaptive ionosphärische Parameterschätzung anwendbar, dabei werden, bei langfristig laufenden Prozessen, die Parameter programmgesteuert (adaptiv) an die jeweiligen aktuellen Bedingungen angepaßt.
- Funktionale und stochastische Modellierung der Bahnparameter (Satellitenorbits).
- Funktionale und stochastische Modellierung troposphärischer Maßstabsparameter.

## 3.3 Ausstattung und Arbeitsabläufe an der Mobilstation (Rover)

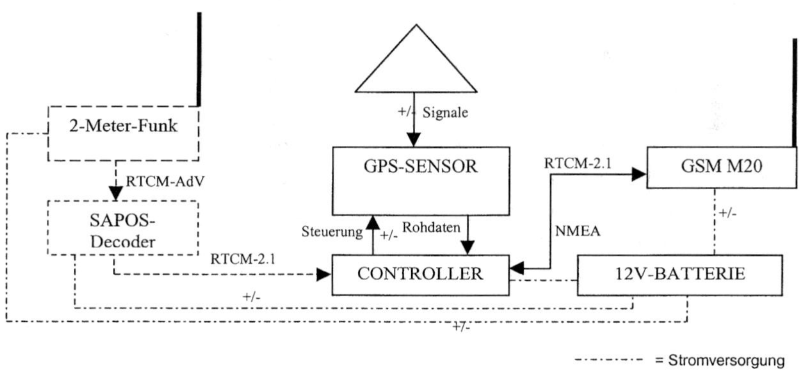


Abb.8: Ausstattung der RTK-Mobilstation

Referat 31 verfügt über 3 RTK-Mobilstationen der Typen LEICA SR9500 und 1 LEICA SR530-Gerät.

Für die Kommunikation sind 3 GSM-Module, ein 2-Meter-Band-Funkgerät und drei 70-cm-Funkgeräte vorhanden. Als Zubehör sind Rucksäcke und Schnellstative im Einsatz. Um verschlüsselte Korrekturdaten (RTCM-AdV) verarbeiten zu können, wird ein SA*POS*®-Decoder verwendet.

# 4. Laufende Projekte zur länderübergreifenden Vernetzung

## 4.1 Verwaltungsabkommen zwischen den Ländern Baden-Württemberg – Bayern

### 4.1.1 Zielsetzungen

Die Länder Baden-Württemberg und Bayern wollen mit einem „Verwaltungsabkommen zur Zusammenarbeit bei Aufbau und Betrieb des Satellitenpositionierungsdienstes SA*POS*®" die länderübergreifende technische Zusammenarbeit verstärken.

Darin sind im Entwurf vom Juli 1999 folgende Eckpunkte enthalten (Zitate):

- Gemeinsame Standortplanung und Installation an der Landesgrenze, um einen optimalen Einsatzgrad mit möglichst wenigen Referenzstationen zu erreichen.
- Die Vernetzung der Referenzstationen über die Landesgrenze hinweg, um die Qualitäts- und Witschaftlichkeitsvorteile auch im Grenzbereich zu erhalten.
- Eine gemeinsame Datenauswertung zur Erhöhung der Genauigkeit, Zuverlässigkeit und Wirtschaftlichkeit.

Für die Erarbeitung und Umsetzung des Verwaltungsabkommens wurden ein Lenkungsausschuss und ein Technischer Ausschuss gebildet, die sich aus Mitgliedern beider Länder zusammensetzen. Die Unterzeichnung des Verwaltungsabkommens soll noch im Jahr 2000, anlässlich eines Ortstermins an der Landesgrenze, durch die jeweils zuständigen Fachminister der Länder unterzeichnet werden.

#### 4.1.2 Umsetzung

Die gemeinsame Standortplanung ist mittlerweile abgeschlossen.

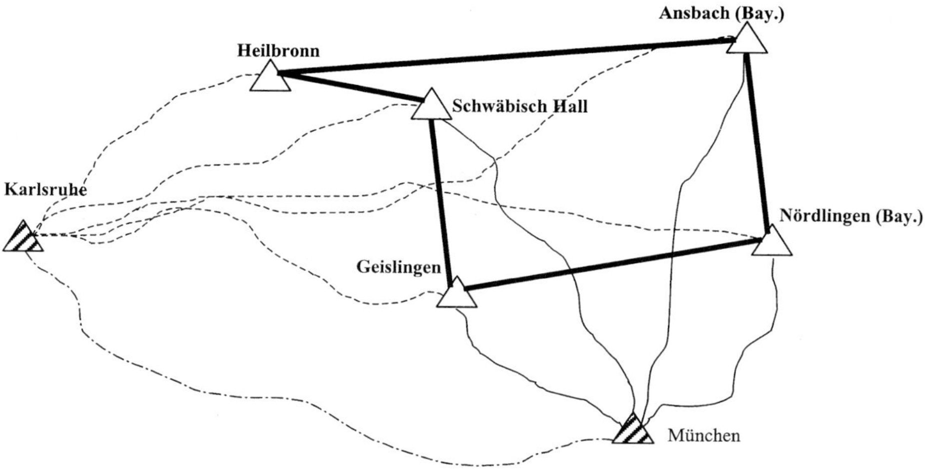


Abb.9: Kommunikationsverbindungen des Testnetzes Baden-Württemberg - Bayern

Mit den Stationen Geislingen, Schwäbisch Hall, Ansbach und Nördlingen wurden jeweils zwei Stationen in beiden Ländern für eine grenzüberschreitende Vernetzung ausgewählt, eingerichtet und in Betrieb genommen (Abb.9). Beim Betrieb des Testnetzes gewonnene Erfahrungen sollen dann in den weiteren Ausbau mit einfließen. Um die verschiedenen Datenübertragungsmöglichkeiten zu testen, sind folgende drei Varianten realisiert worden:

- Übertragung der Daten der Referenzstationen beider Länder, über digitale Standleitungen und Landesverwaltungsnetz Baden-Württemberg, zur zentralen Auswertung und Korrekturdatenaussendung nach Karlsruhe (LV). Mittlerweile wurde hier die Station Heilbronn mit einbezogen.
- Übertragung der Daten der Referenzstationen beider Länder, über digitale Standleitungen und Landesverwaltungsnetz Baden-Württemberg, nach Karlsruhe (LV). Weiterleitung dieses Datenstromes über eine digitale Standleitung zur zentralen Auswertung und Korrekturdatenaussendung nach München.

- Übertragung der Daten der Referenzstationen beider Länder, über analoge Standleitungen, zur zentralen Auswertung und Korrekturdatenaussendung nach München (BLVA).

### 4.1.3 Ergebnisse von Testmessungen

Das Referat 31 des Landesvermessungsamtes konnte die Wirkung von vernetzten Referenzstationen bisher nur aufgrund stichprobenartiger Tests, mit einer ausgeliehenen Mobilstation, im Gelände nachprüfen. Dabei wurden Messungen auf Punkten des Baden-Württembergischen Referenznetzes (BWREF) durchgeführt. Die gewonnenen Eindrücke sind erst dann wirklich aussagekräftig, wenn umfangreiche Feldmessungen diese bestätigen.

Ziel der Tests war es, unter den derzeit (Mai 2000) vorherrschenden schwierigen ionosphärischen Bedingungen, folgende Fragestellungen klären zu helfen:

- Aufbau und Stabilität der Kommunikationsverbindung zur Referenzstationszentrale (hier mit GSM).

  Die Anwahl der Referenzstationen gelang im gesamten Zeitraum der Testmessungen problemlos, da die Mobilfunk-Netzabdeckung jeweils gewährleistet war. Diese Netzabdeckung ist jedoch, wie bekannt, nicht lückenlos! Nach dem Verbindungsaufbau erwies sich diese als recht stabil, eine Unterbrechung während der Messung gab es nur in einem Fall.

- Dauer der RTK- Initialisierung (TTFA = Time to fix ambiguity) zu verschiedenen Tageszeiten.

  Hier, wie in den folgenden Punkten, deutet sich eine klare Abhängigkeit von der Anzahl der gelösten Mehrdeutigkeiten im Referenzstationsnetz an. Lag die Anzahl der gelösten Mehrdeutigkeiten (L1+L2, Empfänger-Satellit) bei allen vernetzten Stationen bei 6, 7 oder gar 8, ergab sich im Mittel eine Initialsierungszeit von ca. 45 Sekunden. War die Anzahl überwiegend nur 5, so erhöhte sich die mittlere TTFA auf 3,5 Minuten! Zu einer bestimmten Tageszeit (ca. 15-16 Uhr an einem Tag) waren sogar keinerlei Initialisierungen mehr möglich. Dies läßt sich eigentlich nur mit ungewöhnlich starken ionosphärischen Störungen erklären, zumal in dieser Zeit durchgeführte statische Messungen im Post Processing, extrem problematisch waren.

- Genauigkeit einer Positionsbestimmung nach zuvor erfolgreicher Initialisierung durch Soll-Ist-Vergleich mit den hochgenau bekannten Koordinaten eines Punktes.

Unter überwiegend guten Meßbedingungen wurden mittlere Lageabweichungen von 6 mm linear festgestellt. Die Abweichung in der Höhenkomponente ergab sich im Mittel zu 30 mm, wobei hier zum Teil systematische Effekte vorliegen könnten (Antennenphasenexzentrizitäten, Troposphärische Restfehler). Deutlich vergrößerte Abweichungen zeigten sich bei allen Messungen die nach langwierigen Initialisierungsphasen durchgeführt wurden, in der Lage im Mittel 15 mm und in der Höhe 45 mm (mit Ausreißern bis 88 mm).

- Vergleich von Positionsbestimmungen, die nahezu zeitgleich, mit und ohne Netzkorrekturen durchgeführt wurden.

Messungen zu nahegelegenen Referenzstationen ( 5 + 17 km) ergaben, wie zu erwarten war, ähnliche Ergebnisse wie die „Netzlösung". Keine Initialisierung war dagegen möglich bei Entfernungen von über 30 km.

- Bewertung der aufgezeichneten Messdaten, durch Auswertung im Post Processing mit Hilfe des Programmes WaSoft [Wanninger(2000)].

Ausgewertet wurden am Vormittag und Nachmittag jeweils 15 5-Minuten-Beobachtungen. In den Zeiten ohne Echtzeitinitialiserung war auch im Post Processing (zumindest mit den 5-Minuten-Intervallen) kein Fixing der Mehrdeutigkeiten möglich. Die übrigen Auswertungen ergaben mittlere Lageabweichungen von 10 mm und mittlere Höhenabweichungen von 17 mm.

## 4.2 Das Projekt Vernetzung Baden-Württemberg – Hessen – Rheinland-Pfalz

In diesem Projekt liegt das Hauptaugenmerk auf der länderübergreifenden Vernetzung von Referenzstationen, welche mit unterschiedlicher Hersteller-software (GNREF und GPSBase) ausgestattet sind und der Multistations-berechnung mit unterschiedlichen Softwarepaketen (GNNET und GPSNet). Ausgewählt wurden als Referenzstationen Heidelberg (Baden-Württemberg/ GNREF), Darmstadt (Hessen/GPSBase) sowie Alzey (Rheinland-Pfalz/GNREF) und als Vernetzungszentralen Karlsruhe (GNNET/OS2), Darmstadt (GPSNet) und Alzey (GNNET/NT).

Als Zielvorgaben wurden formuliert:

- Bewertung der Softwarepakete GNNET und GPS-Net durch Vergleich der Ergebnisse simultaner Messungen.
- Sinn und Notwendigkeit einer Vernetzung durch Vergleich simultaner Messungen mit und ohne Netzkorrekturen.
- Bewertung der Ergebnisse nach den Kriterien Zuverlässigkeit, Verfügbarkeit, Betriebssicherheit, Wiederholungsgenauigkeit und Reichweite.

Das dafür vorgesehene Testgebiet liegt in Rheinland-Pfalz. Interessierten Firmen wurde die Möglichkeit gegeben, sich an den Tests mit RTK-Rover-Ausrüstungen zu beteiligen.

Die Terminplanung sieht vor, die Messungen im September 2000 durchzuführen. Es ist vorgesehen, die Ergebnisse anschließend zu veröffentlichen.

## 5. Ausblick

Die bisherigen Erfahrungen haben gezeigt, dass die Vernetzung von Referenzstationen technisch realisierbar und in relativ kurzer Zeit einzurichten ist. Schwierigkeiten bereitet derzeit noch der zuverlässige Dauerbetrieb auf Betreiberseite und die effektive Einbindung der Netzkorrekturen auf der Mobilseite.

Das Landesvermessungsamt als SA*POS*®-Betreiber wird, zur Steigerung der Zuverlässigkeit, den Ausbau der Zentrale vorantreiben, d.h. insbesondere die Einführung eines umfassenden Stationsmonitoring und der Installation eines durchgängigen Alarmkonzeptes. Auch die Vernetzungssoftware kann aufgrund der gewonnenen Erfahrungen beim Betrieb durch die Hersteller ständig weiterentwickelt und verbessert werden. Bei den Referenzstationen steht die Qualität des GPS-Empfangs im Vordergrund. Hier sind absolute Antennenkalibrierungen in der Planung, eine stationsweise Mehrwegekalibrierung wäre ebenso denkbar. Mittelfristig sollen die Komponenten auf die GPS-Einheit (Antenne und Empfänger) und eine Kommunikationseinheit (Modem, Router) reduziert werden. Eine Datenhaltung wird dann komplett zentral abgewickelt werden, das dazu notwendige Datenhaltungs- und Datensicherungskonzept wird erarbeitet. Die Koordinatenqualität der Referenzstationen soll durch die Auswertung und Analyse von Langzeitmessungen weiter verbessert werden.

Für die Hersteller von Rover-Systemen gilt es, den Bedienkomfort (Handling) für mobile Nutzer weiter zu steigern. Um die Vorteile der Vernetzung ganz auszuschöpfen müssen die Netzparameter (FKP, virt. Referenzstation) korrekt in die RTK-Lösung eingebunden werden; hier ist seitens der Hersteller noch Entwicklungsarbeit zu leisten.

Betreiber und Nutzer profitieren wiederum von den raschen Fortschritten der Kommunikationstechnik. Hier sind die Verdichtung des Mobilfunknetzes, neue GSM-Datenübertragungsverfahren und der Digitale Rundfunk (DAB) zu nennen. Auch GPS hat noch Neues zu bieten, in den nächsten Jahren sollen zwei weitere zivile Frequenzen geschaltet werden.

Die Realisierung des projektierten Vorhabens SA*POS*® für Baden-Württemberg gelingt nur im Miteinander von Landesbetrieb und Industrie. Dabei gilt das Hauptaugenmerk dem Systemnutzer, der durch ein Netz von SA*POS*®-Referenzstationen die Möglichkeit erhalten soll, in Kataster- Ingenieur- und Grundlagenvermessung mit hoher Zuverlässigkeit und Genauigkeit GPS-Messungen durchzuführen.

## 6. Literatur


Geo++® Gesellschaft für satellitengestützte geodätische und navigatorische Technologien mbH (2000): GNNET Multistationssoftware, Programmdokumentation und Referenzhandbuch.

Geo++® Gesellschaft für satellitengestützte geodätische und navigatorische Technologien mbH (1998): GNREF Referenzstationssoftware, Programmdokumentation und Referenzhandbuch.

Hankemeier, P.; Engel, I.; Koch, S. (1998): SA*POS*® - ein aktives Bezugssystem für multifunktionale Anwendungen. Zeitschrift für Vermessungswesen, Heft 5, S.149-156.

Jahn, C.-H. (1996): Präzise „near-online“ Bestimmung in der Landes vermessung mit Hilfe eines Netzes permanent messender GPS-Empfänger auf Referenzstationen. Schlußbericht HPPS (Hochpräziser Permanenter Positionierungs-Service). Veröffentlichung des Niedersächsischen Landesverwaltungsamt, Abteilung Landesvermessung.

Landau, H. (1998): Zur Qualitätssicherung und Vernetzung von GPS-Referenzstationen. Vermessungswesen und Raumordnung, Band 60, Heft 8, S.438-445.

Rothacher, M.; Schär, S. (1995): GPS-Auswertetechniken. Schriftenreihe des DVW, Band 18, S.107-121.

Wanninger, L. (2000): Präzise Positionierung in regionalen Referenzstations netzen. Deutsche Geodätische Kommission bei der bayerischen Akademie der Wissenschaften, Reihe C, Heft Nr.508.

Wübbena, G. (1993): Verfahren der GPS-Positionsbestimmung: Beobachtungs- und Auswertetechniken. Schriftenreihe des DVW, Band 11, S.55-77.

Wübbena, G. (1999): Modellierung entfernungsabhängiger Fehleranteile mit GPS mit Hilfe von FKP. Ergänzung zum SA*POS*® - TechKom Protokoll vom 24.8.1999, unveröffentlicht.

# GPS-Vermessung mit Hilfe von Virtuellen Referenzstationen – Theorie, Analyse und Applikationen

Herbert Landau, Höhenkirchen

## 1 Das Konzept der Virtuellen Referenzstation

Die hochgenaue Echtzeitvermessung mit GPS und GLONASS (RTK-Vermessung) ist heute eine der am weitesten verbreiteten Vermessungsmethoden. Die Anwendung von RTK ist allerdings auf Grund der starken atmosphärischen Störungen eingeschränkt. Diese Störungen verursachen systematische Fehler in den originären Messungen der Satellitensignale. In der Praxis bedeutet dies, dass der Abstand zwischen Referenzstation und Mobilstation relativ kurz sein muss, damit die RTK Vermessung effizient und erfolgreich arbeitet.

In einigen Ländern existieren bereits GPS-Referenzstationsnetze, die Korrekturdaten an einzelne Nutzer abgeben damit diese eine präzise RTK Vermessung durchführen können. Auf Grund der oben angesprochenen Problematik bezüglich des erforderlichen Abstandes zwischen Referenz- und Mobilstation müssen diese Netze sehr dicht sein. Obwohl viele der existierenden Referenzstationsnetze durchaus ausreichend dicht sind, um einen DGPS Service mit Genauigkeiten im Meterbereich zu erlauben, sind sie doch oft nicht ausreichend dicht, um eine komplette Abdeckung mit RTK Genauigkeit zu erreichen. Daher finden sich in vielen dieser Netze Lücken in der Abdeckung für RTK. Die Situation wird sich in den ersten Jahren im neuen Jahrtausend noch verschlechtern, da in diesen Jahren eine starke Sonnenaktivität erwartet wird, die zu erheblichen Störungen in der Ionosphäre (Teil der Atmosphäre im Bereich 100-1000 km über der Erdoberfläche) führen wird.

Das Konzept der virtuellen Referenzstation eröffnet hier völlig neue Möglichkeiten. Die Anwendung dieser Methode erlaubt die starke Reduktion von systematischen Effekten bei der RTK-Vermessung durch die Nutzung aller verfügbaren Daten in einem Referenzstationsnetz. Dies erlaubt nicht nur die mögliche Distanz zwischen Referenz- und

Mobilstation stark zu erhöhen, es führt auch zu einer Steigerung der Systemzuverlässigkeit und Produktivität. Letzteres wird durch erheblich verkürzte RTK Initialisierungszeiten erreicht. Das Konzept der Virtuellen Referenzstationen kann nicht nur in neuen sondern auch insbesondere in alten, bereits existierenden Netzen eingesetzt werden.

Das "Virtuelle Referenzstations-Konzept" basiert auf einem Netz von GPS- oder GPS/GLONASS Referenzstationen, die kontinuierlich über Telefonverbindung mit einem Kontrollzentrum verbunden sind. Ein Computer im Kontrollzentrum empfängt ohne Unterbrechung alle Rohdaten und aktualisiert eine Datenbank mit regionalen Korrekturwerten für die im Netz aufgetretenen Korrekturwerte. Diese werden dann benutzt um eine Virtuelle Referenzstation zu erzeugen, die nur wenige Meter von der Mobilstation entfernt ist. Für diese Position werden alle Messdaten erzeugt, die an dieser Position gemessen worden wären. Die Mobilstation interpretiert und benutzt die Daten dann so als kämen sie von einer realen Referenzstation. Das Ergebnis dieser Methode im Hinblick auf die Steigerung der RTK Performance ist dramatisch.

Das Netz sollte mit Referenzstationen ausgestattet sein, die mindestens über Satellitenempfänger, Antenne, Stromversorgung und Kommunikationsmodem verfügen. Das Modem überträgt die originären Rohdaten an die Zentrale und empfängt Befehle von der Zentrale, die an den Empfänger weitergegeben werden. In vielen Fällen wird die Referenzstation auch noch mit einem lokalen PC ausgestattet sein, der die Referenzstationssoftware GPS-Base betreibt. Diese Lösung erlaubt die lokale Datenspeicherung, verbessert Empfängerkontrolle und die Aufzeichnung von anderen Sensordaten wie meteorologische Informationen.

Auf dem Computer im Kontrollzentrum läuft die Vernetzungssoftware GPS-Network der Firma Spectra Precision Terrasat. Während die Software mit allen Empfängern im Netz verbunden ist führt sie noch folgende Aufgaben aus:

- Rohdatenempfang und Qualitätsüberprüfung
- RINEX und "Compact RINEX" Datenspeicherung
- Antennenphasenmodellierung
- Modellierung und Berechnung von systematischen Fehlern im Netz

- Generierung von Daten für die Erzeugung der Virtuellen Referenzstation für einen anrufenden Mobilstationsnutzer
- Generierung des RTCM-Datenstroms für die virtuelle Position
- Übertragung der RTCM-Daten an die Mobilstation im Feld.

Darüber hinaus berechnet GPS-Network auch noch kontinuierlich die folgenden Parameter durch die Analyse von doppelten Differenzen der Trägerphasenmessungen

- Ionosphärische Einflüsse
- Troposphärische Einflüsse
- Satellitenpositionsfehler
- Phasenmehrdeutigkeiten in den Frequenzen L1 und L2.

Diese Parameter ausnutzend, wird GPS-Network die Korrekturwerte für die aktuelle Mobilstation interpolieren und die GPS-Daten für die Virtuelle Station neu berechnen. Dadurch werden die systematischen Fehler bei der RTK Vermessung erheblich reduziert.

Die systematischen Fehler werden in zwei Gruppen aufgeteilt:

1. Geometrische Korrekturen (Troposphäreneffekte und Ephemeridenfehler) sind typischerweise < 2 ppm.
2. Ionosphärische Korrekturen sind typischerweise < 15 ppm

# 2 Wie funktioniert das System?

Zunächst wählt die Mobilstation das Kontrollzentrum über Mobilfunk an und sendet die ungefähre Position an die Zentrale, welche mit GPS-Network ausgestattet ist. Normalerweise geschieht dies mit Hilfe eines GSM Mobilfunktelefons durch die Übertragung des Standard-NMEA Datenstrings GGA. Dieses Format wurde für GPS-Network gewählt, da alle handelsüblichen RTK Systeme diesen Datenstring aussenden können. Das Kontrollzentrum wird die Information überprüfen und als Position akzeptieren, wenn die Position innerhalb des Netzgebietes liegt. Nach der Akzeptanz durch GPS-Network werden direkt RTCM Daten für die anrufende Mobilstation erzeugt und über das Mobilfunknetz an den Anrufer versandt. Für die Datenübertragung zur Mobilstation wird der internationale Standard RTCM eingesetzt, da dieser von allen Empfängertypen verstanden wird. Sobald die Mobilstation die RTCM Daten erhält wird sie eine DGPS-Positionsbestimmung durchführen. Die Mobilstation wird dann wiederum eine verbesserte DGPS-Position über den GGA Datenstring an die Zentrale senden, worauf in der Zentrale der Prozess der Erzeugung einer virtuellen Station neu initialisiert wird. Nun erfolgt die Aussendung der Daten über RTCM für eine Position, die mit einer Genauigkeit von etwa +/- 1 Meter mit der Position der Mobilstation übereinstimmt. Diese Genauigkeit ist ausreichend für die Interpolation der systematischen Fehlereinflüsse in der Atmosphäre und den Ephemeriden für die Erzeugung der Virtuellen Referenzstation.

Die Methode erzeugt originäre Referenzstationsdaten für eine neue, unsichtbare, nicht besetzte Referenzstation und wird deshalb auch als "Virtuelles Referenzstationskonzept" bezeichnet.

Durch Ausnutzung dieser Technik wird es möglich, die RTK Vermessung in Referenzstationsnetzen stark zu verbessern und eine RTK Abdeckung für das gesamte Netzgebiet zu erreichen. Die erwartete horizontale Genauigkeit ist 1-2 cm bei Distanzen von etwa 50 km zwischen den Referenzstationen.

# 3 GPS-Network – die Software für das Kontrollzentrum

GPS-Network arbeitet unter den Betriebssystemen Windows NT und Windows 2000. Die Software verfügt über eine grafische Benutzeroberfläche, welche die Kommunikation mit den individuellen Referenzstationen erlaubt und die verschiedenen Parameter im Referenzstationsnetz verwaltet. Es werden auch alle Informationen zum aktuellen Stand im Netz einschließlich der errechneten Korrekturwerte angezeigt. Das System kann während des Laufs konfiguriert werden, d.h. dass zum Beispiel während des Laufs Stationen zum Netz dynamisch hinzugefügt werden können.

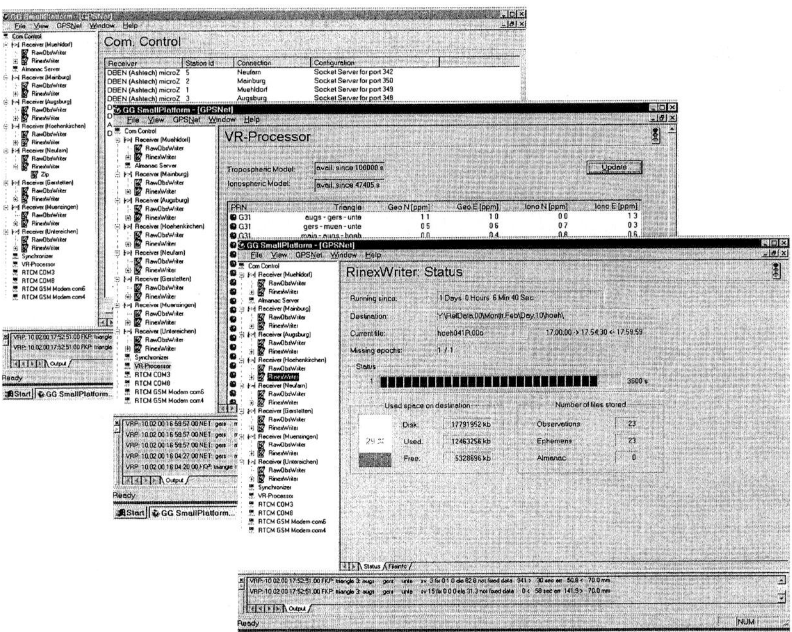


Abb.1: GPS-Network Softwareinterface

Optional kann GPS-Network auch mit einem Internet-Web-Server ausgestattet werden, der die leichte Administration und die Verteilung von RINEX-Daten an Nutzer erlaubt.

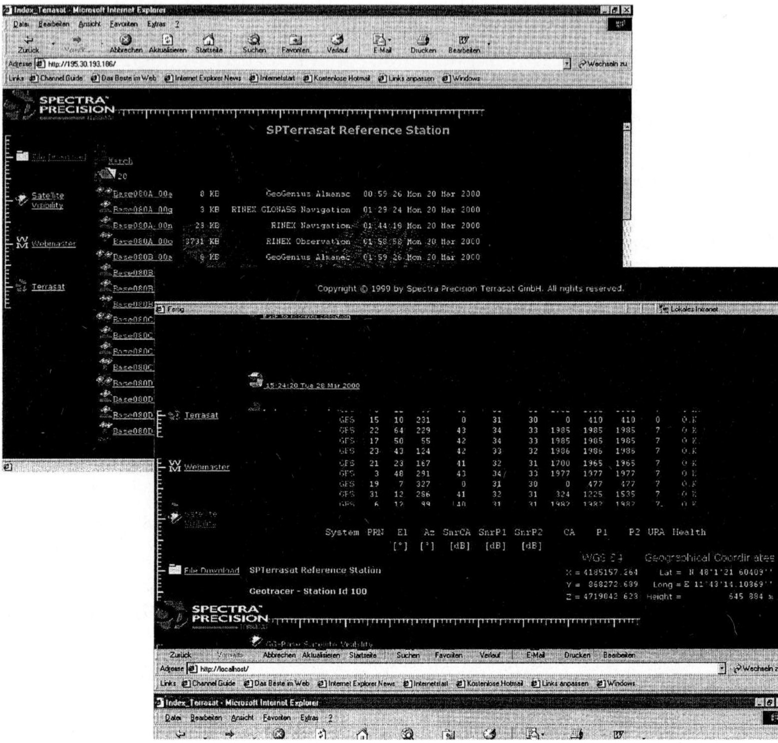


Abb.2: GPS-Network Internet-Webinterface

# 4 Systemaufbau

Für die Übertragung der Rohdaten von der Referenzstation zu dem Kontrollzentrum können verschiedene Methoden herangezogen werden.

- Analoge oder digitale Standleitungen können für die Datenkommunikation benutzt werden. Dies erfordert ein Modem sowohl für die Referenzstationseite als auch in der Zentrale für jede Station. Das Modem in der Zentrale kann direkt an die serielle Schnittstelle des PC angeschlossen werden. Dazu stehen auch sogenannte Multi I/O Erweiterungskarten zur Verfügung. Wenn allerdings dann doch eine größere Anzahl von Referenzstationen angeschlossen werden sollen, ist es sinnvoll einen Router einzusetzen. Dieser Router wird die Daten der Modems aufnehmen und über das lokale Ethernet-Netz an den GPS-Network Computer weiterreichen. Derartige Router sind erweiterbar, so dass es praktisch kaum eine Grenze für die Anzahl der anschließbaren Referenzstationen gibt.

- Als Alternative kommen auch „Frame Relay" Verbindungen in Frage. Obwohl diese Art der Kommunikation nicht in jedem Telefonnetz verfügbar ist, kann es durchaus die beste Art der Datenübertragung, inbesondere über längere Distanzen, darstellen. In diesem Falle benötigt die Referenzstation einen Konverter (Com-Server) der den seriellen Datenstrom in ein TCP/IP Protokoll umwandelt. Der Routermodell kann in diesem Falle einfacher sein, da er nur die Frame Relay Verbindung aufnehmen muss aber nicht die Modems unterstützen muss. In dieser Konfiguration hat jede Referenzstation ihre eigene IP Adresse.

In beiden Fällen können die Daten an der Referenzstation entweder direkt vom Empfänger, aber auch von GPS-Base kommen.

Der RTCM-Datenstrom wird von der Mobilstation über Mobilfunk wie GSM übertragen.

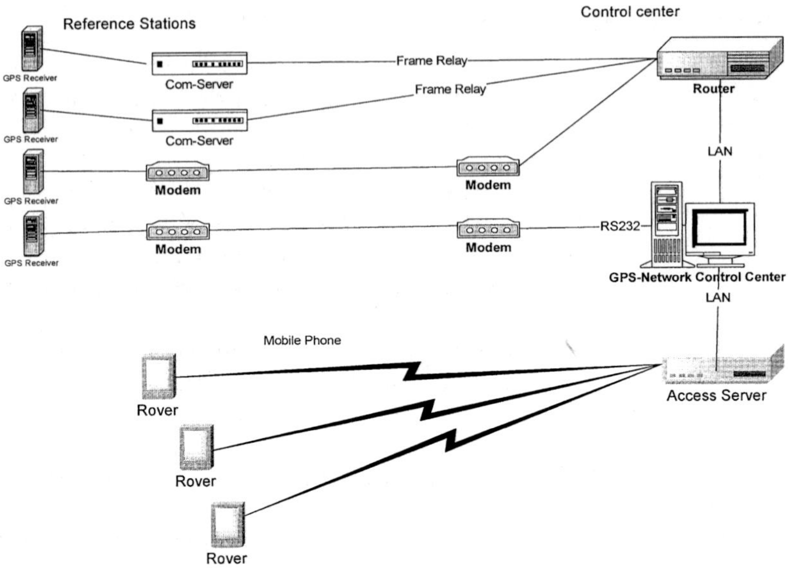


Abb.3: Hardwareaufbau für das Referenzstationsnetz

Die an der Zentrale ankommenden Anrufe der Mobilstationen werden von einer Art Telefonzentrale, einem sogenannten Access Server, verwaltet. Dadurch wird es möglich, dass alle Mobilstationen die gleiche Telefonnummer anwählen können. Der Access Server erzeugt für jeden Anrufer eine IP Verbindung zum GPS-Network Rechner. Dies resultiert dann in einer Registrierung innerhalb des Systems und in der Erzeugung des RTCM-Datenstroms für den Anrufer. Der Access Server kann auch zur Abrechnung mit Kunden und zur Überprüfung der Zugangsberechtigung herangezogen werden. Er kann leicht erweitert werden, um die Anzahl der zeitgleichen Anrufe zu erhöhen.

# 5 Vorteile des Konzeptes der Virtuellen Referenzstation gegenüber Flächenkorrekturparametern

Gegenüber der Vernetzung mit Flächenkorrekturparametern bietet das Konzept der Virtuellen Referenzstation eine Reihe von Vorteilen. Dazu gehören:

- Auf der Mobilstationsseite kann ein Standardformat wie RTCM eingesetzt werden, da die Anrufe in der Zentrale registriert werden und damit auch eine Abrechnung möglich ist. Eine Verschlüsselung des ausgesandten Datenstroms ist somit hinfällig.

- Bei der Methode der Korrektur mit Flächenkorrekturparametern erfolgt die Korrektur der GPS Messungen auf der Mobilstationsseite in einem speziellen Prozessor (z.B. SAPOS Dekoder). Die Prozessorleistung ist hierbei beschränkt. Erfolgt die Korrektur der Signale in der Zentrale, wie beim Konzept der Virtuellen Referenzstation, so kann auf nahezu unbegrenzte Rechnerleistung zurückgegriffen werden. Dies ermöglicht den Einsatz aufwendigerer Modelle bei der Ermittlung der Atmosphäreneffekte. Eine bessere Modellbildung kann hier zu einer besseren Korrektur der Atmosphäreneffekte beitragen.

- Da alle Berechnungen in der Zentrale erfolgen, kann jederzeit eine Verbesserung der Modelle erfolgen, ohne dass dies einen Einfluss auf das Datenformat oder die Mobilstation hätte. In der Praxis kann praktisch über Nacht die Modellierungssoftware in der Zentrale ausgetauscht werden. Die Mobilstationen blieben davon völlig unbeeinflusst.

- Nichtlineare Ephemeridenfehler können unter Ausnutzung von prädizierten IGS Ephemeriden modelliert werden. Die Ausnutzung dieser aus globalen Netzen abgeleiteten Satellitenpositionen können erheblich zu einer Genauigkeitssteigerung der Positionsbestimmung beitragen. Bei der Nutzung von Flächenkorrekturparametern wie im SAPOS-Netz vorgesehen können lediglich lineare Ephemeridenfehler mit modelliert werden.

# 6 Installationen in verschiedenen Netzen

Zum Zeitpunkt dieser Veröffentlichung betreibt Spectra Precision Terrasat mehrere Netze mit der GPS-Network-Software. Exemplarisch sollen drei verschiedene Netze kurz vorgestellt werden.

## 6.1 Das Bysat-Netz

Das Bysat-Netz der Firma Bys@t Net AG besteht aus neun Stationen im süddeutschen Raum. Es erstreckt sich von Stuttgart im Westen bis Mühldorf am Inn östlich von München. Die Stationsabstände liegen zwischen 50 und 70 km. Alle Stationen sind mit Ashtech Empfängern ausgestattet. Die Datenübertragung erfolgt über digitale Standleitungen der Deutschen Telekom bei einer Datenübertragungsrate von 9600 baud. Die Daten aller Stationen werden gebündelt über eine 2 Mbit/sec Glasfaserleitung in die Zentrale übertragen. Dort werden sie dann von einem Router der Firma CISCO in eine 100-Mbit/sec-Ethernet-Leitung eingespeist, die mit dem Kontrollzentrumsrechner mit GPS-Network verbunden ist. Die Anrufe von Mobilstationen werden über einen CISCO Access Server bedient. Jeder Anruf wird an den Kontrollrechner weitergeleitet und GPS-Network erzeugt dann die individuellen RTCM-Korrekturnachrichten für die einzelnen Anrufer.

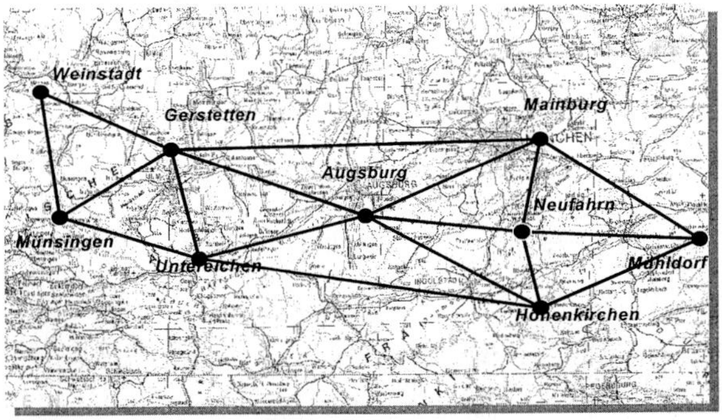


Abb.4: Das Bysat Netz

## 6.2 Das Ruhrgas Netz

Das Netz der Firma Ruhrgas AG besteht momentan aus 5 Stationen in Nordrhein Westfalen. Die Stationsabstände liegen zwischen 70 und 100 km. Alle Stationen sind mit Javad GPS/GLONASS-Empfängern ausgestattet. Die Datenübertragung erfolgt über das Ruhrgas eigene Kommunikationsnetz bei einer erforderlichen Bandbreite von 9600 bit. Dort werden sie dann von einem Router in eine 100 Mbit/sec-Ethernet-Leitung eingespeist, die wiederum mit dem Kontrollzentrumsrechner verbunden ist. Die Anrufe von Mobilstationen werden über einen Access Server bedient. Der Aufbau ist ähnlich wie beim Bysat Netz, obwohl Router und Server von anderen Herstellern geliefert wurden. Im Ruhrgas Netz werden sowohl GPS als auch GLONASS Satelliten behandelt. Korrekturen werden damit für beide Satellitensysteme ermittelt und an die Mobilstationen übertragen.

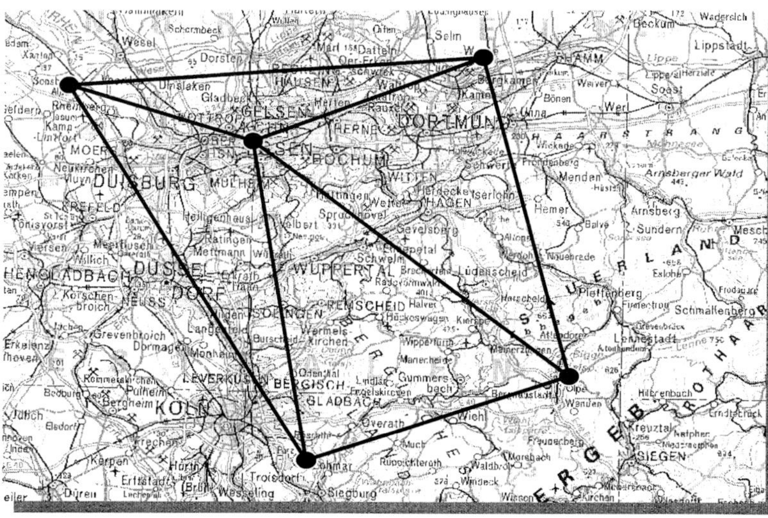


Abb.5: Das Ruhrgas Netz

## 6.3 Das Netz des Bayrischen Landesvermessungsamtes

Das Netz des Bayrischen Landesvermessungsamtes besteht aus neun momentan vernetzten Stationen mit Stationsabständen zwischen 50 und 60 km. Alle Stationen sind mit Leica SR9500 und Leica 500 Empfängern ausgestattet. Die Datenübertragung erfolgt über ISDN Standleitungen der Deutschen Telekom mit einer Datenübertragungsrate von 64000 baud. In der Zentrale werden die Standleitungen von ISDN Modems bedient, die vom GPS-Network-Rechner über serielle Multi I/O Karten gesteuert werden. Die Anrufe von Mobilstationen werden momentan über Modems bedient. Es ist in naher Zukunft vorgesehen, auch hier einen Access Server für die Einwahl der Nutzer einzusetzen.

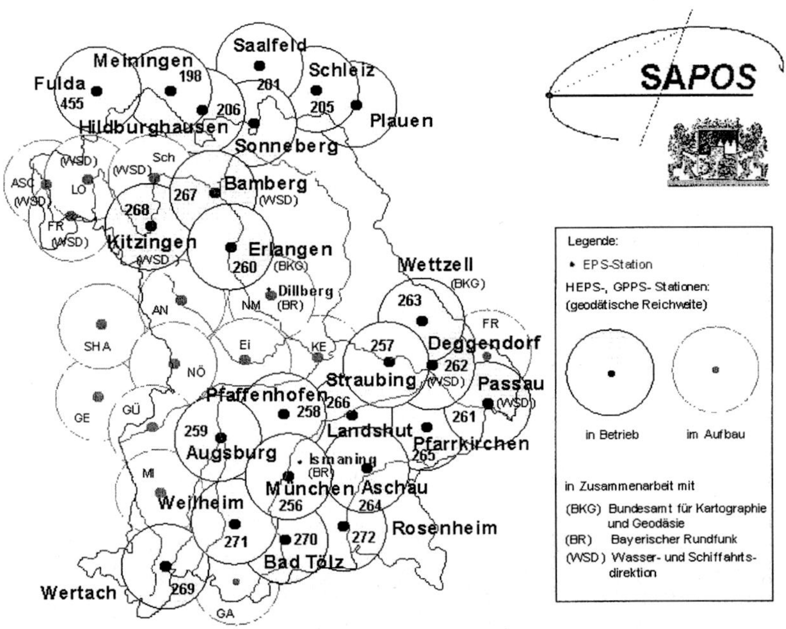


Abb.6: Das BLVA Netz

Der vernetzte Teil des BLVA-Netzes befindet sich im südlichen Teil von Bayern und erstreckt sich von Weilheim im Südwesten bis Straubing im Nordosten.

# 7 Analyse von Genauigkeit, Zuverlässigkeit und Performance

Typische Ergebnisse für die RTK-Vermessung mit Virtuellen Referenzstationen wurden in einem lokalen Netz in der Umgebung von München in direkter Umgebung des Terrasat Bürogebäudes erhalten. Dieses Netz ist Teil des Bysat Netzes und besteht aus 4 Stationen mit einem mittleren Punktabstand von etwa 70 km. Eine fünfte Station Neufahrn ist etwa 32 km von Höhenkirchen, der

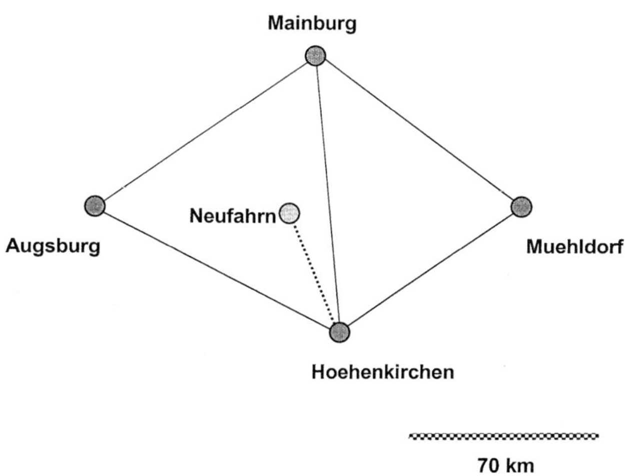


Abb.7: Referenzstationsnetz mit der Mobilstation in Neufahrn.

nächsten Referenzstation, entfernt. Um die Vernetzung zu testen, wurde an der Station Neufahrn ein Geotracer RTK System eingesetzt, welches kontinuierlich die RTCM Daten aus GPS-Network erhält.

Die folgenden Ergebnisse wurden Anfang Februar 2000 durch den RTK Rover auf der Station Neufahrn während eines Zeitraums von 90 Stunden erzielt. Das Geotracer RTK System war dazu so aufgebaut, dass nach jeder erfolgreichen Positionierung mit festgesetzten Mehrdeutigkeiten für 30 Sekunden Positionsdaten aufgezeichnet wurden und dann ein erneuter Kaltstart durchgeführt wurde. Die Ergebnisse wurden analysiert und sind in den folgenden Abbildungen zusammengefasst. Dabei ist zu beachten, dass die RTK Positionen völlig ungeglättet in diese Analyse eingeflossen sind.

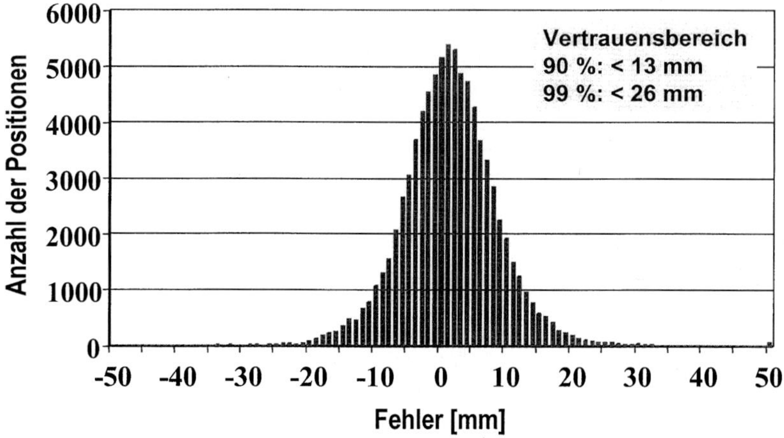


Abb.8: Positionsfehler im Hochwert mit Virtuellen Referenzstationsdaten

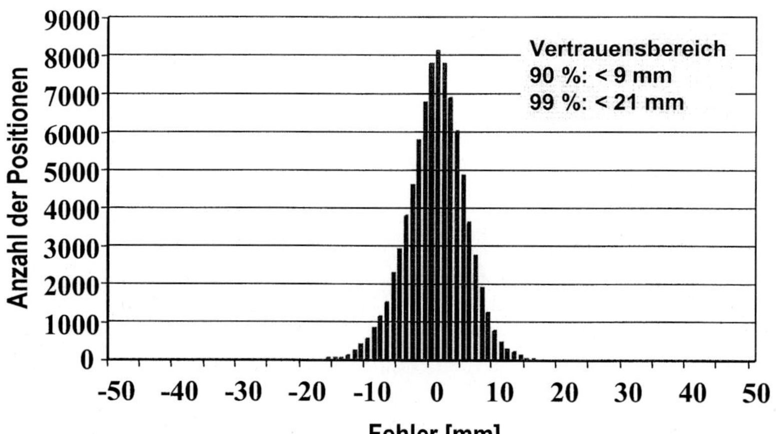


Abb.9: Positionsfehler im Rechtswert mit Virtuellen Referenzstationsdaten

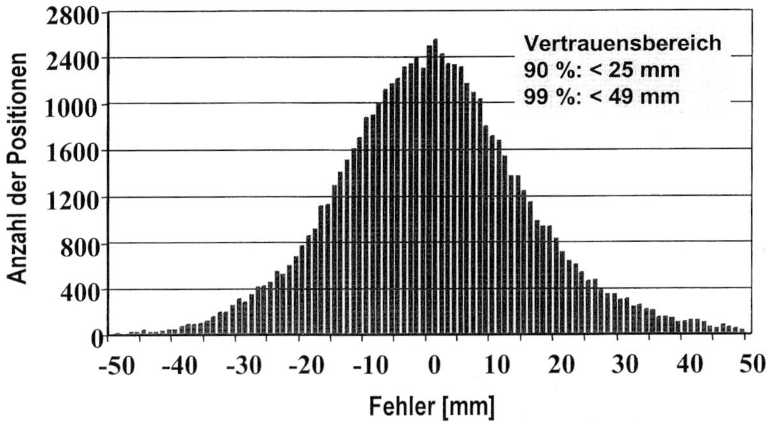


Abb.10: Positionsfehler in der Höhe mit Virtuellen Referenzstationsdaten

Die erforderliche Initialisierungszeit bis zur Festsetzung der Mehrdeutigkeiten wurde auch aufgezeichnet und ist in der Abbildung unten zusammengefasst. Die mittlere Initialisierungszeit für die 32 km Basislinie, eine extreme Distanz für RTK Vermessung, war 58 Sekunden.

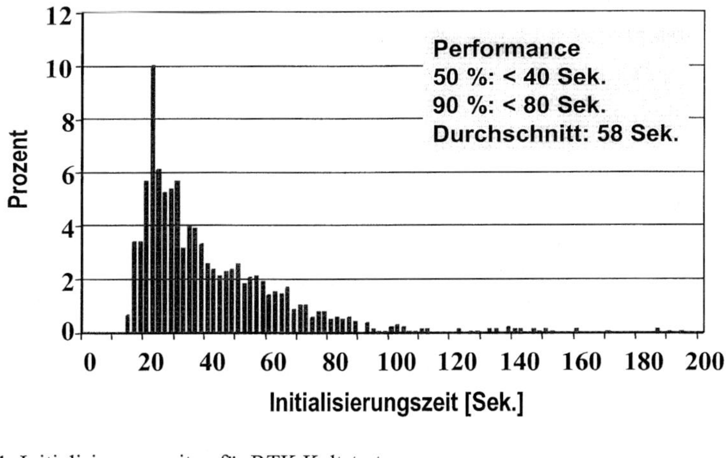


Abb.11: Initialisierungszeiten für RTK Kaltstarts

# 8 Standard RTK im Vergleich mit Virtuellen Korrekturdaten

Um die Performance eines Standard RTK Systems gegenüber einem RTK System, das mit virtuellen Korrekturdaten arbeitet, zu analysieren wurden zwei RTK Systeme auf der Station Neufahrn aufgebaut. Der Aufbau war so vorbereitet worden, dass beide RTK Systeme die exakt gleichen Messdaten der Station Neufahrn erhielten. Lediglich die Referenzstationsdaten waren verschieden. Das Standard RTK System erhielt die RTCM Daten von der nächsten Referenzstation (Höhenkirchen), während das zweite System die RTCM Korrekturdaten aus der Vernetzung für eine Virtuelle Referenzstation erhielt. Der Test wurde für mehrere Stunden um die Mittagszeit durchgeführt. Die Ergebnisse im Hinblick auf die Initialisierungszeiten sind in der nachfolgenden Abbildung zusammengefasst. Die Grafik zeigt deutlich die Verbesserung durch die virtuellen Referenzstationsdaten. Alle Initialisierungen waren unter 150 Sekunden wenn virtuelle Daten benutzt wurden, während die Kaltstarts im Falle des Standard-RTK-Systems bis zu 300 Sekunden dauerten.

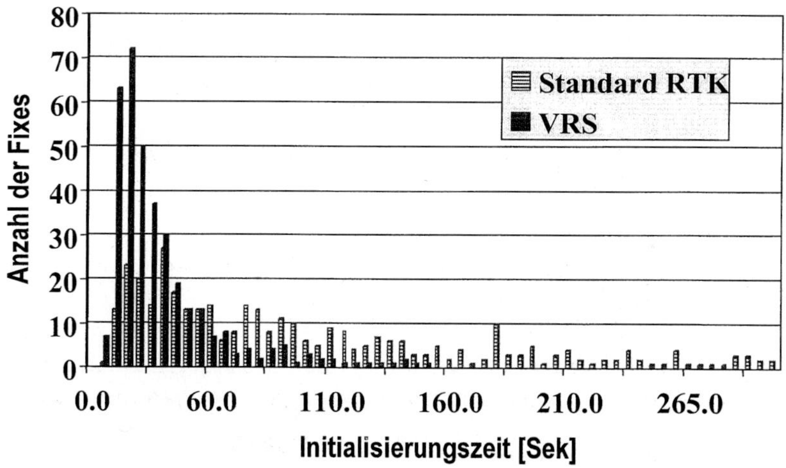


Abb.12: Initialisierungszeiten für RTK Kaltstarts bei virtuellen Referenzstationsdaten (VRS) und unkorrigierten RTCM Nachrichten (Standard RTK)

# 9 Anwendungsbereiche

Das Virtuelle Referenzstationskonzept, wie in GPS-Network implementiert, erlaubt eine effizientere Positionsbestimmung in einer großen Anzahl von Anwendungsbereichen.
Dabei kann auf die eigene lokale Referenzstation verzichtet werden. Die Position wird automatisch in dem übergeordneten offiziellen Koordinatensystem ermittelt.

Anwendungsbereiche für dieses Konzept sind vielfältig, dazu gehören die Landesvermessung, Katastervermessung, Aerophotogrammetrie, GIS, Kontrolle von Baumaschinen, Deformationsmessungen, Landwirtschaft, Hydrografische Vermessungen, Umweltschutz, Gas-, Wasser-, und Stromwirtschaft

# 10 Kompatibilität

GPS-Network kann in Verbindung mit anderen Spectra Precision Terrasat Produkten, wie GPS-Base, GPS-Control and GPS-Monitor eingesetzt werden. Durch Kombination dieser Produkte lässt sich die Funktionalität bei Anwendungen von Referenzstationsnetzen stark erweitern.

# 11 Zusammenfassung

Die Vernetzung von Referenzstationen in Kombination mit dem Konzept der Virtuellen Referenzstation reduziert die systematischen Fehler in den RTCM Korrekturinformationen erheblich. Die RTK Vermessung unter Ausnutzung von virtuellen Referenzstationsdaten erlaubt die RTK Vermessung auf Distanzen, auf denen ein Standard-RTK-System niemals arbeiten könnte.

Es konnte gezeigt werden, dass die praktische Implementierung des Konzeptes der Virtuellen Referenzstation in GPS-Network die Positionsbestimmung mit RTK Systemen im Hinblick auf Zuverlässigkeit, Produktivität und Genauigkeit wesentlich verbessert.

# RTK-GPS Einsatz in der Flurneuordnungsverwaltung Baden-Württemberg

Beate Sick, Kornwestheim

## Einleitung

Die Flurneuordnungsverwaltung Baden-Württemberg besteht aus 19 Ämtern für Flurneuordnung und Landentwicklung (ÄFL), 3 Dienststellen und dem Landesamt für Flurneuordnung und Landentwicklung (LFL) mit insgesamt 1500 Mitarbeitern. Das LFL ist Obere Sonderbehörde und hat die Fachaufsicht über die ÄFL. Außerdem ist es für den Technikeinsatz und die Ausstattung der Ämter verantwortlich.

Zu diesem Technikeinsatz gehört unter anderem die Arbeit mit dem Globalen Positionierungs System (GPS).

Die Voraussetzungen für den Einsatz des Globalen Positionierungs Systems in der Flurneuordnungsverwaltung sind seit Ende 1994 gegeben. Massgebend hierfür sind

- der Vollausbau des GPS mit 24 Satelliten und damit ständige Verfügbarkeit von mindestens 4 Satelliten und
- die Zulassung der GPS-Meßmethoden durch die Vermessungsverwaltung.

Der erste Einsatz von GPS fand bei der Bestimmung von Aufnahmepunkten (AP) statt. Die Messungen wurden zunächst mit der Rapid Static Messmethode durchgeführt. Nach Aufkommen der Real Time Kinematischen Messmethode, hat sich die Flurneuordnungsverwaltung überlegt, ob und wo diese Methode in einem Flurneuordnungsverfahren eingesetzt werden kann. Einige dieser Einsatzgebiete werden im Folgenden näher erläutert.

## Ausrüstung

Die Ausrüstung besteht z.Z. aus zwei 4000 SSI Trimble Empfänger, die mit der RTK Option versehen sind. Sie werden als Referenzstation verwendet, da es sich um ältere und somit schwere Modelle handelt. Um die Korrekturdaten an den Rover zu senden, wird der Datenfunk Trimtalk 450S von Trimble eingesetzt.

Bei dem Rover hat sich die Verwaltung für die leichte Rucksacklösung entschieden. Diese besteht aus den 4700 er Empfängern und dem Handcontroller TSC1 (je 3) von der Firma Trimble.

Referenzstation mit Rover

Diese RTK Ausrüstungen werden eingesetzt zur

- Bestimmung von AP
- katasterkonformen Absteckung und Punktaufnahme
- und Bestimmung von Planungskoordinaten

## Ablauf einer RTK AP – Netzmessung

Die AP-Netzmessung lässt sich in drei große Schritte einteilen:

- vorbereitende Arbeiten
- Durchführung
- Auswertung der Messung.

## Vorbereitende Arbeiten

### *Punktfestlegung*

Die Aufnahmepunkte (AP) werden vom zuständigen Amt nach der AP-Vorschrift festgelegt. Das AFL muss bei der Punktauswahl berücksichtigen, dass die AP für die Fortführung geeignet sind. Dies hat zur Folge, dass Sichten zu mindestens drei AP als Anschlussrichtungen gegeben sein sollten, da die nachfolgenden Arbeiten, wie Punktaufnahme und Absteckung meist noch mit dem Tachymeter nach der Methode der freien Stationierung durchgeführt werden.

Ein weiteres Kriterium bei der Punktauswahl ist die sogenannte Sicht nach oben. Je stärker ein Punkt abgeschattet ist, durch Waldrand oder Gebäude, um so schlechter und kürzer kann er beobachtet werden.

### *Abschattungen*

Für die Punkte, die abgeschattet sind, muss das Hindernis erfasst werden, damit die Zeit berechnet werden kann, in der sich die Satelliten im nicht abgeschatteten Bereich befinden und die Messung durchgeführt werden kann.

Die Abschattung wird mit einem Kompass zur Ermittlung des Azimuts und einem Gefällmesser zur Ermittlung der Elevation (Höhenwinkel) von einem Mitarbeiter auf dem Amt erfasst und in den Vordruck eingetragen.

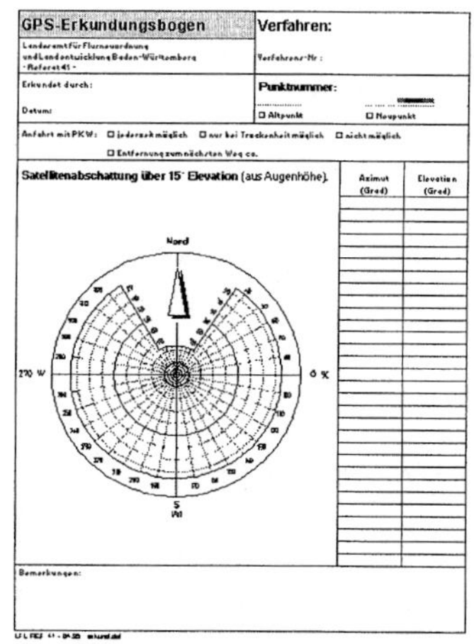
GPS-Erkundungsbogen
Verfahren:
Landesamt für Flurneuordnung und Landentwicklung Baden-Württemberg - Referat 41 -
Verfahrens-Nr.:
Erkundet durch:
Datum:
Punktnummer:
☐ Altpunkt ☐ Neupunkt
Anfahrt mit PKW: ☐ jederzeit möglich ☐ nur bei Trockenheit möglich ☐ nicht möglich
☐ Entfernung zum nächsten Weg ca.
Satellitenabschattung über 15° Elevation (aus Augenhöhe).

| Azimut (Grad) | Elevation (Grad) |
| --- | --- |

Nord
270 W
0 K
S
Bemerkungen:

Vordruck zur Erfassung der Abschattungen

## *Planung*

Die gefertigten Abschattungsskizzen werden anschließend dem Landesamt übergeben, um die erfassten Werte in die Planungssoftware einzugeben. Hierfür wird die Software GPSurvey der Fa Trimble verwendet.

Hiermit können die Beobachtungszeiten für den abgeschatteten Punkt berechnet werden. Die Software benötigt außerdem die vorausberechneten Bahndaten der Satelliten (Ephemeriden), die geographische Breite und Länge des Messgebietes, den Beobachtungszeitraum, die Mindestanzahl der Satelliten mit denen man messen möchte und einen Grenzwert für den PDOP.

Liegen alle diese Informationen vor, kann GPSurvey die Beobachtungszeiten auf dem Punkt berechnen.

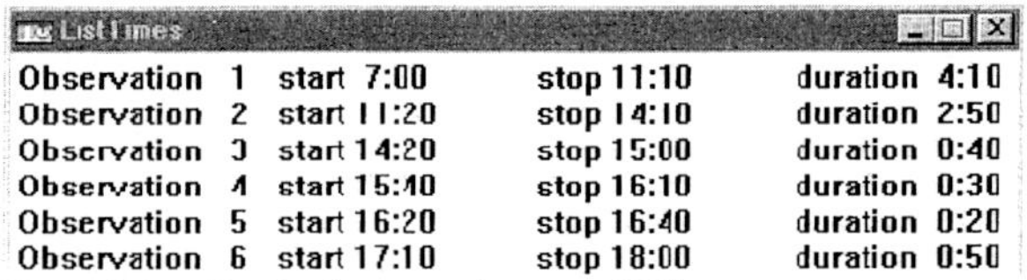
List Times

| | | | | |
|---|---|---|---|---|
| Observation | 1 | start 7:00 | stop 11:10 | duration 4:10 |
| Observation | 2 | start 11:20 | stop 14:10 | duration 2:50 |
| Observation | 3 | start 14:20 | stop 15:00 | duration 0:40 |
| Observation | 4 | start 15:40 | stop 16:10 | duration 0:30 |
| Observation | 5 | start 16:20 | stop 16:40 | duration 0:20 |
| Observation | 6 | start 17:10 | stop 18:00 | duration 0:50 |

Berechnete Beobachtungszeiten aus GPSurvey

Diese werden, für eine bessere Übersicht und Planung in eine Tabelle eingetragen. Die dunklen Blöcke zeigen den Zeitraum, in dem eine Beobachtung nicht möglich ist.

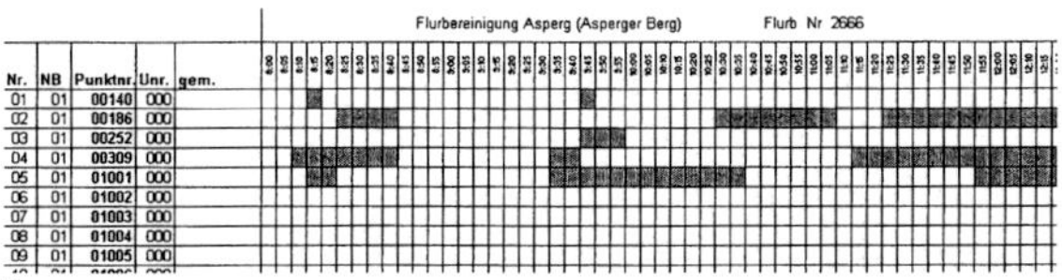

Planungsbogen

Mit diesen Informationen und einer Karte, mit den befahrbaren Wegen, kann nun der **Messablauf** festgelegt werden. Natürlich wird die Planung durch eine große Anzahl abschattungsfreier Punkte vereinfacht.

Sind alle Punkte messbar, können sie vom Amt vermarkt und versichert werden.

## Durchführung der Messung

Nach den vorbereitenden Arbeiten kann mit der Messung der Punkte begonnen werden. Vor Ort wird zuerst die Referenzstation auf einem unbekannten Punkt aufgebaut und gestartet.

Anschließend wird der Rover gestartet und initialisiert.

Zur Initialisierung sind mindestens 5 Satelliten notwendig, während der Messung reichen 4 Satelliten aus. Bei schlechten Konstellationen oder wenig Satelliten kann die Initialisierung durchaus 2 Minuten in Anspruch nehmen. Ist das System initialisiert (also im sogenannten Fine Modus) kann mit der Messung begonnen werden. Sobald genügend Mess-Epochen im Handcontroller registriert sind, um eine Genauigkeit von mindestens 1 cm zu erreichen, wird die Messung beendet und die Position im Handcontroller abgespeichert. Die Messung selbst dauert zwischen 5 und 30 Sekunden.

Ist der Satellitenkontakt beim Wechsel auf den nächsten Punkt nicht abgerissen, kann sofort weiter gemessen werden, ohne dass erneut initialisiert werden muss.

Um katasterkonform zu arbeiten, werden die AP in zwei Durchgängen bestimmt. Es findet eine Kontrollmessung statt.

Zur Kontrollmessung wird die zweite Referenzstation auf einem Punkt aufgestellt, der bereits aus der ersten Messung Koordinaten erhalten hat. Dadurch wird erreicht, dass die Kontrollmessung im selben Koordinatensystem („falsches“ WGS 84) durchgeführt wird.

Werden nun die Punkte nacheinander aufgemessen, werden die Differenzen aus Erst und Zweitmessung berechnet und angezeigt. Der Bearbeiter hat somit unmittelbar nach der zweiten Messung einen Koordinatenvergleich und kann die Messung beurteilen.

Den größten Vorteil der RTK-Messung gegenüber der sonst verwendeten rapidstatik-Methode liegt in der kürzeren Messzeit. Die Messdauer beträgt wenige Sekunden. Außerdem entfällt eine zeitaufwendige Basislinienberechnung, da diese bereits während der Messung durchgeführt wird.

## Auswertung der Messung

Die sich an die Messung anschließende Auswertung wird mit der Software Neptan der Firma Technet durchgeführt.

Zuerst wird die Messung als **freies Netz** ausgeglichen. Dies dient dazu, um grobe Fehler in der Messung aufzudecken.

Anschließend wird das Netz mit beweglichen Anschlusspunkten (**stochastische Ausgleichung**) ausgeglichen. Die Anschlusspunkte werden hierbei wie Beobachtungen behandelt und bekommen Verbesserungen, die Aussagen über die Güte der Punkte zulassen.

Liegen die Verbesserungen der Anschlusspunkte innerhalb von 3 cm, kann die Ausgleichung so belassen werden.

Liegen sie außerhalb der 3 cm, muss das **Netz mit Festanschluss** gerechnet werden. Das heißt die Anschlusspunkte bleiben fest und die Beobachtungen werden in das Anschlusspunktnetz eingepasst. Dies bringt die nach VwVAP geforderte Nachbarschaftstreue, aber die Fehler der Festpunkte werden auf die Beobachtungen übertragen.

Die Ausgleichung wird hinsichtlich der üblichen Kriterien beurteilt, auf die hier nicht näher eingegangen werden soll.

## Zusammenfassung

Die Flurneuordnungsämter stellen den AP-Netzentwurf auf. Fertigen die Abschattungsskizzen, die zum Landesamt geschickt werden.

Im Landesamt wird unter anderem auf Grund der Abschattungsskizzen der Messablauf geplant und festgelegt.

Nachdem das Netz gemessen wurde, findet die Netzausgleichung wiederum beim LFL statt. Anschließend werden die Katasterunterlagen bezüglich der Messung gefertigt und beim Vermessungsamt abgegeben.

## Ablauf einer RTK Punktaufnahme und RTK Absteckung

Ein weiteres Einsatzgebiet neben der RTK AP-Netzmessung ist die katasterkonforme RTK Punktaufnahme und Absteckung.

Die RTK Punktaufnahme und Absteckung in einem Flurneuordnungsverfahren wird hauptsächlich zur Bestimmung der Koordinaten im Wege und Gewässernetz benötigt und zur Absteckung der Flurstücksgrenzen zur Besitzeinweisung.

### Prinzip der RTK Punktaufnahme

Das Prinzip der RTK Punktaufnahme entspricht dem einer Freien Stationierung. Zuerst werden alle AP als identische Punkte aufgenommen. Anschließend wird die Messung aus dem Handcontroller in die Auswertesoftware Trimmap der Firma Trimble überspielt. Dort werden die WGS 84 Koordinaten mittels einer 7 Parametertransformation (7PT) in das Gauß Krüger Koordinatensystem transformiert. Hiermit kann man überprüfen, ob die AP innerhalb der Fehlergrenze liegen.

Nachdem die AP überprüft wurden, kann mit der Detailaufnahme begonnen werden. Um eine unabhängige Kontrolle zu erreichen, wird die Referenzstation auf einem anderen Punkt neu aufgebaut und ein neuer Durchgang gemessen. Im Feld hat man somit keine direkte Kontrolle, da man zwei unabhängige Messungen durchführt.

Nach dem Außendienst folgt die Auswertung im Büro:

Die beiden Messungen werden vom WGS 84 System über eine 7PT ins GK überführt.

In Zusammenarbeit mit der FH Stuttgart wurde im Rahmen einer Diplomarbeit ein Programm entwickelt, welches die Restklaffen ermittelt und an den gemessenen Punkten anbringt.

Nach der Restklaffenanpassung erfolgt die Mittelbildung der ersten und zweiten Messung. Zusätzlich erhält man eine Meldung bei Überschreitung der Fehlergrenze bei der Mittelbildung oder wenn nur eine Einfachaufnahme durchgeführt worden ist.

## Prinzip der RTK Absteckung

Das Prinzip bei der RTK-Absteckung ist dem der Aufnahme gleich.

Zuerst werden wieder die AP (mittels der 7PT) überprüft. In einem Laptop werden anschließend mit dem eben erwähnten Programm die Restklaffen ermittelt und an den abzusteckenden Punkten angebracht.

Anschließend werden die, um die Restklaffen verbesserten Koordinaten über die Software Trimmap vom Laptop in den Handcontroller für den Außendienst überspielt und abgesteckt.

Um nun die Kontrolle nach der Absteckung durchführen zu können, wird die Referenzstation umgebaut und ein zweiter unabhängiger Durchgang gemessen.

RTK-Absteckung

Die Punkte werden dann mit Hilfe der 7PT ins GK-System transformiert und die Restklaffungen ermittelt. Diese werden an den aufgenommen AP angebracht und mit den Sollkoordinaten verglichen. Sind die Fehlergrenzen eingehalten, ist die Abstekkung in Ordnung.

Der gesamte Rechenweg wird sowohl bei der RTK Punktaufnahme als auch bei der Absteckung katasterkonform protokolliert.

## Ablauf bei der Bestimmung von Planungskoordinaten mit RTK

Ein drittes Einsatzgebiet ist die Bestimmung von Planungskoordinaten.

Planungskoordinaten benötigt man in der Flurneuordnung zur Herstellung des Wege und Gewässernetzes. Die Wege werden vom Plan aus in die Örtlichkeit übertragen. Die Koordinaten werden anschließend auf einfachste Weise (z.B. photogrammetrisch), also nicht katasterkonform bestimmt. Diese Koordinaten dienen dann der weiteren Bearbeitung, wie z.B. für die Blockbildung bei der Wertermittlung oder bei der Zuteilung.

Wie ist aber der Ablauf der RTK Messung zur Bestimmung der Planungskoordinaten?

Zuerst werden die Anschlusspunkte gemessen und kontrolliert, anschließend erfolgt eine Einfachaufnahme, ohne Kontrollmessung.

Die Grenzpunkte werden erst später im Verfahren mit den Flurstücksgrenzen zusammen katasterkonform abgemarkt.

## Probleme

Bei der Planung und Messung mit RTK-GPS sind die allgemeinen Fehlereinflüsse (Mehrwegeffekte, Phasensprünge) und Störquellen (Sendestationen, Satellitenabschaltungen, etc.) wie bei jeder GPS Messung zu beachten. Diese sollen hier nicht näher erläutert werden.

Die Abschattung bleibt ein Problem bei der GPS Messung. Auch hier ist die übliche Vorgehensweise mit vorhergehender Erfassung zu berücksichtigen.

Als größtes Problem kann bei der RTK Messung eine zu geringe Reichweite des Datenfunks angesehen werden, die dadurch die Gebietsgröße einschränkt. Es kann etwa ein Gebiet mit einer Flächenausdehnung von 3 $km^2$ abgedeckt werden, um mit der geforderten Genauigkeit arbeiten zu können.

Ist das Gelände topografisch sehr bewegt, kann sich die Funkreichweite zusätzlich verringern. Abhilfe kann hier eine sehr hoch aufgebaute Antenne schaffen.

## RTK Statistik

Alles in allem lässt es sich sehr gut und effizient mit RTK arbeiten.

Beim LFL können mit RTK ca. 50 AP pro Tag bestimmen, d.h. mehr als doppelt so viele als bei rapid statik. Pro Jahr werden so in etwa 10 Flurneuordnungsverfahren mit einer Anzahl von circa 60 AP die Aufnahmepunkte mit RTK bestimmt.

Planungskoordinaten können circa 150 am Tag bestimmt werden. Im Jahr werden zur Zeit in 2-3 Verfahren Planungskoordinaten mit RTK bestimmt. Es werden somit derzeit etwa 15 000 Planungskoordinaten im Jahr geschaffen.

Bis dato wurde nicht in sehr vielen Verfahren katasterkonform abgesteckt, da die Restklaffenanpassung außerhalb des Handcontrollers geschieht und der Ablauf somit etwas kompliziert ist.

Aber aus den bereits gemessenen Verfahren lässt sich die Bilanz ziehen, dass man circa 90 Punkte pro Tag kontrolliert abstecken kann.

## Ausblick

Ziel der Flurneuordnungsverwaltung ist es, noch verstärkter als bisher mit RTK zu messen. Um dies gerade bei der Punktaufnahme und Absteckung etwas einfacher und effizienter zu gestalten, soll RTK GPS katasterkonform in dem von der Verwaltung entwickelten elektronischen Feldbuch integriert werden. Dies würde den bis dahin noch etwas komplizierten Weg mit Auslagern der Daten zur Restklaffenanpassung auf den Laptop wesentlich erleichtern.

# RTK-Einsatz mittels Positionierungsdiensten in einer Großstadt

Rainer Kettemann, Stuttgart

## 1. Ausgangssituation

Am 2. Juli 1999 hat die BySat AG (exakt: By/S@t), eine Gesellschaft, die vor allem die privaten Ingenieurbüros als Aktionäre hat, bei einem Symposium in Fellbach ihr Konzept vorgestellt und den Korrekturdatendienst offiziell in Betrieb genommen. Während dieser Veranstaltung konnte in Stuttgart mit Korrekturdaten der BySat AG gemessen werden.

Die Vermessungsverwaltung Baden-Württembergs bietet in Stuttgart ebenfalls seit Oktober 1999 Korrekturdaten für cm-genaue Positionsbestimmungen mit nur einem GPS-Empfänger in Echtzeit an. Die Korrekturdaten des Dienstes HEPS (Hochpräziser Echtzeitpositionierungs Service) sind über Mobiltelefon (GSM) erhältlich. Ferner wurde im Februar 2000 mit der Aussendung entsprechender Korrekturwerte via 2m-Band-Funk am Stuttgarter Fernsehturm begonnen.

Da die permanente Verfügbarkeit von Korrekturdaten für präzise GPS-Anwendungen (cm-Bereich) einen sehr großen Einfluss auf örtliche Vermessungsarbeiten haben wird, wurden mit Unterstützung durch das Stadtmessungsamt Stuttgart folgende Sachverhalte getestet:

- Verfügbarkeit von Korrekturdaten im Stadtgebiet
- Genauigkeitsabfall beim Einsatz von nur **einer** Transformation für das gesamte Stadtgebiet
- Kombination eines RTK-Rovers und eines Tachymeters

Als RTK-Rover wurde das System Leica 500 mit einem GSM-Modem zum Empfang von HEPS-Daten verwendet. Leider war es trotz intensiver Bemühungen seitens des Landesvermessungsamts nicht möglich, nutzbare Korrekturdaten via 2m-Funk zu empfangen. Dieser Dienst könnte gerade für Stuttgart mit dem hohen Fernsehturm im Zentrum sehr interessant sein. Geräte der BySat AG konnten ebenfalls nicht wie geplant getestet werden, da diese allesamt im benachbarten Ausland im Einsatz waren.

Abbildung 1: Vermessung mit dem RTK-Rover Leica System 500 und HEPS-Daten via GSM

## 2. Untersuchungen zur Genauigkeit und Zuverlässigkeit

Die Abteilung Ingenieurvermessung des Stadtmessungsamtes Stuttgart hatte in 12 über das gesamte Stadtgebiet verteilten Bereichen (Abbildung 2) jeweils 3-5 Punkte des Aufnahmepunktfeldes für Testmessungen ausgewählt, die GPS-tauglich erschienen. Die Höhen dieser APs wurden einnivelliert.

Diese Punkte wurden in 2 Durchgängen bei verschiedenen Satelliten-konstellationen mittels RTK-GPS gemessen. Ausschliessliches Hilfsmittel zur Vorplanung war ein Histogramm der verfügbaren Satelliten mit einer Elevation größer 15°. Da für eine RTK-Initialisierung mindestens 5 Satelliten vorhanden sein müssen, wurden die Pausen in Zeiten mit 5 oder weniger Satelliten gelegt (Abbildung 3, aktive Pausenplanung)

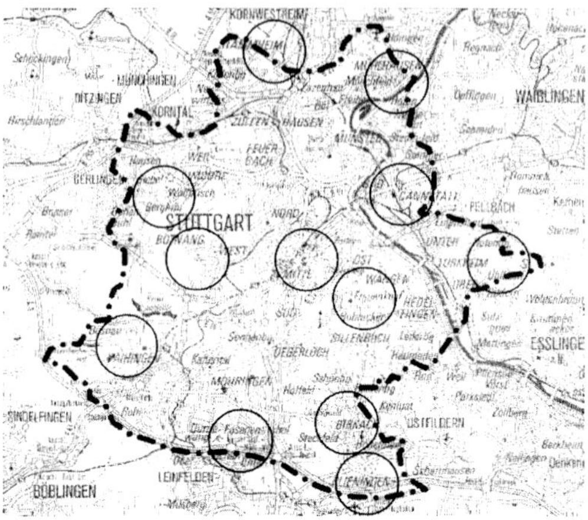


Abbildung 2: Das Stadtgebiet Stuttgart (ca 15*20 km²). In 12 über die gesamte Stadt verteilten Bereichen wurden auf jeweils 3-5 Festpunkten RTK-Messungen mit SA*POS* via HEPS durchgeführt.

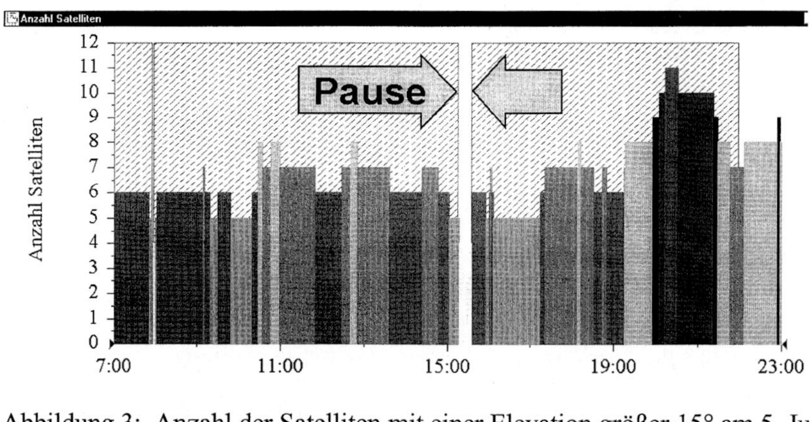


Abbildung 3: Anzahl der Satelliten mit einer Elevation größer 15° am 5. Juni 2000. Bei RTK-Anwendungen sollten die Arbeitspausen in Zeiten mit 5 oder weniger Satelliten gelegt werden.

Auf 85 % der vorgesehenen Punkte konnten bei zentrischer Aufstellung (Messungen im Februar/März ohne Belaubung) die Ambiguities gelöst werden (Abbildung 4 oben). Die Initialisierungszeit betrug im Durchschnitt etwa

2 Minuten. Bei einzelnen Messungen nach dem 1. Mai (Abschaltung von SA) war hier eine Geschwindigkeitssteigerung feststellbar. Die Ursache für „keine Lösung“ waren überwiegend Abschattungen durch Gebäude. In einigen wenigen Fällen war allerdings trotz ausreichend verfügbarer Satelliten und angezeigtem GSM-Empfang keine Lösung möglich. Die Ursache konnte hier nicht geklärt werden.

Die Lageunsicherheit $s_P = \sqrt{\sum(d_x^2 + d_y^2)\ /\ 2n}$ betrug bei doppelt bestimmten Punkten 2,3 cm. Nur 2 von mehr als 90 Messungen waren grob falsch (vermutlich Multipatheffekte). Bei allen anderen Abweichungen über 3 cm (bis knapp über 10 cm) war eine eindeutige Korrelation mit langen Initialisierungszeiten gegeben, d.h. man hat bei der Messung bereits bemerkt, dass ein unsicheres Ergebnis zu erwarten war (Abbildung 4 unten). Beim praktischen Einsatz wäre es hier sinnvoll, exzentrisch zu arbeiten, um bessere Ergebnisse zu erzielen.

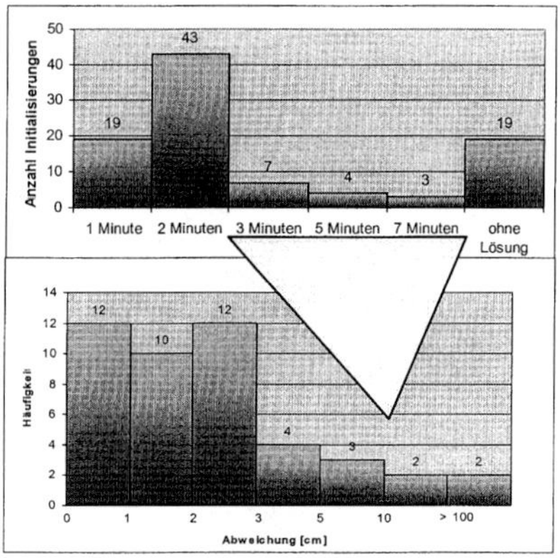


Abbildung 4: Initialisierungszeiten und Lagegenauigkeit.

Auf 85% aller Punkte war bei zentrischer Aufstellung eine Initialisierung möglich. Lange Initialisierungszeiten lassen schon vor Ort auf unsichere Positionsbestimmungen schließen.

Die Höhenunsicherheit auf den doppelt bestimmbaren Punkten betrug ebenfalls 2,3 cm. Dieser Wert ist wesentlich besser als aufgrund der Faustregel $s_h \approx 2{,}5 s_L$

zu erwarten war. Die Ursache ist mit grosser Wahrscheinlichkeit in der Signalisierung mit dem bei RTK-Messungen üblichen Lotstock zu suchen (Abbildung 1). Während sich die Antenne in einem konstanten Abstand über dem eigentlichen Punkt befindet, wirkt sich in der Lage die Zentrierunsicherheit mit der Dosenlibelle voll aus. Gespräche mit Anwendern aus der Praxis ergaben, dass diese Libellen sehr selten überprüft und justiert werden (oft gar nicht).

## 3. Eine Transformation für Stuttgart

Das Spektrum der Aufgaben eines Stadtmessungsamtes stellt sehr unterschiedliche Anforderungen an Positionsbestimmungen. Einen wesentlichen Einfluss auf den Messprozess hat die jeweils geforderte Nachbarschaftsgenauigkeit. Vor allem bei Katasteranwendungen ist neben einer exakten Reproduzierbarkeit die Einpassung in vorhandene Festpunktfelder von entscheidender Bedeutung. Bei allen anderen Vermessungsarbeiten ist diese Einpassgenauigkeit in ein vorhandenes Umfeld allerdings eher zweitrangig. Hier stehen die Reproduzierbarkeit und die innere Genauigkeit des Verfahrens im Vordergrund. (Tabelle 1). Sie erscheinen deshalb für RTK-Anwendungen besonders geeignet.

| | Genauigkeitsanforderungen | |
|---|---|---|
| | Nachbarschaft | Wiederholung |
| Liegenschaftskataster | ++ | ++ |
| Ingenieurvermessung | + | ++ |
| Fachkataster<br>- Leitungen<br>- Bäume<br>- etc. | + | + |
| Topographie | o | o |

Tabelle 1: Anforderungen an die Nachbarschafts- und Wiederholgenauigkeit bei verschiedenen Vermessungsaufgaben. Bei den grau hinterlegten Arbeiten kann mit RTK-GPS und verfügbaren Korrekturdaten von Positionierungsdiensten „festpunktlos“ mit großräumigen Transformationen gearbeitet werden.

Der Einsatz eines RTK-Rovers mit Korrekturdaten ist besonders dann sehr effektiv, wenn mit einer einzigen Transformation der Übergang vom Bezugssystem der Satelliten (WGS 84) ins Gebrauchskoordinaten- und höhensystem erfolgen kann. Ist dies möglich, liefert der Rover nach erfolgter Initialisierung endgültige Koordinaten und Höhen im Landessystem. Entscheidend für die Genauigkeit ist dabei die Qualität des Festpunktfeldes und eine ausreichend genaue Modellierung der Geoidundulationen.

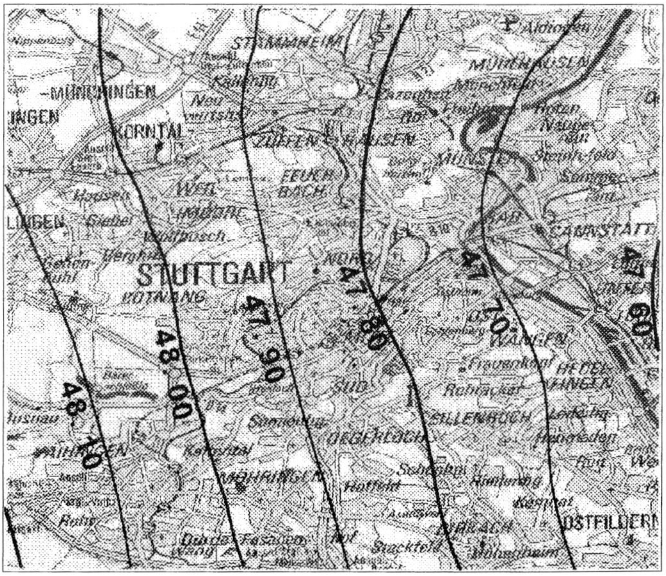


Abbildung 5: Undulationen des EGG97 im Bereich Stuttgart.

In Abbildung 5 ist erkennbar, dass die Undulationen des European Gravimetric Geoid (EGG97) im Raum Stuttgart sehr regelmäßig verlaufen. Ihre Approximation durch eine ausgleichende Ebene ist, wie Abbildung 6 zeigt, mit einer mittleren Abweichung von 2,2 cm möglich. Dieser Wert ist nahezu identisch mit der RTK-Messunsicherheit. Ein optimal gelagertes Ellipsoid (7PT) beschreibt demzufolge in Stuttgart die Undulationen ohne signifikanten Genauigkeitsverlust.

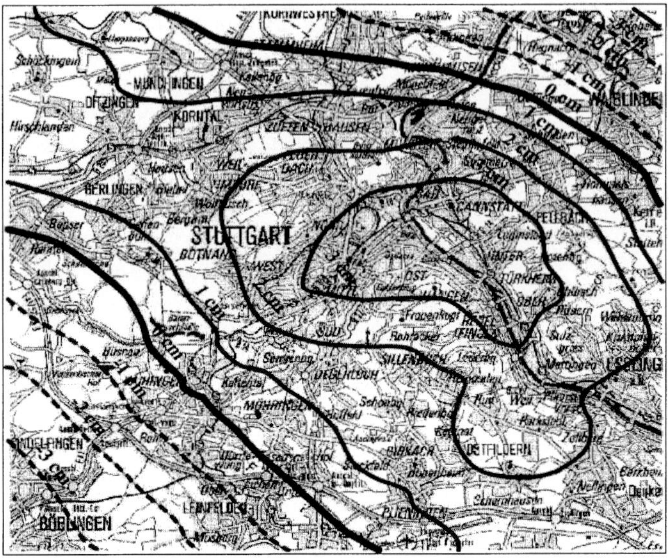


Abbildung 6: Undulationen in Stuttgart bezogen auf eine ausgleichende Ebene. Die Standardabweichung der Approximation beträgt 2,2 cm.

Basierend auf diesen Ergebnissen wurde unter Einbeziehung aller RTK-Mesungen eine 7 Parameter Transformation berechnet, die sich auf GK-Koordinaten und direkt auf NN-Höhen stützt. Die Mittelwerte der Restklaffen sind bei den 12 über das Stadtgebiet Stuttgarts verteilten Punktgruppen in Abbildung 7 dargestellt. Deutlich erkennbar ist die gute Qualität des Stuttgarter Festpunktfeldes. Bis auf eine systematische Abweichung von 5-7 cm in Uhlbach (rechts aussen) sind die Abweichungen zu den Sollwerten sehr klein. Die Standardabweichung der Lagedifferenzen beträgt 3,4 cm und ist nur geringfügig grösser als die reine Messunsicherheit von 2,3 cm. In der Höhe ist die aus Differenzen zu Sollwerten berechnete Standardabweichung mit 2,3 cm identisch mit der Messunsicherheit (Abbildung **8**). Die in Stuttgart ausreichend genaue Modellierung des Geoids durch eine 7PT wird damit bestätigt (Tabelle 2).

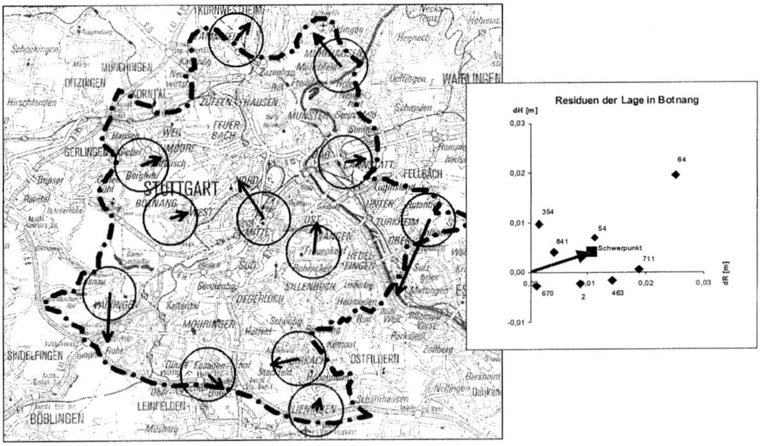


Abbildung 7: Lageabweichungen nach einer 7PT. Die Pfeile zeigen jeweils die mittlere Abweichung in den 12 Punktgruppen. Rechts ist exemplarisch die Situation in Stgt.-Botnang dargestellt. Der Kreis zur Markierung der Punktgruppen hat einen hat einen Radius von 2 cm.

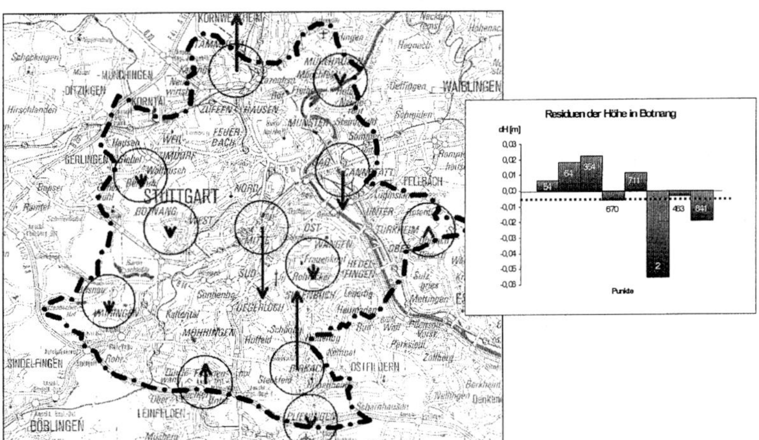


Abbildung 8: Höhenabweichungen nach einer 7PT. Die Pfeile zeigen jeweils die mittlere Abweichung in den 12 Punktgruppen. Rechts ist exemplarisch die Situation in Stgt.-Botnang dargestellt. Der Kreis zur Markierung der Punktgruppen hat einen hat einen Radius von 1 cm.

| | Genauigkeit | |
|---|---|---|
| | Nachbarschaft | Wiederholung |
| Lage | 3,4 | 2,3 |
| Höhe | 2,3 | 2,3 |

Tabelle 2: Nachbarschafts- und Wiederholgenauigkeit mittels RTK-GPS und SA*POS*-HEPS bei Verwendung einer Transformation für Stuttgart.

# 4. Modifikationen im Messverfahren

Wie zuvor gezeigt, können in einem Gebiet der Größe Stuttgarts mit einem RTK-Rover und „gekauften" Korrekturdaten, ohne einen Passpunkt aufzusuchen, Landeskoordinaten und Höhen mit einer für viele Zwecke ausreichenden Genauigkeit ermittelt werden. Wesentlich problematischer ist es, dass nicht alle aufzumessenden Punkte GPS-tauglich sind. Hier sind klassische terrestrische Messverfahren, wie die Tachymetrie, unentbehrlich.

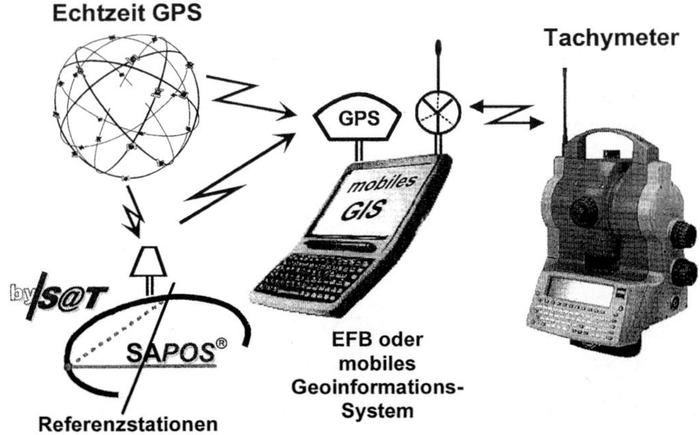


Abbildung 9: Kombination von RTK-GPS mit einem Tachymeter. Die Realtime Kinematik mit einem Positionierungsdienst ersetzt das Festpunktfeld. Das Tachymeter ermöglicht die Vermessungen in Bereichen mit ungenügendem Satellitenempfang (Häuserschluchten, Bäume). Die Ergebnisse beider Sensoren werden im elektronischen Feldbuch oder in einem mobilen GIS zusammengeführt.

Die Kombination von GPS- mit Tachymetermessungen ist vor allem dann, wenn Korrekturdaten zuverlässig verfügbar sind, ein wirtschaftlich sehr interessantes Verfahren. Auch in urbanen Bereichen können nahezu immer GPS-taugliche Punkte in der Nähe aufzunehmender oder abzusteckender Objekte gefunden werden. Die Realtime-Ausrüstung ermöglicht das Aufsuchen und Koordinieren solcher Punkte direkt vor Ort. Bei Verwendung eines entsprechenden Feldrechners oder eines mobilen Geoinformationssystems, an dem sowohl ein GPS-Rover als auch ein Tachymeter an einer gemeinsamen Datenbasis angeschlossen werden können (Abbildung 9), entstehen direkt vor Ort zuverlässige Landeskoordinaten und Höhen. Die GPS-Positionierung auf frei gewählten Punkten wird bei dem folgenden Messablauf durch Tachymetermessungen vollständig kontrolliert:

1. Bestimmung eines Tachymeterstandpunktes mittels RTK-GPS.
   Der Punkt ist so zu wählen, dass die Signale von 5 Satelliten empfangen werden und Sicht zu den Detailpunkten besteht.
2. Bestimmung von zwei Anschlusspunkten mittels RTK-GPS.
   Die Koordinaten dieser Punkte, werden zur Orientierung des Tachymeters und zur Kontrolle der GPS-Messungen für die Stationierung verwendet. Die Ambiguitylösung muss jeweils neu initialisiert werden.
3. Detailaufnahme mit dem Tachymeter.
   GPS-taugliche Punkte können aber auch direkt mit dem Rover aufgemessen werden.

Den Mehrkosten für die RTK-Ausrüstung stehen folgende Einsparmöglichkeiten gegenüber:

1. Die Erhebung von Festpunkten bei den zuständigen Vermessungsdienststellen entfällt.
2. Vor Ort müssen keine Festpunkte gesucht und überprüft werden.
3. Die Stationierung über neue GPS-Punkte ist schneller durchführbar als mit vorgegebenen Festpunkten, die eventuell auch exzentrisch aufgestellt werden müssen.

Erste Untersuchungen mit dem wechselseitigen Anschluss eines RTK-Rovers (Leica System 500) und eines Tachymeters am mobilen Geoinformationssystem

Map500 auf einer gemeinsamen Datenbasis waren sehr erfolgversprechend. Hier konnten die zuvor angesprochenen Verfahren prinzipiell erfolgreich eingesetzt werden. Festgestellte Schnittstellenunstimmigkeiten bei der Übertragung von GPS-Koordinaten an das Map500, die durch eine Modifikation im standardisierten Format NMEA entstanden sind, werden in absehbarer Zeit behoben sein.

## 5. Zusammenfassung

Ungeachtet der Unzulänglichkeiten, die im Testbetrieb mit einer neuen Technik auftreten können und auftreten, ist festzustellen, dass sich Echtzeit-GPS-Verfahren mit „gekauften“ Korrekturdaten durchsetzen werden. Es ist zu erwarten, dass in wenigen Jahren zusätzlich zum Tachymeter ein echtzeitfähiger GPS-Rover zur Standardausrüstung von Messtrupps gehören wird. Die Kombination der GPS- mit einer Tachymeterausrüstung auf einer gemeinsamen Datenbasis ist vor allem in bebauten Gebieten sehr vorteilhaft. Hier genügt oft ein Schritt zur Seite um die GPS-Positionierung zu ermöglichen. Mit Korrekturdaten kann dieser Schritt ohne wirtschaftlichen Nachteil in Echtzeit realisiert werden. In Verbindung mit großräumigen Transformationen erhält man dann vor Ort präzise Koordinaten mit einer sehr hohen Wiederholgenauigkeit, ohne auch nur einen realen Festpunkt aufzusuchen.

## Literatur:

Th. Bode, P. Huber: *Realtime GPS-Messungen in bebauten Gebieten, Nutzung von SAPOS Diensten, Kombination mit Tachymetermessungen*, Diplomarbeit an der HfT Stuttgart, SS 2000, unveröffentlicht.

Derenbach, Heinrich: SAPOS – Stand und Entwicklung in Baden-Württemberg, Mitteilungen des DVW, Landesverein Baden-Württembg., 45. Jahrgang, Heft 2.

Waimer, Heiner: SAPOS statt TP/AP-Feld?, Mitteilungen des DVW, Landesverein Baden-Württemberg, 46. Jahrgang, Heft 2, Oktober 1999

Breuer, Peter: *GPS-Modul als Baustein eines Computertachymeters*, Mitteilungen des DVW, Landesverein Baden-Württemberg, Heft 2, 1991

# Anschriften der Autoren

Univ.-Prof. Dr.-Ing. Wolfgang Augath
Technische Universität Dresden
Mommsenstr. 13
01062 Dresden

Hans-Georg Dick
Landesvermessungsamt Baden-Württemberg
Abteilung Geodäsie
Referat 31 Lagefestpunktfeld
Postfach 4065
76025 Karlsruhe

Dr. Urs Hugentobler,
Dr. Tim Springer,
Prof. Dr. Gerhard Beutler
Astronomisches Institut
Universität Bern
Sidlerstrasse 5
CH-3012 Bern

Georg Dinter,
Dr.-Ing. Michael Illner
Geodätisches Institut
Universität Karlsruhe (TH)
Englerstr. 7
76128 Karlsruhe

Prof. Rainer Kettemann
Fachbereich Vermessung und Geoinformatik
Fachhochschule Stuttgart
Schellingstr. 24
70174 Stuttgart

Dr.-Ing. Herbert Landau
Spectra Precision Terrasat GmbH
Haringstraße 19
85635 Höhenkirchen

Michael Mayer
Geodätisches Institut
Universität Karlsruhe (TH)
Englerstr. 7
76128 Karlsruhe

Achim Müller
Amt für Militärisches Geowesen
Frauenberger Strasse 250
53879 Euskirchen

Udo Roßbach
IfEN GmbH
Hauptstraße 37
85579 Neubiberg

Dr.-Ing. Volker Schwieger
GeoForschungsZentrum Potsdam
Abteilung 1: Kinematik und Dynamik der Erde
1.2 Entwicklung und Betrieb von Satellitenmissionen
c/o DLR Oberpfaffenhofen
82234 Wessling

Beate Sick
Landesamt für Flurneuordnung und
Landentwicklung Baden-Württemberg
Stuttgarter Straße 161
70806 Kornwestheim